环境法教学与人才培养论文集

竺效 主编

法律出版社
LAW PRESS·CHINA

理性而充满诗意的旅程

（代序）

去年，曾经接到竺效教授主办“环境法教学与人才培养研讨会”的通知，因为工作安排冲突，我没能参加。会议结束后，竺效将会议论文寄给我，告知将把会议取得的成果汇编成集。一方面，把环境法教师创设的一些独特课程和教学方法予以传播，推动环境法教师、教学的互动交流；另一方面，通过集体研讨，不断积累和总结环境法课堂教学、人才培养、教材建设的经验，探索环境法本科教学的模式与规律，以促进环境法学科建设。读到这些论文，倍感亲切，既为一校又一校环境法教师对教学方法的开拓与创新感到欣喜，也为一代又一代环境法教师的坚守与传承感到欣慰。为弥补没有参与研讨的遗憾，答应将自己对法学本科教育以及环境法教学的一些感悟形成文字，与大家分享。

作为大学本科课堂上的环境法，是一门课程。这门课程需要回答的问题只有一个——什么是环境法？作为教师，通过组织各种教学活动，就是为了让学生了解环境法的全貌，理解环境法基础知识、基本原理、重要制度。

什么是环境法？不同的人可能有不同的答案。在我所见到的所有回答中最为简明也最为精彩的是“行星家政管理法”(planetary housekeeping law)。用十分简短的语言贴切地表达了环境法包含的理念和精神：只有一个地球！地球是人类与自然的共同家园！但是，正是这个对环境法作出了最简明回答的人却又说：“发现环境法的一个可操作的定义有点像寻找真理：你离它越近，它越变得使你难于理解。”可见，要真正理解什么是环境法，并不简单。它需要我们用一定的时间、采取不同方式、从不同的角度进行“远观近视”，只有完成了这个过程，才可能对环境法有一个全面的认识，才会有信心回答“什么是环境法”的问题。其实，环境法教师通过不断创新教学方法、探索课堂教学模式、总结教学规律，也都是为了能够带领学生，和自己一道完成这个“透视”过程。

在目前的教学计划中，学生们一般在大三或者大四才学习环境法课程。在此之前，学生们已经完成了不少法律课程的学习，对基本的法学理论如法理学、法制史等都有相当的了解，对基础的法律学科如民法、刑法、行政法、诉讼法等也有了一定程度的把握。通过这些知识的学习，学生们已经知道每一门课程都是为特定的法律理论体系所设。环境法教学，既要充分利用学生已经初步建立的法律知识基础，也要为学生建立更加立体、多维的法律知识结构。我们知道，作为法科学生学习对象的法律具有双重身份：一方面，法律体现为抽象的法律条文，而这些条文是由概念、逻辑所组成的规则体系，要认识法律，理解法律条文的意义，就必须学习理解法律概念与法律逻辑的方法，掌握制定及实施法律的基本原理，在这层意义上，教师需要传授法律的知识理性；另一方面，法律条文是要对现实社会生活发挥作用的，而人们的经济、社会活动千姿百态、绚丽多彩,不可能完全按照法律条文所规定的概念与逻辑发生和发展,因此,如何从复杂多变的社会生活中发现法律的逻辑,将法律适用于具体的案件,也需要学习,就此而言,教师也需要传授法律的实践理性。其实,不同的法律课程的本身既是法律双重理性的体现又各有侧重:有的课程主要是对法律现象的高度抽象与概括,其内容很少涉及具体的法律实践内容,如法理学,更多体现法律的知识理性,对另一些课程具有指导意义;有的课程是对某一具体法律领域的抽象与概括,其内容既包括一般的法律理论分析,也包括对这一领域的立法与司法实践的归纳与总结,如民法,体现的是法律的知识性与实践性的结合。就教师而言,不同性质的课程,教学内容不同、对学习者的要求不同、教学方法当然也会不同。环境法作为实践性鲜明的课程,需要突出这一特性,在课时安排、教学内容安排、教学环节安排方面,既让学生能够具备环境法的专门知识,更能掌握环境法的实践特色,并具备一定的判断与运用能力,这是对每一位环境法教师教学任务和培养目标的基本要求。一切创新都应该围绕教学任务和培养目标来进行,课堂形态、教学方法、组织方式都是为了实现教学目的而不是其他。

我知道,无论是法学专业还是非法学专业开设环境法课程,学生大多不会直接从事环境法或者与环境法有关的职业,许多学生也不会去考环境法专业研究生。但每一位环境法教师必须理解,大学专业设置是为传播知识需要而进行分类的结果。专业并没有想象的那么重要,大多数毕业生没有从事专业对口的工作,因为任何职业对从业者的要求都不止是专业知识,全面而出色的综合素质与能力才是学生能够适应社会需求的“硬件”。大学不是特定职业的训练营,法学专业从来不会也不应该以向学生简单灌注法律知识为目标。大学教师承担着不同课程,却有着相同的使命——引导学生发展理性思维,帮助学生搭建一个合理的认知框架。这种认知可以帮助学生较好地对待进入社会后所遇到的各种问题、情境和对象。如果说,每种职业都是一条路,通过不同课程形成的知识体系不仅要告诉学生“条条大路通罗马”;而且,还要教会学生怎样去发现“大路”,或者在没有“大路”的时候如何去铺路架桥。在这个意义上,环境法课程也是真正赋予学生选择职业自由的一条“大路”。所以,环境法教学的成败不在于学生能够记住这门课程多少知识点,也不必以学生的考分作为唯一衡量标准。最重要的是,学生是否通过环境法课程的学习,初步具备了“这是环境法问题”的思考与行动能力,养成能够独立寻找机会、调动各种资源、面对失败却不放弃追求的自信。

在大学里,如果“没有一条富有诗意的、感情的和审美的清泉,就不可能有学生的全面的发展……教育,首先是关心备至地、深谋远虑地、小心翼翼地去触及年轻的心灵”。每一位大学教师站在讲台上,都承担着让学生懂得理性思维、获得科学精神、促进人格的养成的责任。环境法课程的讲授,不仅要让学生懂得道理、追求美好、更加聪明,更要教育学生健全道德、丰富生命、养成品格。虽然今天的社会压力大、竞争残酷、世风日下,但对大学而言,社会的庸俗化并不可怕,可怕的是大学教师的庸俗化。如果每个大学教师不真正承担“灵魂工程师”的职责,我们的学生就会淹没在肤浅、浮躁和低级趣味里,也会失去思考和美丽、丧失聪明和品质。每一位环境法教师都应该懂得:我们可以接受这个世界的荒芜,但不能容忍心灵的空虚,一个有知识没文化的人和一个有文化没文明的民族是不可能真正建成“美丽中国”的。

我希望,环境法课堂能够成为一个大家庭,通过组织丰富多彩的环境法教学活动建设“志同道合的共同体”,使环境法课程与众不同——每一位学生和老师,都成为环境法课程的建设者。在这里,师生相互信赖;在这里,师生共克难题。在这里,不仅需要能力,还需要理念;不仅需要学业优秀,而且需要精神富有;不仅需要理论,还需要行动。

请记住王尔德的话:“生命就是你的艺术,你把自己谱成曲,你的光阴就是十四行诗。”愿环境法课堂,成为师生共同走过的一段理性而充满诗意的旅程!

2019 年 3 月 27 日于太平桥大街 23 号

目　录

第一编　环境法教学理论与方法

第二编　环境法人才培养

第三编 环境法实践教学

第四编　环境法课程设计

第一编
环境法教学理论与方法

对作为核心课的本科环境法教学的几点思考

巩　固*

2007年3月1日教育部高校法学学科教学指导委员会全体委员会议通过了调整法学学科核心课程的决定,把环境与资源保护法学正式纳入法学本科生所应学习的16门核心课之列。这对于坚持和贯彻生态文明理念,全面提升和大力推动环境法治建设具有十分重要的意义。对于一名高校环境法教师来说,这一消息也是莫大的鼓舞:“升”为核心课对于提高环境法学的学科地位、推动环境法学教育的普及和专业化发展而言,无疑也作用巨大、意义非凡。

然而欣喜未已,问题已至。客观而论,如何上好作为核心课的本科环境法课,并不是一件轻而易举的事。长期以来,在多数高校,本科环境法课都是作为专业选修课开设的,没有对学生的普遍要求,多数人凭兴趣选修,在学习态度上具有一定主动性;选修课课时适中,一般32

---

* 浙江大学光华法学院教授,博士生导师,浙江大学“仲英青年学者”,“2018年度中达环境法青年学者”获得者。

课时左右,正好适合总论部分的学习;对课程内容无硬性要求,教师可根据实际情况灵活选择讲授内容;考核方式也较自由,可以开卷考试或课后作业的方式加以灵活考查。但将其变为核心课之后,情况则有所变化。首先,从对象上看,核心课针对所有法学专业本科生,学生没有选择的余地。但环境法离现实生活似乎较远(实际上环境问题无处不在,但毕竟不像民法、刑法那样生活化)、内容因其专业性而较“偏”且对司法考试影响甚微,就这方面而言,不容易“自动”引起学生的普遍兴趣。故前来听课者的积极主动性难以保证。其次,核心课的课时增加近1/3,一般48课时左右,对于这部分增加的课时应当如何安排,也是件令人头疼的事。如只讲总论,时间还有剩余;若详讲分论,又远远不够。再次,在课程内容上,核心课作为必备知识,往往要求学生对教材内容的全面把握,原则上,各章节均有讲授的必要。但环境法内容涉及广泛,教材厚重,如全部讲授,很可能流于蜻蜓点水式的泛泛而谈,不仅听者无味,讲者也觉枯燥。最后,在考查方式上,核心课通常采取闭卷考试的方式进行“标准化”考核。严格的闭卷形式、追求几乎唯一正确答案的考察方式对督促学生掌握基础知识有其必要,但前提是这些知识必须相对确定、系统性强,而由于环境法学尚处于发展阶段,许多重大基础理论问题尚有待完善探讨,环境立法、执法、司法也处于不断更新和探索中,似不宜绝对和机械地灌输相关知识;分论部分面向各个不同环境领域的具体制度往往各具特色,短时期内更难以全面把握。

另外,环境法教学本身存在一些不易处理的难点。譬如,作为综合性、交叉性学科,需要介绍、普及一些环境科学知识、自然规律等,否则不利于学生对相应制度的理解,但如这些内容涉及过多则会冲淡课程的法学意味而成为环保通识课。诸如“八大公害”之类教材中常用的经典实例虽然历史意义重大,但毕竟距离较远,不易引起共鸣。一些观点超越传统,具有较强的批判和探索色彩,但缺乏翔实论证,逻辑性、说服力和系统性不强,缺少对实践转化的现实生命力。以具体制度为主要内容的分论更容易沦为对诸多大同小异的法条的机械介绍。这些问题也影响了环境法教学的吸引力和成效,教师也常叹"环境法难上"。看来,升为核心课固然可喜,但真的要上好这门课、达到核心课的应有水平,还得动一番脑筋。

鉴于当前本科法学教育模式与中国学生的学习特点,结合环境法学科发展现状,笔者认为,要搞好环境法教学,必须处理好以下几个方面的问题。

一、教学目标的准确、务实

任何教学都是为特定目标服务的。目标明确,教学才有章法。目标是否正确、适当,直接决定了教学效果。由此,本科阶段的环境法学习究竟是为了什么,本科生们又能够和希望学到什么,这是在开展任何具体教学活动前所不得不三思的。在把握国家对本科教学基本定位的基础上,结合本科生的知识结构、年龄层次、毕业需求等方面进行综合分析之后,笔者认为,本科阶段的环境法教育应定位于培养环境法治理念、普及环境法律知识,而不是对具体制度的全面精通和实践技能的熟练掌握,原因在于:

首先,从法学教育的阶段性分工来看,本科法学教育是打基础的阶段,在这一阶段,宪法、民法、行政法、刑法等传统法律部门是作为法学专业入门者的本科生的主要学习内容。尽管这些课程多数在大二至大三期间已修读完毕,但对相关知识和原理的反复咀嚼、深刻把握仍是本科学习的重中之重。无论是课外阅读还是社会实践,无论是理论视野的开拓还是法律技能的培养,学生一般都应以这些在法律知识大厦中居于基础地位、理论体系完备、规范特性明显的"纯粹"法学为"对象""摹本"。这是法律学习的基本规律。就本科生而言,如能掌握这些博大精深的基础法学已属不易,不宜再对其环境法学习施以同样严格的要求。

其次,从知识结构上看,扎实的传统法学基础是学好环境法的必备前提。作为一门晚近才从侵权法、环境对策中脱胎而出的新型法律部门,环境法的组成相当复杂,无论理论还是实践都呈现出鲜明的"综合性"。可以说,环境法是典型的"问题导向型"构成,什么有助于解决问题就用什么方法,不同于传统法以"社会关系与调整手段"为标准进行的齐整划分。这种以实用主义为基础的不拘一格、拿来主义的风格固然显示了环境法作为一种"领域法"的实践理性品性,也有助于学生开阔视野、培养反思精神,但对于入门尚浅的法学本科生来说,却难免存在消化不良的风险。如果在传统法学基础不牢的情况下进行环境法的深入学习,不仅不易真正学懂弄通环境法的独特原理与制度,而且也可能对其在其他法律上的学习造成困扰。例如,对环境法的部门独立性,环境法学界是在批评和修正传统法律部门划分理论的基础上进行论证的,这一修正虽有必要,但并不能完全抹杀传统部门划分理论的价值。传统法律部门划分标准虽然因不能为环境法、经济法等新兴部门法安排合适位置从而具有理论上的不圆满性,但对法律初学者辨明民法、刑法、行政法等传统法律部门间的差别从而深化对这些法律的认识上,还是十分方便、有益的。又如,环境法中的公众参与、信息公开、环境影响评价、公益诉讼等特色制度都是对传统理论、制度的创造性改造,如果传统法学知识基础不够深厚,勉强学习只能是一知半解,不可能真正深入的把握。就此而言,法学本科生尚不具备深入、细致、具体地研究环境法的知识储备。

再次,从现实角度看,环境法课程一般被安排在大三下乃至大四学期,这一阶段的法科学生,多数忙于外语和计算机的等级考试或为未来求职、考研、公务员考试、毕业论文奔忙,往往没有多少时间、精力、兴趣对相对枯燥的具体环境法律制度进行深入、细致的学习,要求其熟记各种变动不居的制度规则既不现实,也无甚意义。

最后,从本科教育的总体目标来看,培养通识型人才的重要性已获得广泛共识。而环境法涉及知识范围虽广,其具体制度的专业性却很强,要真正精通它,需要花费大量的时间、精力,必然挤占学生学习其他知识、技能的时间,不利于通识型人才目标的培养。从就业角度来看,多数学生未来并不必然走环境执法或者相关学术研究道路,本科期间也没必要在此方面耗费太多精力和时间。

鉴于以上,笔者认为,尽管作为核心课的环境法教学有必要使每一个法科学生学习、了解,但本科阶段的环境法学习目标仍应以"环境法学通识教育"为宜,也即向学生普及环境法治与保护的基本知识,介绍基本理论和重要制度,使学生了解我国环境法治现状,培养热爱自然、尊重法治的基本素养。至于对难点理论、具体制度的精研,应放在研究生阶段专门培养。

二、教学内容的适量、适度

目标既定,接下来的就是"教什么"和"怎么教"的问题了。对于前者,笔者认为,目前最大的困难是尚未有一部真正适宜本科生教学的教材。作为一种入门教育,本科教学对教材的倚重还是比较大的,教师虽然不能照本宣科,但应当尽量结合教材讲授,向学生传授比较确定的知识。但尽管当前国内形形色色的环境法教材不下数十种,真正适合本科教学的却几乎没有,其中一个重要原因就在于纸张太厚,内容过多。当前法学教材有越写越厚之势,动辄四五十万字,严重者甚至近百万,其间各种理论学说、观念制度、古今中外、林林总总、巨细无遗。这对于民法、刑法、行政法等需学生精研的基础法律部门来说,或有其合理性。但就目标定位较浅、掌握内容有限的本科环境法教学而言,并无必要。

由此,在当前教材普遍不甚理想的状况下,环境法教学不能过于倚重教材,基本顺着教材的节奏,整本讲授,而必须有所取舍。

比较而言，笔者认为，尽管目前多数环境法教材对总论与分论在篇幅分配上旗鼓相当，有些甚至分论超过总论，但本科环境法教学还是应当侧重总论部分的学习。此即重点学习环境法的概念、性质、特征、理念、目的、价值、功能、范围、方法、主体、客体、内容、体系划分、渊源形式、基本原则、基本制度、历史发展等内容，使学生对环境法有一个宏观的了解，为日后学习具体环境法律制度打下良好基础。这部分的学习，必须要细致、深入，着重思辨，不仅使学生知其然，更要知其所以然。例如，在究竟何为环境法，环境法由哪些部分构成，环境法与其他部门法的关系，环境法作为独立法律部门的必要性等问题上，一定要反复推敲，充分讨论，力求使学生信服。就各人经验来看，这部分的课时应当占 2/3 左右。

另外，以 1/3 左右的课时学习分论的部分内容，对污染防治法、自然资源法等环境法的子部门法作更具体的了解也是必要的。但分论学习不应像现在多数教材那样按照《大气污染防治法》《水污染防治法》《海洋环境保护法》《环境噪声污染防治法》《森林资源保护法》……的排列，巨细无遗地把我国各项具体的环境保护单行法都纳入其中，否则不仅讲不完，而且也与打基础的教学目标相冲突。从现实来看，分论学习应集中于“污染防治法”“自然资源法”等子部门法层面，以这些单行法中的共性做法（如共同的原则、制度）为主要内容，同时，对一些具体立法中值得关注的特色之处作重点说明和学习。这样做的好处是，既知各领域立法之大概，又突出特色抓重点，在保证学生对我国环境法制概况有基本了解的情况下避免由于内容过于具体、琐碎所致的混乱和困扰，并凸显各相关立法的特色之处，便于有兴趣的学生未来有机会时深入学习。

三、教学方法的灵活、多样

在目标和内容已定的情况下，能否真正实现既定目标，关键要看教学过程,而就教学过程而言,最核心的问题是教学方法。多年来,我国高校法学教学一直采用讲授板书、学生笔记为主的灌输式教学,重书本知识的传授与考查,忽视学生创新能力与批判精神的培养,环境法教学也不例外。对此,笔者认为,灌输式教学对环境法来说尤为不适,必须予以革新。要想取得良好的教学效果,环境法教学至少要坚持以下三点。

一要"生动活泼"。环境法以行政法律规定为主要内容,相对枯燥,教学过程很容易变成对法条的机械重复,不利于培养学生的学习兴趣。要想使课堂变动生动活泼,电子设备的运用必不可少,教师应尽可能利用多媒体手段把教学内容变得形象化,而这恰恰是环境法的强项。例如,通过图片、视频展现大自然的优美、名山大川的雄浑、野生生物的怡然自得、污染现场的触目惊心、受害者处境的悲惨……凡此种种,给学生带来的震撼和教育是抽象说教所无法比拟的。

二要"贴近现实"。环境法教学切忌使学生感觉遥远,而现在多数教材实例一提污染就是八大公害,一提生态就是全球暖化、臭氧层空洞,虽有意义,但毕竟空间遥远,甚至让人产生环境问题多为外国所有的错觉,难以产生现实紧迫感。其实,作为一个环境问题大国,各类环境事件几乎每天都在我们身边发生,大到汶川地震、长江洪灾、松花江污染,小到食品安全、饮用水患、空气质量、噪声扰民,到处都是鲜活案例。在教学过程中适时穿插这些案例,不仅能够增加学生的兴趣,更能使学生真正意识到环境问题的重要性,提高对环境法重要性的认识。

三要"问题意识"。以往本科教学以知识灌输为主,强调学生对知识的接受和认知。这对于基础教育来说,本无可厚非。但对于环境法则另当别论。一方面,是因为环境法本身正处于发展中,无论思想、观念、理论还是具体规则都尚未定型,有待修正,很多问题没有现成答案和唯一正确选项。如对个人环境权益享受与地区经济发展之冲突的解决,对自然的保护与开发利用之间的平衡,野生动物的性质定位、权利归属及其致害救济等,都需要充分讨论和思辨。另一方面,环境法本身对传统法秩序的挑战姿态也决定了只有具有问题意识和批判精神的人才能真正深入地理解环境法,进行环境法学思考。没有问题意识,只有被动接受的人,不可能真正学好环境法。

四要“灵活考查”。尽管是核心课,也不必拘泥于以往问答式的、一切以标准答案为准、主要考查学生“背书”能力的考试方法。基于前述目标和内容安排,笔者建议可把试题分为两大部分。分值一半左右的客观题为对基本知识、原理、制度的考查,但题目形式尽量以案例形式(可比照司法考试)出现,以考查学生对环境法基本知识的掌握。另一半分值可以分配给若干道答案具有开放性的论述题,实际上相当于小论文,以考查学生对环境法之精神、原则的全面理解和应用。这部分考查不求答案的统一,只要真知灼见、言之成理,即可给分。就任何课程教学而言,合适的考查方式是非常重要的。毕竟,从某种意义上说,如何考试才是如何学习的最终决定者。

教研相长理念指导下的法学课程教学创新*

梅　宏**

人才培养是大学的本质职能,本科教育是大学的根和本。改革开放40周年之际,我国高等教育界将以战略眼光发展、完善大学本科教育,全面整顿教育教学秩序,狠抓实干,严格本科教育教学过程管理。

基于教研相长理念探索法学课程教学改革,建成中国海洋大学法学专业课程混合式教学互动学习机制、国际私法教学案例库;围绕课程教学,开展研讨型教学、启发式教学,编创线上线下教学实用教程,实现信息技术与专业教学的深度融合;课外为学生举办专题学术沙龙、

---

* 本文系中国海洋大学法学院中外合作办学教育教学专题研究项目《中外合作办学(法学)学生科研能力提升问题研究》的阶段性研究成果。

** 中国法学会法学教育研究会模拟法庭专业委员会常务委员,中国国际私法学会理事,中国法学会环境资源法研究会理事、第二届教学研究专业委员会委员,中国海洋大学法政学院法律系副教授,主讲《国际私法学》《环境法学》《非诉讼纠纷解决机制》《环境法诊所教学》等法学专业课程。

读书会。

一、主要解决的教学问题

受传统灌输式讲授模式的影响，当前综合性大学法学专业本科教学存在“瓶颈”之困，如本科生学习的内生动力不足、研究志趣缺乏、批判性思维与创新能力孱弱、师生关系疏离、课程学习依赖上下级学生之间流传的教学课件等。

造成这些问题的原因主要有：综合性大学法学专业课程的内容广博、逻辑严谨、理论性强，学生的理解、运用存在一定难度；“宣讲型课堂”采取“我讲你听，我考你答”的教学方式，学生很少真正参与到教学活动中；教师通常只讲基本知识，提基本要求，教学内容以出版多年的教材为主，课堂教学中基本不讲任课教师自己的研究心得，也无暇多谈学科前沿发展动态，课程考试通常以既定知识的记忆、理解、运用为主；听课学生向教师索要的教学课件，成了一级传一级的考前法宝；各学期大同小异的考试题目以及课堂点名、简单作业等平时学习考核方式，亦成为学生应付式学习、突击式复习应考的背景原因。由于面授教学课时有限，学生众多，造成师生互动交流的局限和困难，更使教师课堂灌输式讲授成为权宜之计。

二、指导问题解决的理论

教研相长理念认为，“只教不研”和“重研轻教”都是偏执一端，不利于教师事业可持续发展，其主张“有思考的教学，讲方法的教学，出成果的教学”。

所谓“有思考的教学”，就是教师以敢于质疑、勤于思辨、勇于创新的思维开展启发式教学，运用研讨型教学法、纠问式教学法等方法与翻转课堂教学、混合式教学等手段，培养学生的质疑能力、思辨能力、创新能力。相应地，要避免照本宣科地灌输知识，避免

“一本教案、一张嘴”的因循式教学。“头脑不是被填充的容器,而是需要点燃的火把!”一个优秀的法学专业教师,应当是有思想的学者,其教学亦应是“有思考的教学”,在深入浅出地讲解教学内容的基础上,启发学生思考、质疑、分析、创新。

所谓“讲方法的教学”,就是要求注重方法的传授,课堂讲解要专业、深入,重视方法论的引导,让学生由原来的被动、机械式学习转为主动、探究式学习,变“教师教为中心”为“学生学为中心”,进而唤醒学生学习的主体意识,实现对法学专业课程知识体系、技能训练的全面认知与体验。举例而言,为了鼓励学生主动参与课堂发言、教学演练,我引导学生思考课堂发言机会的稀缺性,而每一次大大小小的课堂锻炼,都会促使发言学生下一次有勇气接受更大挑战,这就是“复利效应”。学生认同复利思维后,就会自觉自愿地投入教学配合中。

所谓“出成果的教学”,亦称“基于成果导向的教学法”(Outcome Based Approach,OBA 教学法),引入国际先进的成果导向教育理念,开展基于“成果导向,能力本位,持续发展”的课程设计与教学方法改革,实施教学质量提升工程。这里的“成果”,一方面指学生的“学习成果”,教学中要以学生能学到什么为思路和目标,以之驱动教师的“教学内容及时更新,兼顾基础与前沿”;另一方面,成果系指“研究成果”,其形式不限于教师创作的论文、专著,还包括学生因教学中受到启发从而完成的习作、本科生研究训练项目,因课内外教学中受到方法论指导而掌握的学习方法,及至系统、科学的研究方法,学以致用的科学实践方法、社会实践方法,等等。

三、解决问题的方法及其收效

(一)教研相长理念指导下法学课程教学改革的内容

基于教研相长理念,创新法学课程教学手段与方法。我们的教改实践主要包括：

1. 打造线上线下教学相结合的移动式教学环境(混合式教学课程网站+课程交流微信群)，编创线上线下教学实用教程，建成法学专业课程混合式教学互动学习机制；

2. 编创法律剧，指导学生课堂展演、思辨，使教学内容喜闻乐见；

3. 制作教学微视频(微课)，开展翻转课堂教学；

4. 重视实践教学，指导学生参加夏季学期的法律诊所教学活动，为应用法学开创理论联系实际之路；

5. 拓展教学内容，结合热点案例，为本科生举办专题学术沙龙、读书会，引领科研思路；

6. 启用智慧型教室，开展研讨型教学、启发式教学；

7. 采用先进教育技术编创教材、教学案例库。

(二)中国海洋大学法学专业课程混合式教学互动学习机制的建成及推广

传统的教学模式下，老师是演员，学生是观众，上课记笔记，下课做作业。现在学生连笔记也不记了，直接用手机拍 PPT，完全是被动地接受，丧失了学习的主体性。

以互联网为代表的信息技术的飞速发展，为大学教学模式的创新提供了契机。我们在中国海洋大学首批开设混合式教学试点课程，主动打破“灌输式”教学模式，将传统面授教学与信息技术有机融合，探索“互联网+法学课程教学”。基于“线上”平台资源和“线下”翻转课堂，通过构建情境、交互、体验、反思融为一体的深度学习场域，增强学生的自主学习意识、培养创新精神、提高实践能力，取得事半功倍的效果。3 年来，我们建成《国际私法学》《环境法学》《非诉讼纠纷解决机制》等课程的混合式教学网站，打造线上线下教学相结合的移动式教学环境(混合式教学课程网站+课程交流微信群)，形成教学成果《混合式教学互动学习机制》,为山东科技大学同行借鉴。

(三)编创法律剧,指导学生课堂展演、思辨,教学内容喜闻乐见

在教学法学专业课程《环境法学》过程中,学生观看《阳光下的法庭》《永不妥协》中涉及环境诉讼的精彩片段,改编成课堂小品,带着剧中角色进行法律交锋、演绎,不仅呈现出原剧的法律冲突,还自主演绎了一些争论点及法律思辨。

法律冲突情境下的模拟法庭教学,是基于教研相长理念探索法学课程教学改革的一项主要成果。① 结合教学案例编创法律剧,我创新了法学教学的内容与形式,激发了选课学生围绕法律经典案例编创法律剧的热情。在 2018 年春季学期的课堂上,中国海洋大学中外法学班 2016 级本科生先后以课堂小品、情景剧、多幕中英文话剧等形式演绎了法学教学中的 3 个案例"李查蒂案""鲍富莱蒙王子妃离婚案""谢远芳女士涉外遗产继承案"。30 多位学生主动参与案例的改编、小品或话剧的演出活动,并在演出后围绕案例中的知识点展开热烈讨论,实现了寓教于乐、深化教学的效果。根据 1963 年贝科克诉杰克逊案(Georgia W. Babcock, Appellant v. Mabel B. Jackson)改编的英文剧,已由 2016 级法学本科生于 2018 年 11 月 13 日的课堂上展演。

(四)重视实践教学,开创理论联系实际之路

积极开展法律诊所教学、模拟法庭教学,指导学生参加专业领域全国模拟法庭大赛,为应用法学开创理论联系实际之路。

经过平时的实践教学,经过选拔的法学本科生备战法学专业领域的全国知名高校模拟法庭大赛。我们训练学生运用专业法学的理论、规范展开法律思辨,进行中英文快速反应。参赛队员不仅

---

① 梅宏:《在模拟庭审中体验法律冲突》,载《中国海洋大学报》2018 年 11 月 1 日,第 3 版。

在全国比赛中取得好成绩，更重要的是在持续数月的训练过程中，与后备队员一起通过教师精心安排的法庭观摩、案例讲练和模拟比赛，快速提升法律实践技能。指导教师在经历3个月的带队教练工作后，发表教学论文《为什么要模拟法庭》，作为中国法学会法学教育研究会模拟法庭分委员会的常务委员代表中国海洋大学在全国年会上作同主题报告发言，阐述模拟法庭教学在法学专业教学中的作用及其方法创新，获得好评。

（五）拓展教学内容，为本科生举办专题学术沙龙、读书会，引领科研思路

我们多次为本科生举办专题学术沙龙，[①]结合当前法治发展对重大案例、重要法律、司法解释予以分析，并适时讲解各自主持的国家社科基金项目研究思路、研究方法，鼓励有兴趣、基础好的学生进行科研探索，申请本科生研究训练计划、国家大学生创新性实验计划项目。

组建各年级本科生组成的“悦享读书会”，带领学生定期组织经典专著阅读，经过两个学期的发展，“悦享读书会”已基本成型，成为培养本科生阅读和思考的一种有效途径和平台。

（六）率先启用智慧型教室，开展研讨型教学

利用智慧型教室的场地、设备，积极创新教学方法。例如，在环境法学教学中，组织学生分组讨论后，在课堂上围绕真实案例模拟5方当事人进行“诉前调解”，调解过程学生持不同立场摆事实、提诉求、守底线，问题愈辩愈明。

（七）采用先进教育技术编创教材、教学案例库

《国际私法学》线上线下教学实用教程编创项目，是2015年本科教育教学研究项目，初步展现“互联网+”教材创新的成果。该项目结题答辩获评“优秀”。

---

① 参见文科处《海大社科半月谈》2018年第5期报道。

已建成的《国际私法学》教学案例库网页版,便于学生在线查阅;其以发展涉外法律服务业为目标,联系“一带一路”的形势与政策,将国际私法教学引向我国涉外法律工作的视野。

四、结语

面对社会发展、互联网进课堂、学生自学能力增强、教学要求提高等“变化中的世界”,我们打开“有准备的头脑”,认识到高校课堂教学在新形势下出现了新问题、新现象、新挑战,自觉改变因循不变的教学套路,积极发挥课程教学的示范效应,促研助教。以综合性大学法学课程为切入点,以教研相长理念指导法学课程教学改革,注重“成果导向,能力本位,持续发展”,通过“教研相长、师生互动、课内外联动”,培养学生的质疑能力、思辨能力、创新能力、合作能力。

法律职业资格考试背景下环境法教学困境与建议

刘先辉*

法律职业资格考试，是指专门从事立法、执法、司法以及法律服务等工作的职业群体，在担任法官、检察官、律师、公证员、法律顾问、仲裁员(法律类)等工作之前，应当通过国家相应从业资格的考试。作为法律教育和法律职业之间的桥梁与纽带，法律职业资格考试内容广泛，环境与资源保护法学(以下简称环境法)即为其中之一。自2013年以来，环境法在法律职业资格考试中所占分值呈上升趋势，给环境法课程教学提出新要求。笔者从环境法在法律职业资格考试中的地位出发，分析该课程在高等教育中存在的困境并提出相应建议。

一、环境法在法律职业资格考试中的地位

近几年来，我国环境问题凸显：大气污染治理不容乐观、主要河流水质无明显好转以及土

---

* 河南科技大学法学院副教授。

壤污染开始显现等,这些都需要法律在环境治理中发挥作用。运用法学理论对环境问题产生原因进行分析的学科,即为环境法。法律职业资格考试是从事法律职业的门槛,环境法一直被纳入考试范围,“环境保护法的基本原则、体系与制度”等均为历次考试大纲的内容。在2013年、2014年、2015年、2016年、2017年、2018年[①]的法律职业资格考试真题中,涉及环境法内容的分值分别为3分、6分、7分、12分、13分,呈明显增长趋势。

作为新兴的部门法学,环境法包括自然资源法、污染防治法与能源利用法等内容,并且不断有新的内容被纳入进来。与民法、刑法与诉讼法等传统部门法相比,环境法在法律职业资格考试中所占分值比例明显不高,很多法律职业资格考试参加者并不重视环境法。因此,高等院校在环境法课程教学过程中对学生进行系统传授,对他们通过法律职业资格考试有重要的作用。

二、法律职业资格考试背景下环境法课程教学的困境

教育部在《普通高等学校本科专业目录和专业介绍(2012年)》中,将环境法列为核心课程。通过该课程的学习,旨在使学生掌握环境法的基本概念、制度与理论,培养学生运用现有环境法律解决环境问题的能力。作为二级法学学科之一,环境法又是一门新兴的部门法学,它因环境问题的产生与发展,在应试考试与法律精神培养的冲突之中,“环境法教学课程改革的相关研究较为滞后,教学效果不甚理想”,[②]日益凸显环境法课程教学困境。其主要表现为下述方面。

① 司法部未公开2018年法律职业资格考试真题,故笔者未能统计分值。

② 吴萍、邓雅萍:《生态文明视阈下高校环境法学教育的改革与创新》,载《东华理工大学学报》(社会科学版)2016年第4期。

(一)教学方式单一,教学内容陈旧

1. 教学方式单一

教学是教师与学生之间组成的有意识的学习活动。在该活动中,“教师通过多种形式有目的、有计划、有组织地引导学生掌握文化科学知识与技能,促进学生素质提高,使他们成为社会所需要的人”。[①] 如何让学生掌握更多知识,教师采用何种教学方式极为重要。我国传统的教学方式以讲授为主,即教师通过系统、细致的讲解,实现教学目标,环境法课程概莫能外。讲授的方式虽然可以发挥教师在“教”上的主观能动性,但如果学生在“学”上不能与教师进行互动,就忽视了他们的内在积极性,致使教学效果大打折扣。在环境法课程讲授过程中,教师大多关注环境法基本理论、原则等章节的讲授。由于该部分内容较抽象,教师讲授时无法与学生进行交流,很难达到预期的教学目的。而上述内容虽然无法成为法律职业资格考试的直接考试对象,但对环境法的基本制度与现行法律规定有直接影响。如果学生没有理解这些内容的话,极易造成考试失分。

2. 教学内容陈旧

教学内容,是指在教学过程中教师与学生发生交互作用、服务于教学目的的素材及信息。“教师所讲授的事实、概念与原理以及他们之间的联系等,构成了教学的主要内容。”[②]环境法作为法学核心课程之一,自然也遵循这一规律。查阅目前各高等院校关于环境法的教材及视频公开课程,大都是从环境问题开始讲起,接着阐述环境的概念、环境法基本原则与制度,然后将现有法律规定类型化,分成自然资源法、污染防治法两编进行阐述。由于环境问题

---

① 康淑敏:《信息化背景下的教学方式变革研究》,载《教育研究》2015 年第 6 期。

② 李臣之:《论教学内容创生:规定性要素及基本路径》,载《课程·教材·教法》2007 年第 2 期。

的突出，自2014年以来，我国《环境保护法》《水污染防治法》与《海洋环境保护法》等多部法律被修订，最高人民法院、最高人民检察院也出台了《关于审理环境侵权责任纠纷案件适用法律若干问题的解释》《关于办理环境污染刑事案件适用法律若干问题的解释》等多项司法解释，这些内容大多没有被环境法教材所吸纳。而这些新修改的法律法规、司法解释是环境法的热点与难点，往往受到命题老师的青睐，在法律职业资格考试中出现的概率较高。例如，2016年7月，全国人大常委会刚刚修订了《环境影响评价法》，当年9月进行的法律职业资格考试卷1第31题，就考查了关于环境影响评价报告审批的内容。在现实中，大多数高等院校的环境法课程拘泥于书本内容，并没有反映环境立法领域内的最新进展，仍然沿用原有的教学内容进行教学。另外，环境法基本理论，甚至环境法具体包含的研究领域都在形成过程之中，大多数环境法教材的章节设置千篇一律，基本分为三块内容——环境法基本理论、污染防治法与自然资源法，这并不能反映环境法研究的最新成果。

（二）理论讲授与法律职业资格考试实践的脱节

如前文所述，我国高等院校法学课程的教学方式往往以讲授为主，注重理论的灌输而忽视对具体法条的分析。而法律职业资格考试对各部门法，尤其是环境法内容的考察，主要以具体法条为主。环境法包含的法律规范众多，由于受到课时限制，在环境法课堂教学过程中不可能对每部法律都进行讲解。因此，大部分高等院校在教学过程中将相当多的时间放在环境法基本理论的讲授上，具体法律条文只能根据授课老师的研究兴趣、关注对象等进行有选择性的讲授；再加上法律职业资格考试对环境法内容考察的不确定性、有限性，报考者在考试时遇到环境法方面的试题，只能凭自己的法律素养作答。例如，2016年法律职业资格考试卷3第54题，着重考察了相对非热点我国《土地承包法》的法条内容：河西村在第二轮承包过程中将本村耕地全部发包，但仍留有部分荒山，此时本村集体经济组织以外的 Z 企业欲承包该荒山。该题直接涉及《土地承包法》第 15 条、第 47 条的规定，即选项为河西村集体经济组织外的人只能通过招标、拍卖、公开协商等方式承包及河西村村民享有优先承包权两个选项。从理论上来分析，农村集体土地是农民赖以生活的根本，为了保障农民生活、保持社会稳定，禁止集体经济组织之外的其他社会主体参与承包。但是，由于“四荒地”（荒山、荒沟、荒丘、荒滩）并非与农民的生活直接相关，法律规定可以通过招标、拍卖、公开协商等方式承包给他人，且集体经济组织成员享有优先权。高等院校在环境法课程教学过程中往往注重理论知识的讲授，忽视或者无法进行具体条文的讲解，造成应对法律职业资格考试的效果并不理想。

（三）法律职业资格考试自身的缺陷

法律职业资格考试为选拔性考试，参加考试人员只要达到或者超过分数线，即确认其具备从事法律职业资格。从目前法律职业资格考试的形式来看，是以客观试题为主、主观试题为辅（前 3 卷均为单选、多选与不定项选择题，卷 4 为问答与案例分析题）。在法律职业资格考试中大量采用客观题形式，可以做到判卷评分准确，不会因为判卷人员的个人兴趣和不同观点而产生误差；同时，也方便用电脑进行评卷，大大提高判卷效率，节省大量人力。但这种形式的缺点也很明显：选择题“屏蔽”了考生表达其思想、观点的组织能力，无法考察考生深层的法律素质。“法律职业资格考试注重考察考生对司法实务密切相关的法律法规或者司法解释的理解力，从方式上看主要是记忆力，显然不是目前法学教育所强调。”①另外，选择题受选项限制，即便考生完全不会也可以选择，

① 潘剑锋：《论司法考试与大学本科法学教育的关系》，载《法学评论》2003 年第 2 期。

助长其投机心理。

环境法课程属于法学核心课程之一，但与民法、刑法与诉讼法等传统课程相比，在法律职业资格考试中所占分值较小。综合近5年来的法律职业资格考试，其中涉及环境法的试题内容主要集中分布在卷1、卷3之中，且以单选、多选题为主。从环境法课程自身特点来看，该课程内容比较庞杂，涉及具体法律法规众多，而法律职业资格考试涉及环境法内容的分值有限、考查形式单一，不利于考察考生对环境法的掌握程度。

三、环境法课程的教学改革建议

自法律职业资格考试实施以来，它与法学本科教育已经形成了相对的良性互动关系。作为法学本科教育的核心课程与法律职业资格考试的重要内容，环境法课程教学面临着机遇与挑战。针对环境法课程的培养目标与法律职业资格考试的需要，笔者认为，应当从以下几个方面进行教学改革。

（一）改进教学方法

“高等教育的目的是提升学生的精神境界，使其能充分认识自身价值，为走向社会提供知识给养和心理力量。”[①]在环境法课程教学过程中，大多数高校仍采用传统单向教学方法。这种方法以教师讲授、学生消极被动接受为主，限制了学生的思维活动，不利于发挥其自我认知能力、创新与实践能力。因此，教师应当选择互动式教学方法，在尊重学生的前提下，注重教与学的交流，充分调动学生的学习积极性、主动性和创造性，激发其学习环境法的潜能，提高学习效率。案例教学法就是一种很好的教学互动方法。

案例教学法是以案例为基础，由教师组织学生开展讨论或辩

---

① 刘振天：《从外延式发展到内涵式发展：转型时代中国高等教育价值革命》，载《高等教育研究》2014年第9期。

论,形成反复的互动与交流的教学方法。这种教学方法鼓励学生独立思考、重视多向交流,能够引导学生由注重理论知识向注重应用能力转变。法学作为实践性较强的学科,其教学过程采用教师与学生互动方式进行,更有利于理论知识与实践能力的提高。“案例教学可以连接‘书本上的法’与‘生活中的法’,培养学生解决实际问题的能力。”①

环境法课程是法学核心课程之一,在运用案例教学法时应当注意以下几点。第一,做好基础理论传授。理论不但是实践的先导,也是指导人们实施某类行为的前提与基础。教师在进行环境法案例教学之前,应当做好基础理论的讲授,使学生掌握环境违法案件的产生法理、社会原因与侵犯法益等基础理论。第二,选择典型案例。针对现实生活中的环境问题,教师可以结合所在区域大气污染加重、河流水质下降与土壤污染加剧等真实情况,选择贴近学生生活的典型案例。在选定案例之后提前告知学生,让学生了解案例内容,学生可以根据自己的理解,查找必要资料,以便做好发言准备。第三,组织案例讨论。案例讨论是案例教学法的中心环节。教师应调动学生的主动性,引导他们紧紧围绕案例展开讨论(方式可以是共同讨论或者小组讨论)。在讨论过程中,教师可以利用现代化教学手段,模拟案例发生的经过,使学生感到形象逼真,以收到教学效果。第四,案例分析后的总结。在学生对案例进行分析、讨论、得出结论之后,教师要进行归纳总结,作出恰如其分的评价,并对案例中的主要问题加以强调,使学生加深对知识点的把握。对学生讨论中不够深入、不够确切的地方,教师要进行重点讲解。第五,教师还要特别提出,通过案例分析讨论,学生应吸取什么样的经验教训。案例教学中的讨论还给教师及其他同学以启

---

① 曾文革等:《法学案例教学法的探索与思考》,载《重庆大学学报》(社会科学版)2006 年第 1 期。

迪，促进教师与学生之间的互动，既可以活跃课堂气氛，又可以提高学生的实践能力。更为重要的是，案例教学法也与法律职业资格考试试题的内容接轨（法律职业资格考试试题大多也以实际案例为原型），有利于提高学生的法律职业资格考试通过率。

（二）更新教学内容

教学内容来自教师对课程、教材内容与教学实际的综合加工，引领教师的教学方向和传递知识的价值判断。因此，教学内容在教学过程中发挥着重要作用。具体到环境法课程教学，应当做到以下几点。第一，注重对新修订法律法规的讲解。随着人们对生活质量要求的提高，环境问题已经成为社会关注的焦点，环境保护法律法规数量明显增加。由于教材的滞后性，很多新制定、修改的环境保护法律法规没有被纳入教材中。而这些新制定、修改的环境保护法律法规往往与社会生活紧密相关，属于法律职业资格考试的热点。因此，教师在教学过程中应当充分了解环境保护法律法规的制定、修改情况及其背景，并向学生及时讲授。第二，注重对司法解释的讲解。司法解释是指最高人民法院、最高人民检察院对审判、检察工作中具体应用法律、法令问题的解释。由于司法解释的内容较细致、具体，实践性与可操作性更强，在法律职业资格考试中更容易受到命题者的青睐。在现有教材中，除对新制定、修改的环境保护法律法规涉及较少外，对司法解释进行阐述的内容更是凤毛麟角。在教学过程中，教师应当注重对环境保护司法解释的讲授，这不但有利于培养学生的实践能力，更有利于提高法律职业资格考试中环境法内容的得分。第三，根据法律职业资格考试内容的改革改进相应的教学内容。2017 年 1 月 16 日中共中央办公厅、国务院办公厅印发了《关于完善国家统一法律职业资格制度的意见》（以下简称《意见》），提出了完善国家统一法律职业资格制度的目标任务和重要举措。《意见》除将“法律职业资格考试”改为“法律职业考试”之外，在内容上提出“着重考查法律知识、法治思维和法治能力,以案例分析、法律方法检验考生在法律适用和事实认定等方面的法治实践水平。考试以案例题为主,每年更新相当比例的案例,大幅度提高案例题的分值”。《意见》为法律职业资格考试内容改革指明了方向,也为环境法课程的教学内容改革指明了方向。

四、结语

环境法课程是法学核心课程之一,也是法律职业资格考试的重要内容。在传统的环境法课程教学中,存在教学方式与内容陈旧、理论讲授与实践教学冲突等问题,不利于提高学生的法律职业资格考试能力。为解决上述问题,应当改进教学方法与更新教学内容、增加理论与实践结合的案例教学,在法律职业资格考试中适当增加环境法内容,以便于环境法课程知识的传授,提高学生法律职业资格考试通过率。

环境法课程的类型化与教学方法的差异化选择

王社坤*

自2012年成为“五位一体”国家战略的重要组成部分以来,生态文明建设的重要性日益凸显,生态文明建设也从理念层面向制度建设等纵深方向发展。然而,一个文明之所以成为文明,必须有文化来支撑,因此,生态文明必须建立在生态文化的基础上,而这种生态文化必须依赖环境教育才能建立。作为对此种社会需求的回应,我国2014年修订的《环境保护法》第9条第2款明确规定:教育行政部门、学校应当将环境保护知识纳入学校教育内容,培养学生的环境保护意识。在生态文明与依法治国两大国家战略的双重加持下,环境法无疑应当是环境教育的重要内容之一。事实上,在法学专业内环境与资源保护法学早在1998年就已经成为独立的二级学科,开设了相应的专业课程。然而,随着生态文明建设的深入和环境教育的

---

* 法学博士,北京大学法学院副教授,主要研究方向:环境法、自然资源法。

推广,环境法课程必然要走出法学专业,其受众远远不限于法学的专业学生。这就需要对环境法课程进行类型划分,进而采取差异化的教学方法。

一、环境法的兴起与课程类型划分

环境法课程的重要程度与环境保护在国家治理战略体系中的重要性成正比例关系。纵观改革开放以来的40年,环境法课程在高等教育课程体系中的重要性是在逐步提升的。

作为新兴法学学科,环境法课程发轫于法学专业课程体系。1984年原教育部颁发的《综合大学法律系法律专业教学计划》将环境法正式列为法学专业本科教学的专业选修课;1985年制定的《经济法专业教学计划》将环境法和自然资源法两门课程分别列为经济法专业的专业必修课。1987年原国家教委制定的《普通高等学校社会科学本科专业目录》将环境法学增设为法学所属的一个二级专业(专业编号是0909);1992年原国家技术监督局颁布的《学科分类与代码国家标准》(GB/T 13745 -2009,1992年11月1日在北京发布第1版,1993年7月1日正式实施;2006年组织修订,2009年6月26日发布),在法学二级学科部门法学(代码820.40)下设有三级学科环境法学(代码820.3075);2007年,教育部高校法学学科教学指导委员会通过了调整法学学科核心课程的决定,将环境与资源保护法学增设为16门法学核心课程之一。与之相应,研究生阶段的环境法课程也日益蓬勃。1981年国务院学位委员会设立环境法学硕士学位授予点;1993年国务院学位委员会设立环境法学博士学位授予点;1997年国务院学位委员会和原国家教育委员会联合颁布的《授予博士、硕士学位和培养研究生的学科、专业目录》,则将环境法与自然资源法整合为法学二级学科“环境与资源保护法学”(代码030108)。

与此同时,随着环境问题的不断加剧,社会对环境保护人才的需求不断增加,客观上推动了我国高校环境教育的蓬勃发展。20世纪70年代,清华大学、同济大学等一批院校陆续开设了环境类专业;2006年据不完全统计开设环境工程专业的院校达到296所,开设环境科学专业的院校为188所,与2001年相比,开设的学校分别增加了69%和104%。[①] 有学者对48所高校的环境工程专业和44所高校的环境科学专业环境法课程设置情况进行调查,发现在环境科学专业中有70.5%的高校开设了环境法课程,而环境工程专业中仅有37.5%的高校开设了此类课程。如果按照环境类专业考虑,则开课率为54.0%。[②] 2009年修订的《学科分类与代码国家标准》(GB/T 13745－2009)将环境法学列为环境科学技术及资源科学技术下二级学科环境科学技术基础学科的三级专业方向(学科编号6101050)。

与法学、环境学专业教育的深化相呼应,自20世纪90年代以来,为了突破传统的专业教育模式内在的局限性,提高学生的人文素养和可持续发展能力,以适应社会经济发展的内在要求,我国也积极在北京大学、清华大学、中国人民大学等52所高校推行文化素质教育试点工作,开始探索符合时代要求和我国国情的通识教育模式。[③] 在环境危机的时代以及法治文明的时代,环境法制教育无疑应当是通识教育的重要内容。

综上,基于不同的社会背景和驱动力,环境法课程呈现出多元发展的趋势。根据授课对象的知识背景和结构可以将环境法课程分为两大类。第一类是作为通识教育的环境法课程,其授课对象

---

① 参见陈文:《我国高等环境教育面临的挑战与机遇》,载《中国大学教学》2009年第7期。

② 参见孟祥周、陈玲、徐竟成:《高校环境类专业开设环境法课程的现状及思考》,载《高教论坛》2011年第9期。

③ 参见庄忠正:《深入推进通识教育的中国化进程》,载《中国社会科学报》2017年9月14日,第8版。

是环境专业、法学专业之外的学生，他们没有任何环境专业知识基础，也没有法学专业基础。第二类是作为专业教育的环境法课程，由于环境法的跨学科属性，又可细分为作为环境科学专业教育的环境法课程与作为法学专业教育的环境法课程；在环境科学专业设置中，环境科学与工程是一级学科，环境科学是二级学科，其下设有环境管理作为三级学科，环境法是环境管理这个三级学科方向的专业课程之一。在法学专业设置中，环境与资源保护法学是独立的二级学科，专门开设环境法课程。

不同类型的环境法课程在教学目标上存在差异，加上授课对象的知识结构也存在较大差异，因此，在教学方法的选择上，不同类型的环境法课程应当有所区别。

二、各类环境法课程的教学目标设定

环境法教学的目的，是指环境法教学的宗旨或者预期结果。环境法的教学目的决定了环境法教学内容安排和教学方法运用的走向，是环境法教学模式的“灵魂”。[①]

就法学专业的环境法课程而言，首要的教学目标是培养系统而完整的环境法理念，并掌握全面、系统的环境法律知识，这是专业教育的核心目标。同时，作为一门学科，还必须考虑学科发展的可持续性，从而应当将环境法研究方法的掌握作为环境法教学的重要目标。最后，基于环境法的跨学科属性和立法目的，还应当将环境意识的培养作为环境法课程的教学目标之一。通过环境法课程的学习，虽不能奢望让学生变成坚定的环保主义者，但至少应当使学生具备基本的环境保护意识，树立基本的环境伦理观念。环境法律知识的掌握是作为法学专业的环境法课程教学目的中最核

① 参见于文轩、王灿发：《我国环境法教学模式的反思与探索》，载《当代法学》2009年第2期。

心的内容,然而,作为一门新兴法学学科,环境法所具有的综合性、科技性等特征,使环境法律、环境法学和环境法学科的产生和发展无一不体现出实践推动的特色。因此,环境法教学应当充分重视这一实践导向特征,将知识的综合运用能力、解决问题的能力作为教学的最高目标。就此而言,面向法学专业学生讲授环境法,应当具备相当的知识深度:不仅要讲授环境法律的现状,还要讲授环境法律的过去和未来;不仅要讲授纸面的环境法,还要讲授生活中的环境法;不仅要讲授环境法律规范,还要讲授环境法律理论。

就环境科学专业的环境法课程而言,教学的首要目的实际上是培养环境法律意识。通过对环境法课程的学习,可以培养环境科学专业学生人与自然和谐的生存观、发展观和权利义务观,养成大学生认真遵守环境法律法规的品质,有利于他们根据时代需要打造自身的法律素质,为参加国家经济活动和管理活动准备充分的条件。[①] 在环境法律意识培养的基础上,环境法基本知识的普及和基本应用能力的培养也应当作为环境科学专业环境法教学的重要目标。由于环境科学本质上属于自然科学,与作为人文社会科学的法学存在本质性差异,因此环境科学专业的环境法教学中,对于环境法基本知识的讲授深度应当低于法学专业课程。考虑到环境科学专业教育本身对学生环境意识的塑造能力要高于法学专业教育,因此,在环境科学专业的环境法课程中,对环境意识的培养不再是特别追求的教学目标。

就作为通识教育的环境法课程而言,重要的不是知识的传输,而是一种理念的培育。教育学上的学习有三个层面:一是认知方面的学习,即让学生了解该门科目的基本内容、理论等实质内涵;二是技能方面的学习,即要如何进行实际运用和操作,如美术、音

---

① 参见才惠莲、王宗廷:《论高校环境法制教育的战略意义》,载《理论月刊》2006年第2期。

乐,需要实际绘画和弹奏等;三是情操意志方面的学习,情操意志的学习是通识教育终极目标之所在,认知和技能的学习,是导入的前置阶段。[①] 因此,通过通识教育课,实际上要给学生传输的是环保意识和法律意识,至于相关专业知识能掌握多少,不是通识教育课程的核心目的。

三、环境法教学方法的差异化选择

基于教学目标设定的差异,再加上修课学生知识背景的差异,决定了各类环境法授课教师应当选择根据课程类型,选择差异化的教学方法。

关于教学方法的分类,在理论界存在不同观点。日本教育学家佐藤正夫将教学方法分为提示型、自主型和共同解决型三类。[②] 基于教学方法的表现形式,有学者将教学方法划分为讲授法、讨论法、演示法、实验法和练习法。[③] 也有学者将教学方法分为以教师活动为中心的方法体系、教师与学生相互作用的方法体系、个别化教学方法体系以及以实践活动为主的方法体系。[④] 总之,依据不同的标准可以对教法方法进行不同的体系划分,本文无意于讨论教学方法本身的分类,而着力于不同教学目标及知识背景下具体教学方法的选择问题。

总体上看,单纯依靠传统的以教师为中心的、等级式的、灌输式的教学方法已被教学实践证明效果不佳,需要进行变革。以教

---

① 参见黄坤锦:《大学通识教育的基本理念和课程规划》,载《北京大学教育评论》2006 年第 3 期。

② 参见[日]佐藤正夫:《教学原理》,钟启泉译,教育科学出版社 2001 年版,第 290 页。

③ 参见张楚廷:《教学论纲》,高等教育出版社 1999 年版,第 279 页。

④ 参见陈晓端:《当代教学理论与实践问题研究》,中国社会科学出版社 2007 年版,第 131 ~ 132 页。

师为中心的教学过程中,教师处于主导地位,而学生在教学活动中完全被动地接受知识,除了上课听讲和记笔记外,没有主动地参与到教学活动中,始终扮演旁观者的角色,因而缺乏学习兴趣,学习动力不足,经常出现学生上课记笔记,下课背笔记,考后全忘记的现象,严重影响了教学效果。①

就变革的方向而言,应当避免单一的教学法,多样化教学方法的应用无疑是未来的发展方向。单一的教学法易令学生丧失新鲜感,产生类似于"审美疲劳"的厌倦情绪,学生主动思考和参与课堂教学的积极性会因此下降。② 应用多样化教学方法时,教师应当根据教学目标的需要和授课对象和具体情况进行多种教学方法的优势组合。

就法学专业的环境法课程而言,综合应用能力培养这一教学目标要求,环境法教学必须采取问题导向、实践导向的教学方法,体现以"以学生为中心、教师为主导"的教学策略。在整个教学过程中教师起组织、引导、促进的作用,强调学生的主体性,充分发挥学生在学习过程中的主动性、积极性和创造性。在教师的组织、引导下最终达到使学生有效地实现对当前所学知识的意义建构的目的,在这个过程中,学生的知识、思维、技能和情感都得到了锻炼和熏陶。③ 换言之,不能只告诉学生法律规定是什么,得告诉学生怎么去用。就此而言,案例研习、模拟法庭等案例教学法应当是最佳的教学方法。因为案例教学法的运用,可以在教师的有意引导下,使学生成为教学的主角;通过对案例的分析、归纳、总结,并且围绕关键性的问题进行讨论,发表自己的观点和看法,可以调动学生的

---

① 参见张伟:《环境法课程案例教学的探讨》,载《商业经济》2011 年第 7 期。

② 参见俞金香:《高等法学院校环境法教学实务研究》,载《华北水利水电学院学报》(社科版)2012 年第 4 期。

③ 参见曹晓凡:《问题驱动教学法在环境法课程中的应用》,载《中国环境管理干部学院学报》2010 年第 4 期。

学习兴趣和热情,变被动学习为主动学习。当然,由于不同的案例教学法需要的课时不同,所以具体方法的选择可能要受制于每个学校课时量的要求。例如,模拟法庭就非常耗时,从准备到实施到反馈到最后的总结,都需要花费大量的课时,应当在保证授课内容完整性的基础上谨慎选择这种教学方法。

同时,对法学专业环境法课程中环境意识培养的教学目标来说,宜借助影像资料等感性化教学方法。对法学专业的学生抽象地讲什么是环境,效果肯定不好。教师需要给学生展现具象的环境。例如,笔者在授课时经常给学生播放法国人拍的纪录片《小宇宙》,影片记录了各种精美的自然界画面以及各种各样有趣的野生生物。看完这部纪录片,学生对环境的理解远比抽象地讲"环境是各种天然和经过人工改造的自然因素的总体"深刻得多。

就环境科学专业的环境法课程而言,学生具有环境科学专业知识的优势。因此,在具体教学方法的选择上,应当更强调引导式和交互式教学方法的运用,即要让学生发挥环境科学专业基础知识的优势,并引导学生将专业知识延伸到环境法,强调对作为自然科学的环境科学专业知识与作为社会科学的法学知识的关联性的揭示和探索。例如,在工科院校的环境法教学实践中,应当注意法律政策中所包含工程伦理要素,并将这些伦理精神如何将工程实践中的技术标准同工程伦理相结合进行深入的阐释。① 再如,在讲授环境影响评价制度时,可以让学生从环境科学专业的角度讲讲对环评制度的理解。在这个过程中,教师通过提问的方式引导学生思考作为技术活动的环境影响评价中的涉及法律问题,从而引导学生理解法律上的环评制度和技术上的环评制度之间的差异。

---

① 参见张凡、彭斌:《生态文明制度建设视角下的工科院校环境法教学》,载《河北工程大学学报》(社会科学版)2013 年第 2 期。

在环境科学专业的环境法教学中，案例教学法也是增强师生互动的教学方法。但在案例选择上，应当注意把握案例的深度和广度，更适宜采取教师讲解案例的方法。教师在讲授某些环境法学理论知识或某些规则后，举出相关案例以帮助学生更好地去理解相关知识，也可能是在介绍某些理论知识或规则前以案例作为切入点，从案例入手来介绍该案例涉及什么样的理论知识或规则。① 而对于以讨论为主的案例教学法的运用则需要慎重，因为当学生还没有足够的环境法律知识的情况下，盲目地使用案例讨论法来进行教学，可能会导致学生无所适从，在讨论阶段可能会出现冷场的现象。

对作为通识教育的环境法课程来说，理念的培育是首要目标，知识的掌握只是服务于上述目标的手段。同时，修课学生大多既不具备法学专业知识背景，也不具备环境科学专业知识背景，因此，在环境法课程的教学方法选择上一定要强调趣味性和参与性，要寓教于乐。例如，笔者在环境法通识课上尝试采取圆桌式研讨教学法，通过这种非常规化的、圆桌式的分组讨论，使学生不再是一种被动接受知识传输，而是更积极地参与到教学的组织过程，提高了他们对知识的印象。

在环境法通识课中，影音资料的运用具有特别重要的意义。借助形象化的展示方法，可以迅速抓住学生的注意力，辅之以有效的引导，能够起到事半功倍的教学效果。例如，笔者在环境法通识课上经常播放谭维维演唱的现代摇滚乐《给你一点颜色》。随着传统华阴老腔与现代摇滚乐器的新颖组合，在音乐旋律带给我们极大心灵震撼的同时，歌词背后所表达的对环境状况的忧虑和人类行为的反思也闪烁着理性的光辉。在五分钟的节目播放完成之

① 参见薄晓波：《论案例教学在环境法教学中的运用》，载《四川环境》2014 年第 4 期。

后，教师可以结合歌词讨论不同的问题。例如，歌词中反映了哪些种类的环境问题，产生这些环境问题的原因的是什么，针对这些环境问题我国有哪些法律规定了哪些内容，等等。从教学反馈看，这种艺术化教学素材的引入，能够迅速吸引学生的注意力，进入教学主题，教学效果颇佳。

四、结语

本文是笔者对从教 10 年来，对不同类型环境法课程教学实践的感悟和总结。可以用两句话概括本文的主要观点。第一，基于不同的教学目标和学生不同的知识背景，教学方法的选择有所区别。第二，总体上看，环境法课程教学方法的选择应改变过去单一的、等级森严的授课方式，采取多元化的、更强调趣味性、参与性和交互式的教学方法；其中，案例教学法应当成为环境法教学方法的重要选择。

论情景模拟法在环境法实践教学中的应用

于文轩[*]　姚俊颖[**]

如何让学生“坐到前排来、把头抬起来、提出问题来”，是新时代全国高校本科教育教学改革的重点和难点问题。就环境法教学而言，结合环境法学课程的发展特性、教学目标以及教学特点，如何运用具有“探究式、个性化、参与式”的教学模式，使课堂真正变成“碰撞思想、启迪智慧的互动场所”，[①]使学生们完成从理论到实践、从书本到生活的转变？引入情景模拟教学法，是一条不可或缺的途径。

一、环境法教学的特殊性

环境法教学的特殊性既有根源于该学科自

---

* 法学博士，中国政法大学教授，博士生导师，中国政法大学环境资源法研究所所长，中国法学会环境资源法学研究会副会长。

** 法学博士，普洱学院讲师。

① 本段引言均引自陈宝生：《坚持以本为本　推进四个回归　建设中国特色、世界水平的一流本科教育——在新时代全国高等学校本科教育工作会议上的讲话》。

身属性所导致的教学方面的独特性，也有来自该学科在教学目的设计上所带来的独特要求。这些特质对环境法这门课程的课堂教学提出了特殊的要求。

（一）环境法学的学科特性

环境法学具有典型的多学科支撑和多学科交叉的属性，因此，在教学过程中需要阐释多元化的理念价值和复杂的基础理论。从环境法学的支撑学科来看，其涉及生态学、环境科学、管理学、经济学、伦理学等学科。在进入环境法学专业知识学习之前，教师有必要适当引入其他学科知识作为背景铺垫，以便于学生理解环境法律原则和制度在发展历程中的来龙去脉，从而更有效地消化吸收知识点。例如，王灿发教授所著《环境法学教程》，在第一章第二节中就专门论述了环境法与生态学的关系，介绍了物物相关律、相生相克律、能流物复律、负载有额律、协调稳定律等主要的生态基本规律，指出环境法就是将这些生态规律的要求进行法制化，以保持生态系统的平衡。① 再如，汪劲教授所著《环境法学》教材，分别运用伦理学和经济学的知识对环境伦理理念和环境经济理念作了系统阐释，为在环境法教学中注入代内环境正义、代际环境正义、种际环境正义等价值，以及更好地协调环境利益与经济利益之间的冲突奠定了重要的基础。② 概言之，作为自然科学与人文社会科学交叉渗透的学科，环境法学的教学设计需要贯穿多维度视角考量、多重线索综合分析的思路。

（二）环境法教学目的的特殊性

环境法的教学目的，是指环境法的教学宗旨或者预期结果，至少包括培养学生的环境法理念、向学生传授环境法律知识、训练学

① 参见王灿发主编：《环境法学教程》，中国政法大学出版社 1997 年版，第 3～6 页。

② 参见汪劲：《环境法学》，北京大学出版社 2006 年版，第 132～147 页。

生的环境法学研究方法以及为社会培养和输送环境法人才等四方面的教学目的,①可以总结为培养具备健全的环境法价值观念、系统的环境法知识以及完整的环境法实践技能的学生。环境法学的法学学科底色,决定了其必须关注和回应人类社会发展中出现的环境法律问题。环境法学教育作为职业教育的定位,必须重视实践教育环节。② 申言之,无论修完该门课程的法学生将来是直接从事环境法律的实践工作抑或是继续深造研究环境法,都需要在理解书本知识的基础上对其进行灵活运用,才能应对新的环境问题带来的挑战,并提出可行的解决方案。因此,该门课程的教学设计要正确处理传授价值、知识与能力三者之间的关系,既要让学生认同环境法价值,还要让学生学会运用知识。因此,就需要综合运用形式推理和实质推理的方法,调动横向思维和开放思维,培养学生妥善解决环境问题的能力。

(三)环境法教学内容的特点

环境法的知识体系既包括对相关学科重要基础理论的介绍,也包括对本学科的重要概念、理念价值、基本原则等属于总则部分内容的阐述,还包括对属于分则部分的各种环境法律制度的梳理。这些知识内容对应着不同的教学目标,除仅要求能理解和能识记的知识点外,对于其他需要学生达到能应用、能分析、能综合、能评价甚至能创新的知识点,授课教师必须通过教学过程,引起、维持和促进学生的学习,有效达到预期的教学效果。③ 然而,任何单一教学方法均难以全面有效地完成这些教学目标,唯有综合运用多

---

① 参见于文轩、王灿发:《我国环境法教学模式的反思与探索》,载《当代法学》2009 年第 2 期。

② 参见汪世荣主编:《有效的法学实践教育》,法律出版社 2012 年版,序言第 1 页。

③ 参见姚利民:《有效教学论:理论与策略》,湖南大学出版社 2005 年版,第 27 页。

种教学方法,才能保证教学目标的实现。

二、各类教学方法在环境法教学之运用分析

教学过程是一个包含多种因素的复杂过程。传统的讲授法和案例教学法以及新型的对分课堂和翻转课堂,在环境法教学的不同教学目标和教学内容下均有其适用空间,亦存在不足之处。

(一)讲授法之局限

讲授法作为最为传统和主要的授课方法,在环境法教学中具有不可取代的基础作用,其基本模式就是教师在台上讲,学生跟随教师的思路听、想、记。它的优势在于系统性和理论性较强,能够直接向学生呈现教学内容。初学者容易忽略枯燥的基础知识或者遗漏某些重要信息,而一旦基础知识不准确、不牢固,便无法有效运用该学科的理论开展实证分析。因此,对于那些对学生的知识谱系的准确形成起到关键作用的重要概念、基础理论、价值理念、基本原则、基本制度等知识内容,有必要由教师在对书本文字反复研究和斟酌的基础上,结合自身的理解与经验讲授给学生,使学生经历从抽象到具体的学习过程。

讲授法在环境法课程中的局限性表现也颇为明显。首先,讲授法在主体层面只集中于授课教师单向的输出,缺少互动和反馈机制,难以充分考虑学生是否接纳吸收以及在多大程度上接纳吸收的问题,不易结合学生的掌握程度给予必要的学习指导。其次,讲授法在应用范围上宜用于讲解专业理论知识,在其他注重实证运用、评价和创新的实践教学环节,运用讲授法很难吸引学生积极学习,亦无法促进和帮助学生不断改进问题。最后,讲授法在教学过程中考验的更多的是教师的逻辑思辨能力,而非培养学生分析和解决问题的能力。一旦教师照本宣科或者学生没有集中精力跟上教师的思路,教学目的的实现则会受到影响。

(二)案例教学法之问题

案例教学法是应用型学科在实践教学环节中最常用的方法,其基本模式是教师根据教学目标,结合教学知识点选取和编排难易适当的教学案例,通过分析案例和做思考题的方式,考查学生对理论知识的应用和分析能力。环境法是一门应用性很强的学科,在立法、执法、司法以及守法环节均有大量案例。在教学环节中引入案例分析,不仅有利于加深学生对法律规定的识记,有利于提高学生对理论知识的灵活运用,还有利于增进师生互动交流、活跃课堂氛围。

案例教学法在环境法课程中的使用也存在如下弊病。其一,案例的选择以及决定呈现多少信息量完全由教师决定,案例教学的过程和最后的总结评价也是由教师掌控,相当于学生是在设计好的案例中,按照教师设定的环节完成规定的动作。因此,在某种程度上,案例教学法也可以被看作一种变相的讲授法。其二,鉴于环境法教学内容丰富但学时有限的客观条件,授课教师倾向于选择和编排学生容易发现知识点和易于实施的案例。由于现实生活中的环境问题所牵涉的私人利益和公共利益之间、经济利益和环境利益之间的利益冲突错综复杂,往往交织着多种角色的多种合理利益需求,所以简单的环境教学案例分析往往难以反映社会现实情况。[①] 其三,在教师设定的案例中,学生所能够达到的思维高度一般局限于踩准所有预先设置好的知识点,难以进行开放性的思维训练。然而,环境法学实践教育并非仅限于追求唯一正确的答案,而是要引导学生对案件和问题中的各种可变因素进行深入具体的分析,以启发新思路,寻找最优解。[②] 综上所述,案例教学

---

① 参见孙淑云、冀茂奇主编:《诊所式法律教程》,中国政法大学出版社 2010 年版,第 8 页。

② 参见孙淑云、冀茂奇主编:《诊所式法律教程》,中国政法大学出版社 2010 年版,第 9 页。

法能够在一定程度上训练学生对书本知识的应用和分析能力,但无法满足培养学生综合评价环境问题、运用开放性思维考虑环境问题的能力。

(三)对分课堂和翻转课堂之不足

在新型课堂模式的推广中,对分课堂和翻转课堂不得不提。对分课堂"是把一半课堂时间分配给教师进行讲授,另一半课堂时间分配给学生以讨论的形式进行交互式学习"。[①] 其教学方法实质就是讲授法和小组讨论的结合,教师利用每次上课的后半段课时讲授新知识,由学生课后对知识点进行内化吸收,然后由学生在下一次上课的前半段课时对该教学内容展开讨论交流,后半段课时再由教师对下一个教学内容进行讲授,依次往复。对分课堂的有两大关键点:一是不要求学生提前预习,二是将传统讨论式课堂的"即时讨论"改为"延时讨论"。翻转课堂是指将传统的教学流程进行翻转。传统课堂要求在课堂学习新知识,在课后内化这些知识,而翻转课堂讲求的是学生先在课外自主学习获得新知识,再在课堂上展示、交流、协作、探究,从而达到知识的内化吸收。这就要求教师在课前建设和发布相关学习资源,组织学生进行课前学习,在课堂上根据设计好的课堂活动完成实践过程,并进行成果的展示和评价。[②] 翻转课堂也有两大关键点:一是要求学生在课前主动预习,二是将传统讲授式课堂的"课堂后内化知识"转变为"课堂内内化知识"。对分课堂与翻转课堂的根本区别在于学生是否需要提前预习课程内容,以及对课程内容的内化吸收是发生在课堂内还是课堂外,二者均体现了对学生最大的尊重,为课堂营造自由、开放的氛围。

---

① 参见张学新:《对分课堂:中国教育的新智慧》,科学出版社2016年版,第4页。

② 参见张金磊、王颖、张宝辉:《翻转课堂教学模式研究》,载《远程教育杂志》2012年第4期。

从环境法教学的角度看,这两种教学模式能弥补讲授法和案例教学法的不足。然而,面对诸如环境公益诉讼、邻避困境、全球气候变暖这样的涉及主体多元、利益博弈复杂的重大环境问题,体验感和代入感的欠缺容易导致得出一些大而化之的对策建议。

三、情景模拟法在环境法教学中的运用策究

鉴于讲授法、案例教学法、对分课堂和翻转课堂各有利弊,上述教学方法的组合运用也无法很好地实现环境法学的教学目的。情景模拟教学法有助于弥补这一缺憾。

(一)情景模拟教学法概述及其价值分析

情景模拟教学法,是指在教学过程中,让学生扮演一定角色,围绕某个中心问题模拟表演,通过对事件发生与发展的环境和过程的虚拟再现,使学生充分体会角色的情感变化和行为模式,表露自己或角色的人格、情感、人际交往、内心冲突等心理问题,从而激发学生在所设情境中发现问题和分析问题以及解决问题的能力,以此引导学生共同探求对人、事、物的情感、态度、价值取向和问题解决策略,进而理解教学内容,在短时间内提高能力的一种教学方法。[①] 对于扮演某一角色的学生来说,由于经历了亲身体验这一过程,可以对问题有更深入的认识,对角色的特质有新的体会,激发其自主学习的积极性,获得的体会和习得的技能也将更持久深刻。对于课堂效果来说,通过直观地展示环境法律问题,使学生在具有情景感和参与感的环境下对各种角色进行深思和感悟,有益于帮助学生更深入地理解和运用教学知识的要点和精髓。

在环境法教学中引入情景模拟教学法的价值在于以下几点。第一,有助于改革传统的教与学的形态。情景模拟法让学生在设

---

① 参见尹子民、孙辉、魏颖辉:《情景模拟教学法的初探》,载《辽宁工业大学学报》(社会科学版)2009 年第 3 期。

定的情景和场景中围绕某一问题——如邻避困境或者环境公益诉讼案件——进行角色扮演,在课堂中成为体验者和亲历者,体现了参与式教学的要求。每个参演的学生对自身所扮角色的各项背景进行分析和研究,感悟其人格、内心活动、利益需求,并凭借自身经历对其进行塑造和表演的过程,体现了个性化教学的要求。在每位参演学生各司其职的努力下,排练和表演不同角色的内心活动和外部需求,呈现不同角色主体之间的利益冲突和协调过程,共同完成一场情景模拟活动,最后在授课教师的指导下进行深度挖掘和反思,体现了探究式教学的要求。可见,情景模拟法集参与式、个性化、探究式教学特性为一体,与教学改革的方向不谋而合。第二,情景模拟法有助于实现环境法课程的教学目的。在情景模拟的过程中,学生可以在情景的排练中完成对教学内容的认知,在角色的体验与打磨中生发共情的情感,在剧本推敲和剧情冲突爆发与解决的过程中达到技能的培养。在环境法的情景模拟教学中,无论是参演的学生还是观看的学生,都能在整场情景剧中习得环境法律知识、感悟到环境法的价值理念,经历从抽象到具体又从具体到抽象的学习过程。尤其是参演的学生,在推敲案例剧本和角色的过程中,需要学习和使用到环境法学的研究方法,如运用文献研究法深挖角色背景、体察角色利益需求,又如运用规范分析法对案例的合法合理解决找寻法律依据和途径。进而,在剧本精巧布局下,引导学生形成综合评价分析环境问题和妥善合理解决环境问题的能力。第三,从课堂效果来看,情景模拟法的引入有助于提高学生学习的主动性和积极性,培养学生的自学能力和团队协作意识,加深对专业知识的理解与运用,提高分析和解决问题的能力。此外,教师对扮演角色的学生进行前期沟通和指导,在表演完毕后及时进行访谈和交流,有助于形成师生互动、教学相长的教学氛围。

(二)情景模拟法的有效性和可行性

高质量地上好一门课程,需要授课教师综合运用不同的教学方法。在环境法教学中,讲授法适合用于基础理论和重点难点的讲解,然而,在实践教学环节却体现出无法与学生形成有效互动的"短板";案例教学法在一定程度上可以解决讲授法的问题,但却是在限定的思维空间下进行的讨论和交流;对分课堂和翻转课堂虽然在本质上有区别,但都可以达到学生主动参与和开放式探究的效果,然而这两种新的教学模式还是存在案例的情景感和代入感不强,致使对复杂的环境问题分析不够全面和综合,容易造成最终的讨论结果流于表面的结果。在此情形下,情景模拟法可以大显身手。

首先,情景模拟法是通过学生的亲身体验来学习,而非单纯通过教师的讲授获得知识,极大地提高了学习的主动性和参与感。其次,学生从角色的身份和职责出发去分析和解决问题,而不是从旁观或中立角度来看待问题。在教育心理学看来,这种方法可以极大地提高学习效果。该理论认为,当成年人在负有一定责任的角色中学习,意识到自己的学习会影响到其他人的利益和前途时,这种责任会推动他用更高的注意力和更强的责任心来处理问题。① 此外,这种负有责任的学习过程还能使学生切身体会到环境法价值理念、社会道德标准等较抽象的概念在事实情景中的适用。再次,情景模拟法可以为学生提供近乎实战情境的学习的机会。在精心策划的情景剧中,学生得以运用实体法、程序法、证据法、职业技能、职业道德等方面的知识,强化解决问题的技巧和策略,训练法律推理能力,培养创造性思维,处理复杂的道德困境等,

---

① 参见孙淑云、冀茂奇主编:《诊所式法律教程》,中国政法大学出版社2010年版,第9页。

为学生的全面发展打下良好基础。[①] 最后，情景模拟可以突破时空限制，用较短的一段时间就可以模拟真实案件中漫长的过程，而且学习者的错误在模拟中仅仅会带来经验教训而不会像真实案件那样造成可怕的后果。[②] 因此，情景模拟法可以有效地平衡真实性、综合性、责任感以及体验感。

从可行性来看，完成情景模拟教学的关键，其一，是有参演的主体和有一定的表演场地。就课堂教学而言，学生和教室都是现成的，因此，情景模拟法在课堂教学中具有很强的可行性。其二，情景模拟法对于教师和学生来讲，都无须刻意的培训，找到合适的剧本并按照剧本演出就完成了规定动作，具有易于实施的特点。其三，当代大学生具有追求个性与表达自我的强烈意识，因此，情景模拟容易得到学生的响应与支持，可以预期有很高的课堂参与度。其四，在教师的有序组织和安排下，情景模拟法容易取得较好的教学效果，在一堂课中可以同时完成认知能力、情感能力和技术能力的培养。

（三）情景模拟法的实施步骤

情景模拟法在环境法教学中可以分为四个基本实施步骤。

第一个步骤，是由教师根据教学目标和教学内容选取合适的剧本，基于时间场地的条件限制和剧本人物情节的复杂程度编制具体的实施方案。建议剧本时长控制在 10 分钟左右，出现的角色控制在 3 ~6 人。剧本表演控制在 10 分钟左右，之后每个角色扮演者的自我评价和分析为 2 分钟，则表演者的陈述占 6 ~12 分钟；然后，由作为观众的学生讨论和评价 10 分钟；最后，由授课教师进行反馈和总结 10 分钟，正好可以利用 1 个课时的时长完成一堂情

---

① 参见汪世荣主编：《有效的法学实践教育》，法律出版社 2012 年版，导言第 7 页。

② 参见汪世荣主编：《有效的法学实践教育》，法律出版社 2012 年版，导言第 6 页。

景模拟教学。角色 3 ~6 人,是因为情景模拟法是为了弥补对分课堂和翻转课堂无法有效处理多元利益冲突而应运而生的,因此,角色至少设置 3 人,但是过多的人物设计又会占用太多课堂时间,因而在有限的课堂时长下不超过 6 人的人物设计是相对合理的。以模拟邻避困境情景为例,先由教师选定某一具体邻避事件作为脚本,然后收集相关资料整理成剧本,接着设置好不同的角色,并计划控制好选角和排练指导的时间进度。在此阶段,教师与学生的关系是“导演”与“演员”的关系。

第二个步骤,是组建团队,选定角色。选出参演的学生,以便表演团队在课前进行排练并接受教师的指导。每位表演者应当认真揣摩和考虑其角色的背景,包括调查其家庭情况、受教育程度、生活近况等多方面的情况。只有对角色产生共情的情感认识,才能感受到其利益需求的真正根源和理性地思考如何正确维权。尽管在课堂上表演的团队只有一支,但建议教师将剧本发放给全班学生,使学生在课前熟知剧情梗概,并鼓励学生自行组建团队,主动参与到情景模拟中。在此阶段,教师负担着“管理者”“咨询者”“顾问”等多重角色。

第三个步骤,是在课堂上按照剧本进行角色扮演。在条件允许的情况下,应综合运用多媒体设备,并配以简单的道具,为表演者营造出情景氛围,同时也容易将观众带入剧情。在这一阶段,教师担当“主持人”和“观众”的角色。

第四个步骤,是进行总结和评价。情景模拟中的角色扮演和激情发挥并不是教学的最终目的,而是达到教学目标的方法。表演结束后,先由表演者对其扮演的角色进行分析和评价。由于学生经过排练和指导,对该角色的理解和认识最深刻。其后,由作为观众的学生对情景剧中对冲突的处理方式和角色人物的利益需求进行分析评价,最后由授课教师给予综合的反馈和总结,帮助学生改进问题、提高实践技能,从而完成本次情景模拟教学。在此阶段，教师是点评者，学生则是获益者。

四、结语

情景模拟教学法作为众多教学法中的一种，契合了教学改革要求中的互动、参与和探究式的学习模式，同时也有助于解析环境问题中利益关系多元复杂的现象。因此，在环境法教学中适当运用情景模拟法，有助于改进教学效果，提高环境法律人才的培养质量。

“互联网 +”背景下环境法教学理念新思考*
——以黑龙江大学环境法教学为例

孙　磊**

一、问题的提出

黑龙江大学作为国家首批法学卓越人才培养基地，5 年来已经开展了很多方面的法学人才培养的各种有益探索，形成了自己的特色。黑龙江大学卓越法律人才教育培养基地坚持创新原则和个性化发展的原则，不断推进教学内容和方法的改革，努力探索应用型、复合型法律职业人才培养的路径和方法，形成并保持俄罗斯法律研究和教学的优势和特色，探索并形成融专业教育与职业教育为一体的法律职业人才

* 本文是 2017 年黑龙江大学新世纪高等教育教学改革工程项目新形势下环境法学教学理念与方法研究（2017C11）研究成果；2017 年黑龙江省哲学社会科学研究规划项目（项目编号：17KSE335）阶段性研究成果；2017 年度黑龙江省高等教育教学改革项目思想政治理论课及“四进四信”专题教学改革研究项目（项目编号：SJGSZD2017011）阶段性研究成果。

** 黑龙江大学法学院副教授、法学博士、硕士研究生导师，从事环境法学教学和研究。

培养模式。

环境法学课程作为黑龙江大学本科必修课程、骨干课程，在本科三年级上学期修读，具备了运用“互联网+”技术的外在运用条件，具备了使用翻转课堂等教学手段，也就是说，在环境法教学中，学生们经过前面法理学、宪法学、刑法学、民法学等基础课程的学习，已经具备了法学专业基础知识，学会了法学类课程的学习方法，我们认为学生们已经具备了学习法学专业的方法和能力，这就为“互联网+”技术、翻转课堂教学手段等在这一阶段的介入提供了条件。再看看其他高校，环境法教学都是在高年级授课，一般在三年级的上学期或者是三年级的下学期，所以笔者认为在讲授这个课程的时候，不如把课堂交给同学，让老师先期准备好之后，把内容放在网上或者通过微信群让同学们预热，然后在课堂上利用有限的教学时间，同学们针对课程内容进行提问，发挥同学们的主动权，能使课程授课过程更精彩，也可以解决课程互动的问题。这样，可以显著增加课堂知识的容量，解决课堂时间有限的问题，让同学们了解课程领域的更多内容。另外，在现阶段，电子科学技术互联网技术兴起的同时，使我们以前不具备的条件都变成了现实，老师们都拥有非常便利的条件和手段。笔者的习惯是每上第一次课时一定要在班级建立一个微信群，会在课前把该次课程所讲的内容课件、相关的案例提前发到微信群，让同学们有所准备，这样才能够针对这个课程内容进行有效的学习。

二、“互联网+”运用到环境法教学的重要意义

（一）解决课程时长不够问题

“互联网+”时代的到来，打破了传统课堂教学的时空界限，出现了一种泛课堂教学。泛课堂教学超越了传统课堂教学的时空界限，带来教学时空新的变化：在时间上超越传统课堂的40～45

分钟;在空间上超越传统的几十平方米的教室,甚至延伸到虚拟空间。① 环境法作为教学中的骨干学科之一,其内容所涉及的知识面是很广泛的,知识体系的建构也需要足够的时间保证。但在现实教学中,因为学生所面对的不仅是这一个学科,而且由于学期教学任务安排等现实的原因,仅利用上课时间进行学习是远远不够的。因此,把“互联网+”这种新的教学模式引进环境法的教学中来,不仅在课堂上节省了时间,在课后的复习中也起到了延伸课堂时间的作用。这一运用结合环境法教学自身的特点来看,具有非常大的意义。

(二)更利于学生掌握环境法庞杂的知识体系

作为一名教育工作者,笔者深知教学体系意识对于学生的重要性。但是,原始的教学模式很难让学生形成对环境法教学的体系意识。通过对“互联网+”的运用,让学生养成课前预习,课中重点攻克难点,课后及时复习的学习模式,对于知识体系的建立是非常有帮助的。通过这样的学习过程,避免了传统课堂的填鸭式学习,避免了学生在课上抓不到重点。在基本知识尚且不能熟练掌握的情况下,知识体系的掌握更是无从谈起。而“互联网+”的运用,恰好可以弥补这方面的不足,更有利于学生在环境法的学习中对知识体系的整体把握。

(三)增强学生学习自主性,改变教师角色

通过对“互联网+”的运用,学生在养成良好学习习惯的同时,其更大的收获是养成了学习的自主性。在以往的传统学习模式下,都是老师在课堂上主导,更像是上下级间的命令关系。而“互联网+”教育下学生自主性增强的同时,从很大程度上打破了教师对教育活动、课堂教学的绝对主导权。这样的变化将促进教

① 参见杜尚荣:《泛课堂教学论:教学研究的新进展》,载《教育探索》2016年第7期。

师与学生在教育活动中的地位更加趋于平等,学生和教师都掌握了自主选择的权利,拥有根据自己的意愿做出选择的可能性。[①]同时,在"互联网 +"背景下,教师的教育教学工作将打破教室的局限,走向更公开、广阔的网络世界,并具有跨时空性。[②] 这意味着,教师不再是课堂的主导者,而更像是一位与学生平等的朋友,为学生答疑解惑。而学生与老师之间的关系更平等,课堂氛围也会更轻松。在这样轻松愉悦的氛围中学习,即使是像环境法一样知识点庞杂、体系庞大的知识也更容易被学生接受。

三、具体的做法

(一)微课

微课作为"互联网 +"应用于教学的具体应用之一,其本身具有很多的优势,最主要的是微课改变了传统教学模式的弊端,不仅把学生的学习局限于课堂,使学生学习的时间和地点都比较随意,学生可以充分利用自己有效的时间,充分发挥自主学习的能力,把自己零碎的时间用来学习。而老师在此过程中则更多地担负起重难点讲解以及制作好微课的职责。

微课主要是充分利用学生手中的电子产品,老师把需要讲解的课程以录制视频以及音频的方式,发送到学生的微信群中或者一个公共的资源平台上让学生自行下载观看;学生在看的过程中可以在群中把不懂的疑难点反馈给老师,而这些就将是老师在上课面授时候讲解的重点或者是下次录制的重点。在课前,这些微课起到了预热的作用,而在课后更起到了巩固的作用。

---

① 参见陈一明:《"互联网 +"时代课程教学环境与教学模式研究》,载《西南师范大学学报》2016 年第 3 期。

② 参见刘云生:《论"互联网 +"下的教育大变革》,载《教育发展研究》2015 年第 20 期。

（二）慕课

慕课和微课有许多相似之处，都是以视频或者音频的方式进行传播。但慕课也不同于微课，如果说微课解决的是时间与距离的问题，那么慕课解决的就是资源共享的问题。慕课作为当前一种非常流行的教学模式，不仅可以实现远距离的网络教学，更大的优点是慕课可以实现高校之间师资力量的资源共享问题。一直以来，师资力量分配不均的现象是制约我国高校大学生学习的一个重要因素，甚至影响部分学生的择校问题。而慕课的远距离资源共享的教学优势，很好地解决了此问题。

而慕课的制作方式跟微课的制作方式基本相同。在进行慕课学习过程中可以要求学生制作笔记，在进行到关键章节时候也要多设置一些问题：一方面提醒学生精神更加集中；另一方面也是对学生的检测，对老师也是一种反馈。而且在制作慕课过程中需要更仔细、细致，需要考虑到不同学校学生的学习层次水平的差异，尽量做到适合更多高校的学生，真正做到资源共享的宗旨。而作为教师，也要多观看一些其他高校的慕课，学习其他慕课的优点，无论是录制方式还是互动方式。

（三）翻转课堂

翻转课堂教学模式是通过云平台的资源库、视频库、项目库和文献库，满足学生的课前预习和课后的消化吸收与提升的要求，学生在学习过程中可以随时寻找自己需要的知识点，通过教师在理论课上讲解难点、重点。翻转课堂不仅给予了学生充分的选择空间，实现了不同时间、不同地点的学习，而且学生学习的“主人”身份得到充分体现，为发挥学生学习的主观能动性提供了基础条件。“互联网+”时代的教学媒介提供了极高的仿真教学环境，让学生切身感受到学习的氛围，快速进入学习主体的角色。这标志着传统课堂教学的“教师—教学媒介—学生”的单向传递结构逐渐为多元化的学习结构取代。①

（四）微信公众号

采用微信公众号的教学模式可以实现推送教学资源、交互式学习、自主学习、碎片化学习、移动学习的目标。学生可以通过自己的手机随时随地获取想要的信息，充分利用碎片时间，实现真正意义上的自主学习。更重要的是，随着“互联网＋”的发展，还可以利用公众号的功能起到督促学生学习的作用。比如说，现在可以利用公众号进行学生学习的签到，还可以进行一些日常考核，而且还可以设置学生可以在公众号后台进行留言，及时与教师沟通互动。这样就打破了传统的一元教学模式，学生也更容易接受。

四、效果展望与存在的困难

（一）效果展望

1. 提升了学生的学习热情

通过对“互联网＋”的应用，做到了教学过程中的图片、影像、音频的高度结合。这种新的模式与传统教学模式相比，在很大程度上提高了学生的学习兴趣和学习热情。现在的学生在信息快速发展的今天，更乐于接受新鲜的学习形式，也更加注重个性化的发展。在传统教学逐渐对学生没有感染力的今天，“互联网＋”教学模式的出现，无疑是拯救学生学习热情的一剂良方。从目前环境法教学效果来看，这种新的教学模式，已经在学生群体中取得了广泛的欢迎，在提高学生学习热情方面也取得了巨大的进步。

2. 形式开放，做到资源共享

“互联网＋”的这种教学模式是开放的，是面向不特定群体的。这样开放的平台不仅面向本校学生或者某些特定学生，在学

① 参见高丹丹：《未来课堂的教学结构探究》，载《现代远距离教育》2012年第2期。

习过程中也为其他高校学生或者一些对某些课程感兴趣的爱好者们提供了更好的学习机会和学习空间。这种开放的形式,资源共享的初衷,在学生与老师中都得到了一致好评。

3. 提高了教学水平

在环境法课程中采用"互联网+"模式,这种新颖的教学模式普遍受到了学生们的欢迎,也在提高学生成绩方面发挥了显著的效果,在提高教学水平上也做出了突出的贡献。以往的传统教学方式最终的成果只能说差强人意,而在这种新形势下,学生通过自己的自主能力,通过与老师的密切配合,最终能达到满意的效果。

(二)存在的困难

1. 互联网技术水平限制

在运用"互联网+"的教学模式过程中,不可避免的是教师要制作微课、慕课等课程,但由于很多教师都没有掌握专业的互联网技术,导致在制作课程的过程中受到了限制。往往会因为互联网技术水平的限制导致达不到预期的效果的现象发生。毕竟术业有专攻,互联网技术水平就成为实施新教学模式的限制。

2. 硬件条件的限制

除了教师本身互联网技术层面存在的问题,不同高校的硬件条件是不同的。尽管"互联网+"的教学模式一直被提倡,但是也有很多高校因为硬件条件达不到要求而无法开展这样的教学模式。因此,硬件条件也是目前存在的一个限制因素。

3. 团队运营配合缺失

不得不说做任何事情,团队的配合协作都是非常重要的,因为如果想实施"互联网+"的新模式,那么就不是某个教师自己的事情,需要有技术人员的配合与学校硬件的支持。但是现在看来,很多高校在运营过程中团队缺少配合,由此产生的无法运营或者运营效果不佳的问题也比比皆是。

五、结论

“互联网+”对教育资源、教学模式和教学评价等教育要素产生了深刻的影响，并由此带来了教育理念的改变，教育“互联网+”势在必行，已成为“知识进入永远‘在线’时代”的题中之义。[①] 因此，作为国家首批卓越法律人才培养基地的黑龙江大学，必定会响应时代的号召，坚持创新原则与个性化培养的原则，与各大高校共同进步。

① 徐岚：《大学的教学创新：MOOCs 给我们的启示》，载《全球教育展望》2014 年第 2 期。

第二编
环境法人才培养

谈以"敲门砖"式教辅书思路编写新型环境法教材

竺　效*

作为一门在国内兴起仅30余年并不断发展的新兴学科,环境法受到理论界与实务界越来越多的关注。但环境法学不仅涉及法理学、民商法学、行政法学、经济法学、刑法学、诉讼法学、国际法学等多个法学学科的理论知识,更涉及环境伦理学、环境经济学、环境科学、生态学等多个学科的交叉知识。这一特点决定了环境法学教材内容繁杂、体系宏大。通过梳理自1986年以来出版的22部中文环境法(环境资源法)教材,可以发现,大多环境法学教材追求环境法体系的完整与理论的完善。

中国人民大学法学院和环境学院为本科生独立开设的环境法课程均仅2个学分,相对而言课时明显不足。而就环境法初学者而言,上述内容繁杂、体系宏大的客观现状决定了这门课程学习的难度。此外,环境法相关法律法规

* 中国人民大学法学院教授,博士生导师。

常处于不断更新、修改完善中，这也给环境法教材的编写者和使用者额外增加了难度。同时，随着信息技术的发展，人们获取信息的方式不再局限于传统的书本、纸质媒体，不受时间、空间的限制。“信息碎片化时代”已到来，加之环境法教材和教学面临的固有挑战，是否可以有一本更新颖的教材，以应对前述问题。

一、《环境法入门笔记》有何编写初衷和定位

自2009年在我校为本科生独立开设环境法必修课以来，随着讲授经验和思考的积累，我越来越感到，如果无法结合案例讲授知识点，难以引起法学本科学生的学习兴趣，并触发法科学生学习的好奇心与探索欲；如果无法将厚厚的教材浓缩提炼成足够薄的小册子，难以帮助学生从浩如烟海的环境法学知识和法律知识中找到快速入门的“通行证”；如果无法博采众长各门派环境法教材的精华，难以为学生们提供最新近、最完整、最权威的解读集锦。

所以，自2011年以来，笔者就尝试自己编写教学材料。通常我会在每学期第一堂课提供时间跨度为整个学期的完整、详细的教学大纲、进度计划、各章参考书目、参考法条目录，每次课前课后提供各章的课件、必读和补充法条、延伸阅读素材，甚至相关视频，以供学生预习与复习之用。这种自行编辑每学期更新的逐章汇编和提供的小举措，其最原始的目的在于节省学生们购买多本教材的财资，并避免重复检索下载的不必要的劳动。可喜的是，这一极其耗费一位面临职称晋升科研发表压力的年轻教员时间精力的教学实践的“土办法”，竟然受到了中国人民大学本科生的普遍欢迎。

作为一个持续而未间断给本科生讲授环境法课的年轻“老同志”，经常以各种方式接到新入职的各校年轻博士们有关本科生环境法课教学的各种咨询、提问和求助。回想当年，自己何尝不是未经充分的教学方法和教学技能训练，就被推上了讲台，却不知作为

环境法博士的我们绝大多数无奈仅接受了环境法学术研究的训练，甚至研究内容在专业知识的宽度方面尚无法满足本科教学的需求。不得不承认，国内高校这一现当前普遍存在的教师选拔和职业前训练的现状，客观上加大了环境法教师讲授环境法课程的难度。

2013 年一种突发奇想于笔者脑海中慢慢巩固，似乎在环境法教学、学习与现有教材之间需要一种类似桥梁的新型教学工具，她应当将厚的教材变薄，应当方便新教师快速入道，方便本科生快速入门。近年来，随着环境行政执法法治化的加强，环境侵权诉讼、环境刑事诉讼、环境行政诉讼以及环境公益诉讼的不断发展，那些未曾系统学习过环境法却成为当前生态文明法治建设主力的环境执法人员和环境司法实践人士，也急需一本能够使其迅速入门并全面了解环境法的基础性的“敲门砖”似的新型教材。

鉴于此，为了满足社会不同主体学习环境法的需求，笔者拿出多年积累、逐年更新完善的“箱底之货”，提供作为讨论和批判的靶子，组织本书编写组对环境法总论及分论中基础理论、重点知识进行提取、精炼，结合我国现行有效的法律法规以及国际国外相关法律法规进行研究，并由我设计了教材体系和写作体例，编写组逐章讨论确定了教学目标和知识要点，并精挑辅助教学的相关案例或事例。

无论是针对教学人员还是学习人员，我们都将这本书定位为：能确保使用者得以快速了解、识记、掌握并理解应用相关的环境法律知识和环境法学基础理论。将该书的适用者定位于所有环境法入门者，包括首次接受环境法系统教学或学习的法学本科生、环境科学相关专业本科生、法律硕士生、律师、法官、检察官、公安环境案件侦办人员、备考人员（如国家统一法律职业资格考试备考人员、统一硕士生考试备考人员、环境法硕士与环境法博士备考人员），以及初登环境法讲台的各位急需尽快进入角色并通过提高教学效率以为研究写作最大限度节省时间精力的青年才俊们。于是,索性将书名定位《环境入门笔记》,2017 年 1 月由法律出版社出版。该书第一版得到了广大读者和学界同仁的厚爱,出版社责任编辑见图书销售告罄,于 2017 年 11 月催促我组织修订以出版第二版,后于 2018 年 8 月出版修订版。

二、如何码放“敲门之砖”以实现初心

《环境法入门笔记》以知识点为核心,每一章节均围绕知识点细化教学目标,列举推荐参考资料、相关法条、案例或事例、延伸阅读推荐篇目,使不同读者根据自己的需求进行选择与阅读、学习,构成本书体例的各类具体“元素”设置的基本考虑如下。

“教学目标”即对本章主要内容进行简介,并以“了解”“识记”“理解”“应用”四级对知识点的重要程度及需要掌握的深浅、难易程度进行说明。

“推荐参考资料”即各章节编写所主要参考的教材书籍,也是学习各章节推荐各位读者分别对应精读的教材与素材。

“知识点”即将传统教材理论内容进行拆分重构,以知识要点的形式进行列举。知识点文字精简,部分配以图表辅助理解,力求准确新近、简单易懂、易于掌握。本书以四类星级对知识点进行标记,对应教学目标中的四级难易程度:“☆”为“了解”,“★”为“识记”,“★★”为“理解”,“★★★”为“应用”。

“相关法条”分为“必读法条”与“延伸法条”。“必读法条”列举与各节知识点直接相关的重要法条,让读者无须再通过别的途径搜索或查找法条,这一类型的法条绝大多数已详细列于本书各章节,这也表明这些是必须了解和掌握的入门性法条。“延伸法条”则列举了与各节知识点相关的其他国内外重要法条,供读者自行进一步检索学习作参考,出于初学者检索的便利,个别境外法条也列举了条款的中译本。

“案例或事例”每节中均有1～2个案例或事例，以加深读者对本节知识点的具体化了解，并为教学环节提供最起码的实证范例。每个案例后均结合所在章节的知识点，设有1～2个问题，并附有简要评论与知识要点概括，以与各章节前面所列的知识点有所链接，使读者能自行检验对本章知识点的掌握程度。

“延伸阅读”即与本节知识点相关的推荐深化理解或扩大知识的阅读文献。对本节知识点有兴趣进行深入学习、研究的读者，可以根据延伸阅读的提示，查找相关文献，进行学习研究，以期为备考研究生等提供知识深化途径的提示。

另外，本书“附录一”为近年司法考试环境法真题汇总表。本书编写人员对近年来的司考真题进行了解析，列明每道真题涉及的本书中解析的知识点及所涉主要环境法律条款，也相应地在各章的相关知识点后标记司考的年份与题号，使司考真题与本书知识点相互链接，方便本科生等司法考试备考人员查阅。“附录二”为教学大纲参考，本人根据近5年的教学实践经验，分别以2学分和3学分为例，为不同课时、学分设计了环境法课程每周教学内容的选取与编排，以期能为新入职的广大同事提供了教学大纲的参考方案。

三、试图敲门的教辅书有何发展和响应

信息碎片化时代到来，人们获取信息的方式发生巨大变化，利用碎片化的时间，在任何地点忽略不感兴趣的信息，撷取有用信息。对待知识的学习也是如此。随着网络课程普及，人们在移动端即可进行学习，获取知识。为了适应碎片化知识获取的学习方式，适应学习方式的转变，环境法教材应当更简明扼要，突出重点，更方便阅读者快速高效获取有用信息。另外，信息碎片化时代也是“读图时代”，人们感兴趣的信息，不在限于文字信息，更重要的是图片信息。

有鉴于此,《环境法入门笔记》以知识点为轴线,将传统教材理论内容进行拆分重构,以知识要点的形式进行列举。知识点文字精简,部分配以图表辅助理解,力求准确明确、简单易懂、易于掌握;并以四类星级对知识点进行标记,对应教学目标中的四级难易程度。经过一轮使用,教师和学生都反馈这一初衷基本可以实现。但也提出教材第一版的体例应对学生备考论述题、简答题略有欠缺。

为了解决这个问题,我受思维导图软件的启发,2018 年修订版以新增"知识结构图"的方式,尝试使各章和各重要节所包含的知识点之间的关联性更加一目了然,或者使跨第一版所编单个知识点的知识群(针对简答题、论述题性质的非单一点状环境法知识)之间的逻辑关系得以更明确、清晰地呈现。这种在对重点知识点的知识导图式的重复描述,使读者能更形象、立体地掌握重点知识。

2017 年出版前,法律出版社经过论证和市场评估,新设了一个教材建设的重点项目"法学笔记系列"。该系列教材完全采纳了《环境法入门笔记》所尝试的法学领域入门一本通教辅书的新型教材的编写指导思想和编写体例。截至 2018 年年底,已先后正式出版了《行政法与行政诉讼法入门笔记》《劳动与社会保障法入门笔记》《民事诉讼法入门笔记》《国际法入门笔记》《刑法总论入门笔记》《法理学入门笔记》《知识产权法入门笔记》,另有 3 本正在编校待出版,力争在 2020 年年底前覆盖法学核心课程。

新型的环境法教材是否应当顺应读者碎片化阅读习惯,及时回应环境法学理论、立法、执法、实践最新动态,在传统环境法学教材基础上起到辅助教学与研究的桥梁作用,提供不同主体迅速入门的渠道,并全面了解环境法的基础性理论和知识?希望"敲门砖"教材创新尝试,有所微薄贡献。

高校学生论文写作质量提高的微观措施思考

——以法学专业为例*

刘国涛**

近年来,随着法学界对法学方法论的日益觉醒,一些关于法学研究方法与论文写作方面的优秀著作、论文,陆续出版发表。如果放眼哲学、人文社科领域,有关“论文写作”“文献检索”“研究方法”等方面的论著,更可谓汗牛充栋。例如,2017 年北京大学法学院陈瑞华教授的《论法学研究方法》一书第 2 版出版(第 1 版于 2009 年出版)。载于该书第 2 版中的“第 1 版序言”中说:“笔者深知研究方法对于初学者甚至年轻学子的重要性。回想当年,在研究生学习阶段,经常就认为选题问题处于茫然的状态,经常在论文的谋篇布局上陷入不知所措的

---

* 基金项目:山东建筑大学优质课程建设项目:社会科学研究方法;山东省教学改革研究课题:模拟法庭教学模式的改革与应用,项目编号:Z2016M017。

** 法学博士,现任山东建筑大学法学院教授、学术委员会主任;曾任山东师范大学法学院教授、副院长、环境与资源保护法学硕士点和重点学科负责人。

境地，也经常在论文的论证方面误入歧途。”[①]“法科学生如何撰写学术论文”是该书七大部分内容之一。2018 年 10 月笔者组织编著的《法学论文写作指南》第 2 版[②]也正式出版（第 1 版出版于 2009 年），精选了 150 个论文撰写中的技术性问题进行了解答。本文不是系统性、面面俱到地谈微观措施，而是从论文选题、文献搜集、结构布局、研究方法、超低级错误、修改、答辩、发表等方面，不揣浅陋地谈一谈指导学生论文写作过程中自己特别强烈的真实感受、认识，并建议一些促进论文质量提高的微观技术性促进措施。

一、关于“论文选题”

无论是理工科的学生还是人文社科的学生，论文选题能够与指导教师的研究领域相吻合是最好的。特别是理工科的学生，如果和指导教师的研究领域不相吻合，可能很难开展下去，因为缺少相应的仪器、设备、材料等。究竟是指导老师命题好，还是学生自己选题好？我个人比较赞同让学生在本学科领域自主寻觅选题。我会告诉学生（尤其是研究生）：您持续选的三五个题目，每一个都查过比较多的资料，即便您不去写这方面的毕业论文，也可以尝试着写成供学术期刊发表的小论文，毕竟这些都是您曾经感兴趣的小领域，一般会有一点自己的见解。多数学生比较喜欢完成导师的“命题作文”，似乎这样自己内心比较踏实。但是，这却缺少了自己苦苦寻觅、陆续筛选的宝贵过程和与之相伴的知识面扩张。

当学生说：“老师，我真的不知道写什么，你给我定个题目吧。”为什么“不知道写什么”？此时，我会告诉学生：选题来自阅

① 陈瑞华：《论法学研究方法》，法律出版社 2017 年版，第 1 版序言第 3 页。

② 参见刘国涛、余晓龙等编著：《法学论文写作指南》，中国法制出版社 2018 年版。

读文献或者实际的社会调查,去发现值得研究的问题。不要在那儿凭空想,一定要认真耐下心来,多读书,读本科或研究生必读书目,读老师推荐的书目,并且由此产生连锁反应,再去读书,观察社会、观察生活,发现问题。

关于论文选题的“大小”,还是要根据学生掌握的资料和调研能力以及实际的理论和现实发展情况而定。当然,比较提倡的还是要“小题大做”。例如,选题可以如此逐渐缩小:论制度→论法律制度→论环境法制度→论环境影响评价制度→论环境影响评价制度中的公众参与→论环境影响评价公众参与中的参与者选定制度,还可以再通过加副标题扩大、缩小或兼容一些其他论证内容。如果经过文献检索和思考,感觉题目过小,可以适当向上游移动;感觉题目过大,可以适当向下游移动。当然,如果无论向上、向下,感觉都写不出东西、写不出新意来,就要放弃这一领域。其实,可以说任何一个研究“领域”没有过时的,只要你选用的研究视角、研究方法、研究材料、论证方式等不同,都可以取得一定的研究成果。因此,不要轻言放弃。

关于选题的具体技巧,一些有关论文写作质量提高的优秀论文、著作都有好的介绍。例如,中国人民大学杨立新教授在《法学学术论文选题方法》一文“摘要”中说:“进行法学学术研究,写作法学学术论文,关键在于选题。选题要突出问题意识、创新意识和价值意识。具体的选题方法,可以考虑夹空法、推理法、渐进法、扎堆法、应急法和超越法,根据实际情况和需要进行选题。法学学术研究的选题与论文写作的标题设计密切相关,需要遵守直接原则、简明原则、吸引力原则、一个中心词原则和副标题必要性原则。”① 笔者拙著《法学论文写作指南》(第2版,中国法制出版社2018年版)中亦有介绍。篇幅所限,在此不再详谈论文选题问题。

① 杨立新:《法学学术论文的选题方法》,载《法治研究》2016年第2期。

二、关于“搜集文献”

山东大学马来平教授谈到资料搜集，喜欢用的一个词是资料收集要尽可能“一网打尽”。① 我平时常用的一个词是“黔驴技穷”。没有对本学科的深入学习，怎么可能发现“要研究的问题”呢？怎么可能选出更适合自己的论文题目呢？一定要多读文献，或者再加上社会调查获取第一手资料。仅仅检索了本校购买的电子文献库和本校已有的图书资料库（有的学生连这一点也没有真正做到），肯定是不可以的。

为什么不去其他名校想想办法呢？是因为你不认识名校的人？那么能不能找亲朋好友帮忙呢？拐几个弯儿，能不能找到名校的人帮忙呢？你真的找不到人帮忙？此时，你才应当理解了“做人、做事、做学问是一体的”真正意义了吧。为什么没人能够帮助你？学着拜师、交友，进行学术交流吧。

图书馆的馆际互借功能你知道吗？国家图书馆的资料检索了吗？检索借阅国家图书馆的资料一定要亲自到北京去吗？咨询一下本校图书馆咨询部的老师或者查一下国家图书馆的服务介绍或打咨询电话，问一问还有其他办法吗？如果确有必要，去一趟北京，在国家图书馆附近住上几天又何妨呢？在 20 世纪，没有电子文献库、没有复印机的时代，许多人为了写硕士论文去北京，在北京图书馆（现“国家图书馆”）周边找个地下室住下，到北图查资料，抄写一堆卡片回来。

学校买了法律英文文献数据库［例如，万律（westlaw）］，学生检索有关英文文献了吗？建议人文社科领域的研究生要多向理工科的学生学习，学术研究要“放眼世界”，积极主动地掌握更多的

---

① 参见马来平：《文章千古事 得失寸心知——与研究生谈找“问题”和论文修改》，载《学位与研究生教育》2015 年第 11 期。

文献库使用方法以及文献管理软件（例如，Note Express 等）的使用方法，会事半功倍。

查了几堆资料，觉得还是没有适合写成论文的选题，但回头看这个查阅资料、阅读文献的痛苦过程，真的是没有收获吗？没有找到“痛苦感过后的充实感”吗？认识到“痛苦感过后的充实感”对今后从事任何工作所具有的经验意义了吗？这是大学学习的重要收获之一。不想考博士、不想当大学老师，就不需要具有认真查阅文献、发现问题、分析问题、解决问题的能力了吗？在一个政府部门或者公司工作时，大家一起商议问题时，你也总是低头不语不发言吗？有一位比你入职晚的同事，总是谈在点子上、而且有新意，其后成为你的领导，埋怨社会不公、裙带关系吗？试着多注意积累工作经验在笔记本上，同时再多查阅一些与工作有关的中外文文献，别人没留意的事情你留意了，别人没查阅的文献你查阅了，是不是感觉到自己工作更得心应手了？是不是在内部会议上发言更有底气了？绝大多数正常的领导会欣赏有主意、有能力、能给单位做贡献的部下，是金子总会发光的。认真搜集文献，提高论文写作质量，其意义是多方面的，是非常重大、深远的。

三、关于“结构布局”

当前，相当多的学生撰写毕业论文的套路是“对策性研究”，是撰写“现状、问题、对策”型的官样文章。论文的最后一部分或除“结论”外的倒数第二部分，要么是“完善×××”，要么是“×××之完善”。陈瑞华教授在《论法学研究方法》一书中谈到青年学生写论文时说：“似乎都有一个共同的特点，就是在文章结构的安排上特别重视体系的完善，而缺乏以问题为核心的理论红线，动辄从概念和特征谈起，然后进行比较考察和历史考察，在分析我国的制度规定和存在的问题之后，总会落脚于改革建议的提出。也就是说青年学生受教科书式研究体例的影响十分明显。”[①]这种“对策型、教科书式的官样论文”大有“千篇一面”之虞。并非说如此撰写思路完全不对，但是当大比例的论文都是如此套路时，肯定是研究生教育以及延伸至本科、高中的教育出了问题。

对任何一个小的问题都可以讨论其“是什么、为什么、怎么办”，但是，在不同的论证层面上这三者是可以有所侧重或省略的。在整篇论文的布局上，你可以“是什么、为什么、怎么办”三者平均用力，也可以仅侧重一方面或两方面，其他方面简略撰写，归入序言或结论中即可。“现状、问题、对策”这种对策性研究，亦是如此。例如，一篇用“新方法”所做的“现状调查”类论文，宏观上仅侧重于“是什么”，方法得当、数据准确可靠，当然可以是一篇好论文。重点在对“为什么”的分析或“怎么办”的探讨，当然也可以是好论文。再如，有的学生的论文只在“完善×××”或“×××之完善”部分中谈到些法制或法治问题，而且先谈的“转变观念、加强领导”之类的话题，看上去太缺少法学论文应有的“法学味道”。本人通常建议此类学生：把一级标题一、二、三中的内容全都压缩到“一”中，把第四“完善”部分中的二级标题全都上升为一级标题，然后再重新进行全文的梳理、整合。

本人要求学生一定要谨记写法学论文的12字箴言“法题目、法语言、法内容、法逻辑”。从题目，到语言、到内容，一看就是一篇法学的文章，特别是研究进路和结构布局最好是按照“法逻辑”进行（一级标题最好不是“现状、问题、对策”式）。梁慧星先生在《法学学位论文写作方法》[②]一书中结合他亲自指导的论文实例，进行了非常详细的正误分析，强烈建议学生认真学习领会，本人在此不

---

① 陈瑞华：《论法学研究方法》，法律出版社2017年版，第72～73页。

② 参见梁慧星：《法学学位论文写作方法》（第3版），法律出版社2017年版，第67～100页。

再详论。

1 万字左右的一般性学术期刊论文，与期刊上发表的数千字的社论、评论、短论、时评、评论员文章等当然是不同的；与数万字的硕士论文和十几万字或几十万字的博士论文当然也不同。字数多少不同，体裁不同，不必要在篇章布局层面上“是什么、为什么、怎么办”平均用力、面面俱到，或动辄写“现状、问题、对策”官样对策性文章。相较于学士学位论文、硕士学位论文，一般学术期刊上的学术论文和博士论文的结构布局丰富性还是比较好的，因此，要多借鉴权威期刊上的权威论文和好的博士论文的思路和方法（笔者称之为写论文的一字秘诀“仿”）。核心是“仿”整体内容的架构方式或借鉴其研究视角，努力将自己真正下功夫的精要内容以更准确的方式表达出来，努力避免充填式的“是什么、为什么、怎么办”“现状、问题、对策”罗列。学术论文不是工作部署、工作总结，在“现状、问题、对策”结构方式之外，还可以有许多其他篇章布局方式，建议尽可能避免、阻止论文（尤其是学位论文）“对策型、教科书式的官样论文”单一化、趋同化趋势。

其实，论文布局的关键是要想清楚你要论证的问题是什么？你打算按照什么样的逻辑思路去进行论证？逻辑思路中的主线是纵向的发生、发展过程，还是横向的逻辑周延、不交叉重叠、内部均衡的内容安排，也就是常说的“递进式”还是“并列式”安排。也就是说，一定要搞明白把论据材料“串”在一起的那根“绳”是什么？然后，把论据按符合逻辑的论证方式串在一起。

四、关于“研究方法”

笔者赞同陈瑞华论著中的观点：“教科书式的研究其实反映的是研究方法的落后。”[①]随着学界对方法论的觉醒，近 10 多年来，

---

① 陈瑞华：《论法学研究方法》，法律出版社 2017 年版，第 76 页。

关于方法的论著层出不穷。在法学界,关于法学方法的书主要是两类:一类侧重于“法律方法”“司法方法”,着重关注的是法律与事实之间的“勾连部分”;另一类侧重于“法学方法”“研究方法”,着重关注的是法学、法律或法律事实各“本体部分”。本文在此所谓的“研究方法”,主要是指后者。陈瑞华教授在《论法学研究方法》“第2版序言”中说:“面对层出不穷的中国法律问题,面对浩如烟海的法学文献,研究者要想在法学研究中做出理论上的贡献,就必须保持开放豁达的胸襟和与时俱进的精神,改善自己做学问的方法,逐步学会从社会生活的经验中发现规律、提出理论的方法。‘磨刀不误砍柴工。’对于那些正在尝试进入法学之门的青年学子而言,对各种法学方法都加以了解,并进行相应的学术尝试,从而发现一条适合自己的研究路径,是进入法学研究世界的必由之路。”①环境法著名学者胡德胜教授出版的《法学研究方法》,②也是法学研究方法的鼎力之作,深值学习。该书分别从“是什么”“有何优点或长处,有何缺点或短处”“运用的一般步骤”以及“如何在法学研究中运用”四个方面,对逻辑、调查、实验、价值、阶层、社会、经济、比较、历史、规范、实证这11种主要研究方法进行了阐释和讨论。

“工欲善其事,必先利其器。”任何一项研究都有其方法,写论文要有方法论的自觉,主动思考运用什么样的方法。一个新方法的引入,可能会带来崭新的视角和事实分析;甚而让一个老的研究领域或话题,焕发出新的学术光芒。

法学研究为人所诟病的问题之一是过于侧重于规范研究、价值分析类的思辨型研究,缺乏实证研究。学界也在逐步进行纠偏,一些非常有价值的论著已经面世。例如,北京大学法学院白建军

---

① 陈瑞华:《论法学研究方法》,法律出版社2017年版,第2版序言第4~5页。

② 胡德胜主编:《法学研究方法论》,法律出版社2017年版。

教授的《法律实证研究方法》。白教授说,“定量化是当代社会科学研究的重要趋势之一”“定量研究虽然仅属于研究方法的问题,但它实际上已经成为中国社会科学与国外现代社会科学的最主要差距之一”[①]“在国外的社会科学界,实证分析是学者们讨论学术观点的一种通用语言”。[②] 借用白教授的话:我们应少一点“我认为”,多一点“我发现”。

北京大学法学院张卫平教授在其《法学研究与教育方法论》一书的序言“寻道三十年”中说:“由于民事诉讼与司法制度以及社会实践和传统密切相关,因此,容易牵涉政治、经济、伦理、历史等诸多社会因素,因此,非规范分析的所谓社科分析方法也会经常运用。对此,我特别强调运用这些方法的专业性和取向性的问题,否则会影响或干扰我们对问题的理论认识和价值判断。”[③]这一论述就回答了学生经常问到的“如何运用相邻相关学科知识和方法的问题”。如环境法学,是一个典型的边缘交叉学科。在环境法学研究中,不仅会用到法学基础理论和相关部门法的知识方法,而且还会用到环境经济学、环境社会学、环境伦理学、环境科学、生态科学等学科中的相关知识或方法,也就是所谓的“社科分析方法”“跨学科研究方法”。这种方法可以用,但要避免“影响或干扰我们对问题的理论认识和价值判断”。要做到这一点:一是要“介绍好”,就是要让本学科的人士能够明白你所运用的其他学科知识,在这种跨学科研究中作一点简明的教科书式介绍是必要的;二是要“转化好”,就是要把其他学科当中的知识概念尽可能转化为本学科的知识概念,或与本学科的知识概念建立起紧密联系。例如,将生物学中生物间的“相生相克”,哲学化地概括为“生物自然

---

① 白建军:《法律实证研究方法》(第2版),北京大学出版社2014年版,第11~12页。

② 白建军:《法律实证研究方法》(第2版),北京大学出版社2014年版,第14页。

③ 张卫平:《法学研究与教育方法论》,法律出版社2017年版,序言第2页。

力”,进而将“生物自然力”视为一种“自然资源”,也就与环境资源法学中的基础概念“资源”挂起钩来了。

本人也做了一些有关研究方法与论文写作方面的教学与研究,先后给研究生开设过《法学研究方法与论文写作》(72 课时)、《社会科学研究方法》(32 课时)课程,组织出版的《法学论文写作指南》第 2 版(中国法制出版社 2018 年版)中约有 1/4 的篇幅介绍的是“研究方法”,发表了有关论文,例如,《“环境法学方法论”名称解析》[①]《“环境法学方法论”的内容架构》。[②] 除本人在论著中所谈内容外,在此我还特别想说的是,法律是社会关系的调整器。对社会的了解和掌握是法律设计、法学研究的必修课。近年来,“社会调查及研究方法”中的“质的研究方法”“定量方法”“混合方法”等日益受到重视。期盼年轻的法科学生勇于学习、创新,大胆尝试使用有关研究方法和相关软件。

五、关于“超低级错误”

“超低级错误”是笔者指导论文时常用的一个词汇,是指:一段开头没空两个字,一逗到底的标点符号使用错误,粘贴来的文字字型字号都没有统一,论文封面标题就有明显的文字错误等,一些既不尊重老师、更不尊重自己的、让人“气破肚皮”“啼笑皆非”的错误。为了让学生提高对这种“超低级错误”的免疫力,也让自己从指出和帮助学生修正这些错误的“痛苦折磨”中解脱出来,笔者组织编著出版了《法学论文写作指南》一书。该书第 2 版中汇集了论文写作当中的 150 个“小问题”。例如,按照最新版的国家标准如何使用标点符号?文献引证中引号、句号、注释码并存时应如何

---

① 参见刘国涛:《“环境法学方法论”名称解析》,载《河海大学学报》(哲学社会科学版)2008 年第 3 期。

② 参见刘国涛:《“环境法学方法论”的内容架构》,载《法学评论》2009 年第 5 期。

处理？如何利用编辑软件中的“大纲视图”撰写论文？如何准确选取关键词？等等。再如，有的学生把“研究报告”作为关键词，此时我会问他：你为什么不把“论文”作为关键词呢？他说，论文不可以作关键词，并阐述了原因。我告诉学生：道理是一样的，“研究报告”也不可以当关键词。这个例子或许有点荒谬，但在现实中，类似情况却是屡有发生。通常，我以“举贤不避亲”的名义，建议我指导的学生购买或借阅这本《法学论文写作指南》，认真阅读、严格照办。

当学生第三次找我审阅论文时，笔者会针对“超低级错误”采取一点惩罚性小措施。十几页或几十页的论文打印稿拿来以后，先翻看有无“超低级错误”；如果有，就没收打印稿，也得不到其他审阅意见，请回去修改，以后再约老师。特别提醒学生注意的是，请尊重老师，老师不是能够随叫随到的文字校对员，也不能代替学生思考。当老师需要因“自然段开头要空两个字”花时间叮嘱学生时，甚而成为这类“超低级错误”的校对员时，学风已成了非常严重的问题。改变这种学风已经是一个系统工程，需要开展“三全育人”，①是论文指导教师个人难以承受之重。

笔者时常教导我的学生“要按最规范、‘最死板’的方式撰写论文”。这个“最死板”似乎很不中听，有点儿“死读书、教死书”的意思。但这应当是无奈之下的矫枉过正的说法。“文无定法”当然是对的。但那是学术表达已经非常熟练，像练武术一样达到“无招胜有招”境界时的作为。在读大学期间，以前辈总结的最规范的表达方式写论文更好。文科学术论文的表达程式相对自由一些，理科实验性论文的表达程式就更规范。“先学会走，再试着跑。”形式标准都达不到，何谈内容？

① 即“全员全过程全方位育人”，参见2018年5月18日教育部办公厅《关于开展“三全育人”综合改革试点工作的通知》。

六、关于“修改、答辩、发表”

（一）关于“修改”

除少数习惯于“打好腹稿、出口成章”的人外，大多数人还是要按“文章是改出来的”这一“笨办法”写论文。“文献搜集、调查研究、多方请教，修改论文至‘黔驴技穷’”，到达看论文“有点恶心的感觉”境况，然后休养将息、改换环境，你将会在不自觉中寻找到新视角、新材料、新思路、新方法，你会不再恶心，再自觉地重复前述过程，再次到“有点恶心的感觉”。像“坐过山车”一样，如此重复的次数越多，论文质量会越高。“黔驴技穷”“恶心”“坐过山车”是修改论文过程中的三个关键词。应当尽可能早地开启坐过山车的过程，而且是“真正”地努力。这需要时间和精力的投入，需要有练武功内功一样的定力、时间和付出。1 个月（甚而 1 周）修改了 10 多版的情况，通常是写不出高水平论文的，我们需要的是修改到“有点恶心的感觉”的扎实修改。

另外，不妨试着给自己的论文写个评语。什么是高水平论文？论文的评价标准是什么？从哪几个方面评价论文？有时，让学生自己起草一个《论文指导教师评阅意见》，学生可能会说“我不会写啊”“这是老师的活吧？”。扪心自问，老师脑海里和电脑里存有很多这些评价的套路和话语，老师并不是想偷懒，是因为学生不知道或知之甚少如何评价论文，老师想借此硬任务，让学生学到知识、得到锻炼，进而完善自己的论文。

（二）关于“答辩”

论文答辩能够让学生知道更多的“外人”会如何评价这篇论文。这是学生学习和展示自己的好机会。如果学生如前所述真正扎实地“坐了过山车”，就会有这种自信：在这一特定的时间，就这一特定的问题，近期笔者比在座的老师们了解得还要全面、具体、深入，笔者就是这方面的专家。如果学生没有这种自信，很可能一个小的问题就被这些“外行”问得张口结舌，甚或感到“公说公有理、婆说婆有理”，不知所措、痛苦不堪。笔者不赞同学生在论文答辩时轻易地“举手投降”，而是希望学生“在肯定老师提问价值的基础上，充分阐释自己的观点”。

（三）关于“发表”

关于论文发表，对于本科生，笔者想说：本科生是最新成长的最年轻的法科学生，是“最新版本”的学生，是最牛的。不是发不出论文，而是学生可能根本没想过要发表，“初生牛犊不怕虎”，不妨大胆一些。

对于硕士生，笔者想说：多下点功夫，发表 3 ~ 5 篇小论文不稀奇。除了完成学校硕士毕业生发表论文的硬性规定条件外，学生整本的硕士论文也是要挂在网上，成为一生的标签，请竭力擦亮自己的标签。

对于文科（尤其是法科）博士生，笔者想说：各种“权威期刊上发表论文”的要求与期刊版面供给相差较大，难为您了！可咱毕竟是博士生，要吃得苦中苦，加油吧！不妨多向理工科学生学习，尝试做点社会调查，撰写点外文文章，未尝发表不了。

地方高校学位论文质量提高的宏观措施思考

——以法学专业为例*

刘国涛**

一、前言

2018年5月在参加山东省自然辩证法研究会年会时，山东大学儒学高等研究院博士生导师、著名科技哲学专家马来平教授与笔者聊起了论文写作以及指导研究生的体会，并推荐了他发表的三篇关于论文写作方面的文章：《人文社科研究生学位论文中的逻辑问题——以科技哲学专业为例》①《人文社科研究生学位

---

* 基金项目：山东建筑大学优质课程建设项目：社会科学研究方法；山东省教学改革研究课题：模拟法庭教学模式的改革与应用，编号：Z2016M017。

** 法学博士，现任山东建筑大学法学院教授、学术委员会主任；曾任山东师范大学法学院教授、副院长、环境与资源保护法学硕士点和重点学科负责人。

① 马来平：《人文社科研究生学位论文中的逻辑问题——以科技哲学专业为例》，载《学位与研究生教育》2013年第10期。

论文的选题与创新——以科技哲学专业为例》[①]《文章千古事 得失寸心知——与研究生谈找“问题”与论文修改》[②]。笔者也恰好对自己组织出版于2009年的《法学论文写作指南》进行完了第2版修订,[③]新思考了一些关于论文写作的问题。在拜读了马老师文章之后,受马教授的启发和鼓励,自己也有将因体例限制在书中没有表达的一些想法撰写出来、公之于众的强烈冲动,故撰写该文。

二、从法学论文写作教育论著出版情况考察论文写作教育的迫切性和重要性

20世纪90年代至21世纪初,著名民法学家梁慧星先生关于法学论文写作的电子版讲稿在网上广为流传。鉴于其影响力和读者的期盼,法律出版社分别于2006年、2012年、2017年以《法学学位论文写作方法》为名出版了初版、第2版、第3版。[④] 香港大学法学院刘南平先生发表于《中外法学》上的论文《法学博士论文的“骨髓”和“皮囊”——兼论我国法学研究之流弊》[⑤]也是一直备受重视的经典之作。2009年,中国人民大学朱景文教授主编的《研究生学位论文写作笔谈》,[⑥]汇集了6位毕业的博士研究生攻读博士学位、撰写学位论文及答辩的经验总结。6位博士结合亲身感

---

① 马来平:《人文社科研究生学位论文的选题与创新——以科技哲学专业为例》,载《学位与研究生教育》2014年第2期。

② 马来平:《文章千古事 得失寸心知——与研究生谈找“问题”与论文修改》,载《学位与研究生教育》2015年第11期。

③ 刘国涛、余晓龙等编著:《法学论文写作指南》(第2版),中国法制出版社2018年版。

④ 梁慧星:《法学学位论文写作方法》(第3版),法律出版社2017年版。

⑤ 刘南平:《法学博士论文的“骨髓”和“皮囊”——兼论我国法学研究之流弊》,载《中外法学》2000年第1期。

⑥ 朱景文主编:《研究生学位论文写作笔谈》,中国人民大学出版社2009年版。

受,写得真实详细,可读性、借鉴性非常强。2009年笔者带领研究生组织编著的《法学论文写作指南》,[①]从论文选题与资料搜集到论文修改、答辩、发表,仔细解答了100多个细节性问题。所谓细节决定成败,关注细节问题是本书的特色。该书出版后受到好评,第2版已由中国法制出版社于2018年10月出版。2011年,北京大学法学院陈瑞华教授著的《法学论文写作与资料检索》,[②]介绍了论文写作的内涵及具体步骤,对传统文献资料和网络信息资料的检索技巧和参考文献资料应用的一般规范也作了详细介绍。2013年北京大学凌斌教授在开设法律信息概论(本科生)和法学论文写作与研究方法(研究生)两门课程的基础上,撰写出版了《法科学生必修课:论文写作与资源检索》。该书"序言"中说:"《法律写作与检索》(Legal Writing and Research)是国外法学院普遍开设的基本课程,但是在国内法学教育中长期缺席。这当然不是中国学生的资源检索和论文写作水平已经超越了这一初级阶段。老师和学生们都知道,这块儿是我们最欠缺的。"[③]基于对论文写作教育重要性及其欠缺状况的认识加深,一些重量级论著持续出版。例如,2014年清华大学法学院何海波教授出版了《法学论文写作》。何教授在"前言"中说:"眼下的法学院重视法律知识的传承灌输,却很少教授法学论文的写作,更别提系统训练了。很多学生,包括一些已经读到博士的学生,还不知道怎么写论文。"[④]"我读书时也没有人专门教论文写作,10多年来一路踉踉跄跄地摸索着写;到今天,还为如何选择和界定主题,如何谋篇布局、组织

① 刘国涛、余晓龙等编著:《法学论文写作指南》(第2版),中国法制出版社2018年版。

② 陈瑞华等:《法学论文写作与资料检索》,北京大学出版社2011年版。

③ 凌斌:《法科学生必修课:论文写作与资源检索》,北京大学出版社2013年版,序言第1页。

④ 何海波:《法学论文写作》,北京大学出版社2014年版,前言第1页。

论证所苦。”[①]对出书时的何教授来说，这当然是谦辞，但却反映了我国法学论文写作教育方面的状况以及许多学习者所经历的历程。2016 年北京大学《中外法学》编辑部组织出版了《经验与心得：法学论文指导与写作》。这本书将北京大学法学院老、中、青三代 11 位教授曾经在《中外法学》上发表的有关“治学与笔耕心得”方面的论文汇集在了一起。该书“导言”中说：“《中外法学》编辑部希望，老、中、青三代北大法律人关于法学研究方法与论文写作的专题笔谈，能够成为中国法学同仁和法科学子‘君子自得’的铺路石，进一步促成对中国法学研究方法论意识和法学论文写作训练的理论自觉，提升中国法学研究与法学教育的内在品质与对中国法制建设实践的外部贡献。”[②]2017 年北京大学法学院陈瑞华教授的《论法学研究方法》第 2 版出版(第 1 版出版于 2009 年)。载于第 2 版中的该书第 1 版序言中说：“简单地说，本书所要研究的是如何做研究，如何写文章的问题。”[③]该书第 2 版序言中说：“对于那些正在尝试进入法学之门的青年学子而言，对各种法学方法都加以了解，并进行相应的学术尝试，从而发现一条适合自己的研究路径，是进入法学研究世界的必由之路。”[④]“法科学生如何撰写学术论文”是该书七大部分内容之一。2017 年清华大学法学院张卫平教授的《法学研究与教育方法论》[⑤]面世，洋洋洒洒 41 万余字，介绍了张教授从教 30 年从“学术研究之初，并没有什么研究方法论的指引，是典型的‘摸着石头过河’”，到“将这些经验与前人

---

① 何海波：《法学论文写作》，北京大学出版社 2014 年版，前言第 1 页。

② 《中外法学》编辑部编：《经验与心得：法学论文指导与写作》，北京大学出版社 2016 年版，导言第 5 页。

③ 陈瑞华：《论法学研究方法》，法律出版社 2017 年版，第 1 版序言第 2 页。

④ 陈瑞华：《论法学研究方法》，法律出版社 2017 年版，第 2 版序言第 5 页。

⑤ 张卫平：《法学研究与教育方法论》，法律出版社 2017 年版。

的论述予以结合、提炼，也就构成了自己的方法论”。[①] 该书专章介绍了“硕、博论文的撰写”。除前述举例的“著作”之外，一些关于法学论文写作方法的优秀“论文”也闪亮登场。例如，2016 年中国人民大学杨立新教授发表论文《法学学术论文的选题方法》。[②] 杨教授已发表近 500 篇法学学术论文，“笔者将近 40 年的民法学术研究和论文写作的经验进行系统整理，供各位愿意从事民法学术研究的理论工作者和实务工作者借鉴”。[③]

总之，从法学论文写作教育有关的论著发表出版情况，可窥见法学论文写作教育过去之欠缺、当前之逐步重视、未来强化发展之必要。

三、学位论文质量提高是系统工程，观念和管理是重要影响因子

当前关于论文写作技巧、技能方面的论著已比较多，许多学校也已开设了有关课程。因此，在此我并不想谈如何选题、如何谋篇布局此类具体问题，而是认为研究生论文写作质量提高是一个系统工程，出于系统化、一体化教育改革的思路，先探讨整体性观念和宏观管理方面的问题。

（一）强化观念：学生基本无差别，问题出在教育环节

笔者比较反对学生在写论文中“解决问题的方法”时把“转变观念”作为措施第一项。这是官样政策对策性文章常有的，让人感觉缺少了法言法语，不像法学论文。但在此，笔者却要按这个套路，首先谈谈转变观念、树立信心的问题。“非北大清华高校”“非985、211 学校”学生的水平差吗？我的观点是，和名校学生相比

---

① 张卫平：《法学研究与教育方法论》，法律出版社 2017 年版，前言第 1 页。

② 杨立新：《法学学术论文的选题方法》，载《法治研究》2016 年第 2 期。

③ 杨立新：《法学学术论文的选题方法》，载《法治研究》2016 年第 2 期。

“基本无差别”。就学生而言，特别是刚进入大学的本科生，仅仅是在高中期间比考上名校的学生在学习方法、中学环境、家庭教育等方面，醒悟慢或相差不多，自身的“智力和可塑性”与其他生可以说是“无差别”。尽管学生已年满18岁，但他们毕竟是刚成年的“孩子”，大多数研究生也没有离开过学校。许多高校，特别是地方高校的有关教师，不应无理由埋怨“学生素质差”，而是更应当从如何改善高校自身学习环境、学风，改善教学环节，提高教学水平上下功夫。当我看到北大教师在《法科学生必修课：论文写作与资源检索》一书中说“老师和学生们都知道，这块儿是我们最欠缺的”，[①]看到清华教师在《法学论文写作》一书中说“很多学生，包括一些已经读到博士的学生，还不知道怎么写论文”[②]时，我“幸灾乐祸”于名校教师亦有此类烦恼，我认识到“我教的学生和名校学生并无二致”，心中觉得“我的学生更可爱了，教育的担子更重了”。我如此说，名校的名师、名生们可能不认可。其实我也清楚：当然是有差距的。这种差距，相对于有上进心的年轻人而言是非常小的，理念和方法对了，通过短暂的“恶补”，是可以很快弥补的。我们没有资本夜郎自大，但也不应该枉自菲薄、自暴自弃。

（二）摆正关系：地方院校更应摆正教学与科研的关系，以利提升学位论文质量

本文是谈“宏观”措施，因而，就从大的角度谈一些与研究生论文质量提高相关的问题。如果大学自身对待科研的态度有问题，教师的科研就会出问题，学生的学位论文质量会更成问题。大学对教学科研关系的认识似乎不应成为问题，但似乎又是一个很严重的问题，对地方普通院校尤其重要。大学，之所以被称为大

---

① 凌斌：《法科学生必修课：论文写作与资源检索》，北京大学出版社2013年版，序言第1页。

② 何海波：《法学论文写作》，北京大学出版社2014年版，前言第1页。

学,而不是中小学、幼儿园,教学是立身之根,科研是教学和发展之本,二者不可偏废。名校的科研氛围火爆,有些课甚至安排不下去,当然应当有所约束。那些自谦为教学型或教学研究型(教学放在前面)的地方高校,多数老师难得有经费、有资格去参加学术活动,如果却因与上课时间冲突,担心影响调课率(有的学校追求"零调课率")而放弃学术活动,这有利于发展吗?特别是当某些学校、某些专业、学科还在努力争取上博士点、硕士点以及其他"教学科研平台"时,更应重视教学与科研的协调共进。教师基于基本职业道德,调了课也还是要补的,并不愿意随便调课。将"追求零调课率"改为本学期为教师参加学术活动(也许是因个人或家人生病等无奈之事)"提供调课服务"共多少次,如何?对于大学来讲,教学是办校之基,教学的重要性是不言而喻的。科研水平如果高到了冲击教学的程度,肯定要有所平衡。但是,程式化教学评估影响下的重要教学工作应尽量与被忽视的科研(尤其地方院校)相协调,在"进步慢了就是落后"的大环境下,大学会更危险。对于本来就科研水平不高、艰难发展的地方高校来说,即使出台了宏观科研奖励政策,科研依然难有较大进步,怎么办?要从细节入手,统筹改革完善教学管理、科研管理、财务管理、会议制度等诸细节,像当前我国抓"改善营商环境"一样,改善高校系统性教学科研环境,可能是上策。回到本文主旨:如果教师难有机会、有资格参加学术活动,发表论文层次不高,何以期待指导的学生写出高水平论文?

(三)齐抓共管:论文质量提高是系统工程,是指导教师个人难以承受之重

高校就像一个熔炉,学生这块铁在高校能够炼成什么样的钢,与其关系巨大。教师只是这个熔炉的一小部分,所在学科、专业、班级、学院、学校整体的学风、教风才是最主要的部分。如何树立良好的学风、教风?显然题目很大,已超出了本文讨论的范畴。但出于“论文质量提高是一个系统工程”的观点，我还是在此简要地谈一点自己的想法。就研究生而言，许多学校有“研究生工作部”主抓研究生日常管理和政治思想工作，如何通过组织活动、改革机制调动研究生开展科研并将科研成果合理地表达出来（发表论文、出版著作、申请专利等）的积极性，应成为工作的重中之重。硕士研究生有过本科学习经历，在本科阶段就应调动其参加学术活动的积极性，使其认识到文字表达能力与今后工作的关系是十分重要的。本科阶段、研究生阶段是相互贯穿的，本科生阶段甚至更为重要。本科生入学时，通常还是“孩子”，对其正确地引导，营造良好的氛围是十分重要的。我曾经和一位连锁店小老板聊天，得知他是本科毕业，毕业后在外贸公司工作两年，然后开了加盟连锁店。他现在显然是“真的懂事了”。他说，回想上本科时，主要是打游戏了，“当时老师为什么不像高中一样管我们呢”。高校毕业生懂事后的这种反问，让我这位高校教师有些羞愧难当。我想，当时老师肯定管过他的，但不像高中时那么严格、细致。在此，我并不想过多的讨论学生管理的问题，笔者只是想说：“以学生为中心”并不是少管孩子；更不是动辄把老师当作最易管理的对象，放纵孩子，甚至用个别不懂事孩子的话语，以“学生说”的名义，以偏概全地要求老师，这些是无益的。学生工作队伍非常重要，学生干部的选拔任用也非常重要，他们都是论文质量提高系统工程的重要组成部分。“三全育人”①更是英明之策。

四、学位论文质量提高是系统工程，应从教育诸环节进行全链条改革

学位论文质量提升是指导教师个人难以承受之重，既需要齐

① 即“全员全过程全方位育人”，见2018年5月18日教育部办公厅《关于开展“三全育人”综合改革试点工作的通知》。

抓共管，也需要在整个大的教育链条上思考论文写作质量提升的综合措施。在此，重点谈一点硕士和本科阶段提高论文质量的建议，简要谈一点中学和博士阶段提高论文质量的建议。

（一）硕士研究生阶段

先谈谈观念问题。有时，硕士研究生会告诉导师："老师，我研究生毕业之后，不想继续读博，也不想进高校当老师，不想像您一样这么辛苦搞科研。"这一连串的"不想"通常发生在导师和研究生谈论文写作时，意思是说"我没有必要如此下功夫地探讨如何写好论文"。笔者想告诉学生们：您这种想法太狭隘了。您只要生活在这个世界上就要学会"发现问题、分析问题、解决问题"，并尽可能好地以口头或书面的形式将这一过程和结果表达出来。做得好，就会成为有主见、有观点的骨干型、领导型、笔杆子式的人物，就会工作好、生活好、前途好。记得有一篇网文谈到一位出租车司机进行类似大数据研究的思考，以决定何时到何地接客人更容易成功，取得了良好的经济效益。可见，三百六十行哪一行不需要动脑筋呢？这种动脑筋的锻炼，以及将动脑筋的结果书面表达出来的能力锻炼，真的没用吗？北京大学法学院凌斌教授认为："实际上，法学教育在论文写作和资源检索方面的欠缺，已经严重影响到了法律实践。"法官们"不善于总结自己的工作经验，更不善于从中提炼理论命题，这一点在法院系统的论文比赛中表露无遗"。①"他们没有把理论研究当成自己业务实践的一部分，不知道如何通过理论研究改进自己的实际工作，他们不会用学术的方式来表述自己的心得体会，也不会用理论的方法阐释和分析自己面对的实践问题。据我所知，律师界的情况也很类似。"②这种状况的出现，

---

① 凌斌：《法科学生必修课：论文写作与资源检索》，北京大学出版社2013年版，序言第1页。

② 凌斌：《法科学生必修课：论文写作与资源检索》，北京大学出版社2013年版，序言第2页。

与受教育期间对论文写作不重视有密切的关系。凌斌教授还说："法律意见，司法判决，以及其他各类的法律写作，都需要法学研究的基本功。千万不要以为写不好法学论文的，却可以学好法律意见和司法判决。对大多数人来说，这个门槛在念书的时候过不去，以后就一辈子都过不去，只能在低水平原地转圈。这也是法学院为什么要以'毕业论文'作为学生培养的最终考核标准的原因所在。"①"一辈子都过不去这个槛，只能在低水平转圈"倒未必一定如此。但是，如果在作为全职学习人员的学生期间不认真学习，将来要想提高，一定会付出数倍的努力，却是必然的、确定的。

转变观念，端正态度，是提高论文撰写质量的第一要务。此外，在硕士研究生阶段，还可以采取如下宏观措施。(1)将法学研究方法与论文写作此类课程开设在第一学期，并增加课时(如72课时)。对于即将本科毕业的人来说，应尽快再次接受较高层次研究方法和论文写作教育。(2)学校多举办、学生多参加《文献检索与管理》类课程或讲座。无论是否是本学院开设举办的、是否有学分，学生都应尽可能多参加学习。(3)已经开始读研究生了，有了本科阶段的锻炼，更要大胆地写、多类型撰写、多写几篇，不断修改、勇于请教交流、勇于投稿。

(二)本科阶段论文写作教育与锻炼是重要基础

北京大学法学院凌斌教授认为："尽管学生毕业都要提交学位论文，但是从学院到学生自己大抵是在走过场，很少有老师认真教学生如何写论文，也很少有学生在认真写论文。"②"学生在最后一年本来就忙，忙着找工作、考司考、申学校、追女神，哪里顾得上写

① 凌斌：《法科学生必修课：论文写作与资源检索》，北京大学出版社2013年版，序言第2页。

② 凌斌：《法科学生必修课：论文写作与资源检索》，北京大学出版社2013年版，序言第2页。

论文？”[①]“很多学生毕业论文都是东拼西凑，临时将就的，不要说写作技巧，就是基本的材料和结构都不过关。这样做出来的论文质量可想而知。老师看了虽然不满意，也只能高抬贵手，不好在自己手里断送了学生的大好前程。就算有老师想负起责任，无奈学生没有这个心思，强扭的瓜终究不甜。研究生即是如此，本科生就更不用说。最后的结果是老师学生一起糊弄，也不知道是谁糊弄了谁。我想，最终吃亏的是学生自己，耽误的是中国的法学事业和法治事业。”[②]北大的教授都如此说，笔者也深表赞同。借用北大凌斌教授的观点，凌教授认为：“造成这样的结果，不该埋怨学生。老师和学院就不重视，从没有把查资料和写论文当成多么重要的事情。既不开设课程，也很少专门指导。如果就是靠最后答辩时杀鸡骇猴，那也是不教而诛。我们能够指望，学生每天坐在教室里听老师讲课，就自然而然学会如何查资料、如何做研究么？这只能是苛责学生，推卸老师自己的责任吧。”[③]

当然，现在有许多学校开设了相关课程，但效果不佳。不佳的课程效果也成为课程任课教师难以承受之重，这是因为论文质量提高应有一个系统化、一体化的工程性解决方案。在本科阶段，笔者有以下建议。(1)本科生一入学，就加强“大学学习方法”教育，使学生从高中接受式、被动式教育状况，尽快转变为自我思考式、主动式学习状态。其教育形式可以多样化，如请高年级学生或考上研究生的学生谈学习经验、请老中青教师搞讲座，学院、团组织、学生会或任课老师等多层次、多形式组织开展教育活动。关键是

---

① 凌斌：《法科学生必修课：论文写作与资源检索》，北京大学出版社 2013 年版，序言第 2 页。

② 凌斌：《法科学生必修课：论文写作与资源检索》，北京大学出版社 2013 年版，序言第 2～3 页。

③ 凌斌：《法科学生必修课：论文写作与资源检索》，北京大学出版社 2013 年版，序言第 3 页。

组织学生大模式参加学校或其他学院开放的有关活动。如果学生主动参加的积极性很高,因空间有限,要加以限制,则是较好的状态。(2)开设多门与学习能力、文献检索和社会调查能力、写作能力、实践能力提高有关课程。这种教育不是临时的,而是持续于整个本科阶段。(3)像组织"模拟法庭大赛"一样,与创新创业活动、大小"挑战杯"比赛相结合,组织"优秀学术论文大赛"等形式的活动。(4)完善课程论文、学年论文制度,并将课程论文、学年论文与有关大赛、评优评先、保研推荐等结合起来。(5)寓学术论文撰写于课程教学和学生活动之中,平时训练有素,毕业时的学位论文质量自然会提高。

(三)高中阶段、博士阶段与论文质量提高的关系

高中阶段与笔者已很遥远了,当前高中的教育内容也不甚了解,在此只是谈一点未必切合实际的想法。记得自己上高中时,也常常写所谓的"论说文"。老师也讲了一点写论文的知识,书的附录当中也有一些有关的逻辑知识介绍。但是,这些知识受重视的程度是不够的。笔者建议,在高中教育中进一步加强对孩子们口头表达和书面表达能力的教育与锻炼,与论说文有关的逻辑知识和写作知识应受到更充分的重视。此外,在信息时代、网络时代,即便是在中学,加强信息资料的检索与管理技能教育,也是应当提倡的。

结合自己读博的感受和给博士生开设《工程哲学》课程并指导课程论文的经历,谈一下博士阶段教育与论文质量提高的关系。在笔者看来,本科生还是有很强的"孩子气",硕士生仍有一些,博士生则全然没有了。有的博士还是在职读或工作多年以后读的,还有的已经是高校教师。既然肯下功夫考博、读博,博士群体应当是不待扬鞭自奋蹄的一群人,"自觉"应是其典型特征。要提高论文质量,笔者有以下几点建议。(1)尊师。博士生,特别是年轻的博士生,历经了10多年的学习,应当是最新锻造的最新版本的人才,“软件”很好;年纪轻、身体好、记忆力强,“硬件”也不错。导师,特别是年纪大的导师,通常是“老版本”的人才,打了许多知识“补丁”的人才,通常在擅长的领域较强;“硬件”更比不过年轻人。正是这些年长的导师们,在特定的历史阶段通过艰辛的努力,取得了博士点,才让更多的人有机会深造。既然投师门下,有机缘来到地方性名校,就要尊师、谦虚、好学。“天地君亲师”,老师的地位如此之高,是有其道理的,这是文化知识传承、师生情谊传承、社会稳定快速发展的必然要求。将来学生也可能成为一个“老版本”的人才,到时希望年轻人如何对待?老师的指导风格不同,有的喜欢给学生充分的学术自由,让其自由探索;有的喜欢给学生命题作文,甚而喜欢当学生文章的“校对员”。无论何种类型的导师,都各有其利弊,研究生要学会坦然面对。要记住,论文需要自己写,论文作者是博士生自己,而不是导师。我常对学生说:你的硕士论文是要挂在网上的,你的博士论文通常是要以专著形式出版的,这都是你人生的标签,请擦亮你的标签!(2)爱生。从导师的角度讲,无论是硕士生导师,还是博士生导师,都要以学生自身的发展为第一要务;而不是把完成导师的科研任务摆在第一位,关键时刻影响学生发展。例如,学生不久就要参加法律职业资格考试了,导师还不管不顾地安排学生做其他事情;再如,屡屡不顾学生正常的课程安排,派学生外出,既不尊重其他任课老师,也不尊重自己的学生。我一直都告诉我的学生要学会“委婉地拒绝”。如果导师安排的任务,与学生的想法有冲突或与目前急迫做的事情有冲突,一定要告诉导师,若不讲,导师怎么会知道呢?在论文写作过程当中,当然也要尊师、爱生。尊敬老师,但并不唯师命是从;爱护学生,但不放纵学生。

五、结语

笔者拜读了相当多的有关论文写作的优秀论著。本文中一些观点看法、措施建议，其实有些已记载于这些优秀论著中或教育实践中早已采用，我只是用“学位论文质量提高的宏观措施思考”这个“绳”把它们“串”起来，再结合个人观点，从观念、管理到教育诸阶段进行梳理。拙作中的不当之处，恳请读者朋友批评指正！

“双一流”建设背景下广西大学法学研究生综合能力培养理论与实践
——以培养“理性生态人”为视角 *

熊　超 **

引　言

随着环境问题的恶化以及生态危机的频繁出现,人类不得不放弃片面追求征服自然的粗暴思想,开始思考从人与自然界和谐共生的角度重建新的经济模式、管理模式和科技文化模式。“理性生态人”理论应运而生。它要求人们在社会生活中,除单纯成为某一行业的专家外,还需要具备与其职业活动及生活方式相关的自觉环境保护意识,即让生态文明的思想深入每个人的思想最深处。此外,“生态理性人”不仅被要求具有充分的生态伦理学素养,还必须具备与其职业活动及生活方式相应的生态环

* 基金项目:2018 年广西研究生教育创新计划项目学位与研究生教育改革专项课题:“双一流”高校建设背景下的法学研究生创新能力培养研究(JGY2018002)阶段性成果。

** 广西大学法学院副教授,博士,硕士生导师。

境知识。法律作为人类社会的上层建筑,对人类社会发展影响深远、巨大。而法学研究生作为高层次的法律人才、日后法律的传承和研究者,对其进行生态文明素质教育,培养"理性生态人"是提升法学研究生综合能力的应有之义。①

一、法学研究生生态文明综合素质教育的必要性

(一)新时代对教育培养的新要求

1962年美国海洋生物学家蕾切尔·卡尔逊发表了一部惊世骇俗的关于农药危害人类环境的著作《寂静的春天》,该著作的发表引起了全世界对环境保护事业的关注与重视。卡尔逊在书中说,"所有的污染都是伴随着人类的诞生而诞生的,污染是人类生活必然的副产品","我们大家在生活中都经常提心吊胆怕某些原因可能恶化我们的环境,从而使人变成一种被淘汰的生物而与恐龙为伍"。"这种高污染的现状在二十年前已经开始并决定了。对于人类而言,这是十足的悲哀。关键在于,杀死自己的杀手不是天外来客,而是人类自己"。②

人与自然环境的和谐发展是当今世界普遍关注的问题,在发展经济的同时保护人类赖以生存的生态环境是全人类共同应对的艰巨任务。

人口、资源、环境是人类发展面临的三大危机。这三大危机如果解决不好,人类将会自我毁灭。罗马俱乐部的创始人贝切利曾经一针见血地指出,人类虽然创造了技术圈,但入侵了生物圈,对其进行了过多的榨取,从而破坏了人类自己明天的生活基础。因

---

① 参见蔡守秋、吴贤静:《论生态人的要点和意义》,载《现代法学》2009年第4期。

② [美]蕾切尔·卡尔逊:《寂静的春天导读》,天津人民出版社2010年版,第30页、第69页。

此，如果我们想自救的话，只有进行文化价值观念的革命。[①] 2017 年 10 月 18 日中国共产党第十九次全国代表大会在北京人民大会堂隆重开幕。会上明确提出，中国特色社会主义进入新时代，我国社会主要矛盾已经转化为人民日益增长的美好生活需要和不平衡不充分的发展之间的矛盾。要使人民在良好生态环境中生产生活，实现经济社会永续发展，就要求我们经济上由资源经济和物质经济向循环经济转变、人类文明由工业文明向生态文明转变、社会发展由不可持续向可持续发展转变、人类本身由社会人向理性生态人转变。若要顺利完成这些转变，我们需要全体人民的参与与实践，当然也包括我们大学生、研究生，特别是我们的法学研究生，作为法学专业的高素质人才，毕业以后一般都身处立法、司法、执法等社会重要岗位上，其工作性质更决定了我们需要承担更大的社会责任。

此外，广西高校人才历来相对短缺，有一些相对落后的二本院校以及大量的高职高专院校，这些院校在师资上都不是很强大，博士学历人员不多，主要以硕士为主，而且很大一部分师资都需要从本地毕业的硕士研究生中选取，法学专业亦不例外（其中，包括很多高校辅导员也是在本地大学研究生中招录）。同时，根据教育部的相关规定，各高校必须开设马克思主义思想政治课，其中法律基础课是其中的重要内容，所以很多两课老师也是招聘法学研究生，包括高校辅导员等。至今为止，广西大学法学院为广西区内培养了大量的高校教学以及教学辅助人员，这部分法学研究生承担了法学教育的职能，特别是随着人才需求的饱满，越来越多广西大学法学研究生毕业后在高级中学从事教师工作，表率功能更强。为此，我们要严格要求我们的法学研究生同学具有“理性生态人”的品质，“其身正不令而从”，这也是新时期对师范生师德培养的新

---

① 参见陈泉生：《法学方法论的生态化》，法律出版社 2008 年版，第 4 页。

要求。

总之,提升法学研究生的生态文明综合素质,有助于向整个社会传递生态文明的理念,影响范围更加深远。

(二)生态文明素质教育对提升法学研究生培养质量的重要作用

生态文明博大精深,融合哲学、生态学、伦理学、经济学、环境学、法学各学科知识,能向学生全面传达崇真、向善、臻美的真意。它具有陶冶人格、激荡思想的重大作用,这对提升法学研究生的综合素质无疑具有重要作用。此外,生态文明"绿色"性质,对于学生学习专业法律知识也有重要的促进作用,特别在当今各法学专业立法争相"绿"化的大背景下更具有重要意义。

法律是人类社会的上层建筑,而研究生作为高层次的法律人才,其智慧、道德和审美情趣理应是高度全面发展的人,通过进行生态文明素质教育,不仅可以使法学研究生具有广博的科学文化知识,提升学习者的心智水平和性格修养、文化修养,增强学生对社会生活的广泛适应性。而且,法律,特别是环境法本身就是作为解决环境问题的一项重要举措,其治理过程融合了经济学、管理学、教育学、社会学、伦理学、环境科学的最新研究成果、已经超越了一门单独的学科界限。对于我们未来的上层建筑者来说,在他们专业基础之上应该进行升华,通过环境法的学习提升自己的专业综合素质,更加全面理性看待自己的专业问题,以期在将来实际的教育教学工作中能够综合运用环境法的视角来看待社会问题,进而影响和改造社会。

在当今社会,环境问题无疑是一个最紧迫也是最难解决的问题,它横跨社会科学、人文科学和自然科学。它既是一个经济问题、法律问题,更是一个社会问题、道德问题和政治问题,超越了国家和民族,成为一个世界性的问题。环境问题的产生,和我们的文化价值观念具有不可分割的联系。在生态文明时代,我们要培养和造就的是“理性生态人”。作为“理性生态人”应该“具有良好生态伦理学素养的人,能够自觉地用生态文明原理对世界的价值、利益与权利重新审视与关照”,“具备与其职业活动及生活方式相应的生态环境知识,能对一切与环境相关的事物做出符合生态学的评价,并制定出符合生态学的策略”。[①] 法学教育特别是环境法律教育融合了法学教育的“理性人”和环境科学的“生态人”,其目的就是要培养适合我们时代所需要的“理性生态人”,使学生在接受法学教育的过程中懂得“善处人生、理解天地之道”。通过生态文明素质教育,可以进一步改造和升华在校法学研究生的人生观、世界观、价值观,助推我们的社会上层建筑者由一个社会人向“理性生态人”的转变。

二、广西大学法学研究生生态文明综合素质培养的实践

广西大学法学院具有悠久历史,可追溯到1942年广西大学文法学院法律系,推行孟勤国教授提出的“一颗公心”“一支硬笔”“一张铁嘴”的“三个一”人才培养模式,培养具有较深理论功底和实务能力的高层次应用型人才,为法学一级硕士授权点。学院研究生教育高举中国特色社会主义伟大旗帜,以马克思列宁主义、毛泽东思想、邓小平理论、“三个代表”重要思想、科学发展观和习近平新时代中国特色社会主义思想为指导,全面贯彻党的十九大精神,紧紧围绕广西“三大定位”和营造“三大生态、两个建成”目标,坚持“四个服务”的宗旨和立德树人根本任务,按照广西大学“百年目标,三步实施”和建设“五个一流”、培养“五有”领军型人才的总体思路,努力培养具有社会责任感、法治意识、法治创新精神、法律实践能力和法学国际视野的“五有领军型法学人才”,加强社会

① 参见王继恒:《论环境法教学视域中学生的素质教育》,载《法学教育研究》2011年第1期。

主义法治理念教育,为服务全面依法治国战略、服务创新驱动发展战略、服务"一带一路"倡议作出特有的贡献。在民族区域自治与地方立法、社会治理创新与法治政府建设、中国－东盟法治研究和"一带一路"倡议民商事经济法研究四个学科方向上开展兼具地方特色和国际视野的研究,努力建设成为有研究特色的国内一流研究型法学院。学院努力形成一个学科专业(法学)、两个学科领域(民族区域自治和地方法治领域、"一带一路"倡议及东盟法律研究领域)、四个学科方向(民族区域自治与地方立法、社会治理创新与法治政府建设、中国—东盟法治研究、民商经济法研究)的总体学科建设格局。

为了提升法科研究生的综合能力、生态文明素养,搭学校"双一流"建设"顺风车",与校内相关学科专业、国内外高校相关学科专业协同创新,开设了大量综合性文理选修课,建立各种综合学术论坛,积极促进学科融合;成立了广西教育法制中心(省级重点社科研究基地),与其他院校合作,在学校、自治区法制办的支持下积极筹建东盟法律研究中心,共同致力于全面依法治国战略和广西"九张名片"(传统优势产业、先进制造业、信息技术、互联网经济、高性能新材料、生态环保产业、优势特色农业、海洋资源开发利用保护和大健康产业)的研究与服务工作。

三、深化法学研究生生态文明综合素质培养的设想

(一)充分利用国家"双一流"学科建设高校的资源优势

自 2015 年国务院印发了《统筹推进世界一流大学和一流学科建设总体方案》,到 2017 年 9 月 21 日,教育部、财政部、国家发展改革委联合发布《关于公布世界一流大学和一流学科建设高校及建设学科名单的通知》,正式确认公布世界一流大学和一流学科建设高校及建设学科名单,这标志着高校建设进入新的历史阶段。广西大学作为西部地方高校,有幸成为名单中世界一流学科建设

高校之一,成为广西首个国家“双一流”高校。这为我校法学研究生的培养注入了活力、提供了机遇。

进入“双一流”名单,首先意味学校实力被认可,而且随着名单的公布,国家、自治区的各种优惠政策、资金扶持随之而来。2017 年自治区党委、政府先后出台了《广西大学世界一流大学一流学科建设方案》和《广西大学综合改革试点方案》,以及《教育部广西壮族自治区人民政府关于“部区合建”广西大学的协议》《“部区合建”广西大学实施方案》等重要文件,在人才引进、薪酬分配、人事制度等方面给予广西大学充分的自主权;在项目审批、人才培养方面给予一系列的优惠政策;在经费上面也予以重点倾斜,“双一流”建设期间,计划投入建设经费 56 亿元,用于加强师资队伍、教学实验平台、公共服务体系等方面的建设;努力将广西大学打造为“布局合理、特色鲜明的一流综合性研究型大学”。这些有利形势让法学院无论在教师人才的引进、教学软硬件的提升以及学院良好学习氛围的形成上,都创造了前所未有的机遇。此外,作为全区唯一一所“双一流”建设高校,超强的建设力度与良好的知名度的良性循环,也为广西大学法学研究生在区内外寻找良好学习实践平台提供了历史性机遇。如与区法制办、生态环境厅、司法厅、科技厅等政府部门的深入合作,掌握我区的发展实践状况、社会与环境发展矛盾、绿色法律需求等。与博世科(上市公司)等环保绿色高科技企业的横向合作,整合各方资源,定期举办生态文明、绿色发展论坛。将环保科技达人送到研究生身边,将身边的绿色环保实践成就展现在他们面前,丰富生态文明理念的内涵,让学生的法学研究更具开阔意识、人文情怀。

(二)多方法多手段增加生态文明方面教学内容

在研究生教学内容中增设大环境法课程,讲述内容包括环境伦理学、生态学、环境科学等知识。为了达到好的教学效果,具体可以采用多种教学方法完成,除传统教学方法如案例教学法、演示法、讨论法等外,录音、录像、微格教学、等多媒体技术和远程教学、多媒体技术、"翻转课堂"等教学手段也可用于课堂教学之中,增加教学便利性、趣味性,也降低教学成本。大环境法学作为法学与环境科学主要交叉学科,有其独特之处,它既有自然科学的严谨缜密,也具有社会科学的人文情怀。在教学中,教授们要紧紧把握它的特点,除采用普通的讲授法和其他常用方法外,我们还要有意识地采用演示法、实验法等方法将涉及的环境知识(如温室效应、碳足迹等)展示给学生,让学生有一个实际的客观感受。为了加深学生的理解,还可通过互联网查找自己需要的视频与文字资料与学生一起分享。就环境法律教育而言,个别访谈和田野调查的实践学习方式必不可少。只有面对面和当事人进行全面接触,我们的学生才能真切地感受到环境问题的严重性以及社会大众对良好环境的迫切需求,这相比教科书的文字叙述将更有震撼力,教育效果更好。笔者曾在中国政法大学污染受害者法律帮助中心做过法律志愿者,在接见受害者的过程中感受强烈。以前只是用原告或者受害人来表示当事人,没有什么情感可言。而当你实实在在和对方面对面、你眼中满是当事人愁苦和无奈以及触目惊心的污染现场时,你的心将会震颤,生态文明建设的必要性将无须多言。这是再多课堂教育也无法达到的效果。

(三)建设多样化师资队伍

教育教学作为一种特殊的社会职业活动,将直接影响学生的顺利成长和"三观"的健康养成,师资队伍的多样性将直接或者间接影响学生知识体系的形成以及综合素质的提升,最终影响学生的整体素养。教育质量的高低最终取决于教师素质水平的高低,要想提升法学研究生的生态文明素养,培养出合格的拥有法律专业知识"理性生态人",就必须对高校教师队伍进行系统建设。

首先,要严把教师关,防止不称职的老师进入。作为法学专业导师,特别是环境法老师,首先其本身要爱护环境、敬畏自然,有一颗悲天悯人之心。只有这样的老师才能对我们的学生“言传身教”，促进学生良好环境品德的养成。其次，对法学研究生的培养不仅要依靠学院内的法学专业老师，还可以依托学校资源，长期聘请校内马克思主义学院、公共管理学院、商学院、新闻与传播学院、土木建筑工程学院、资源环境与材料学院、海洋学院的相关老师来从事法学研究生大环境法的教学指导任务，构建一个立体式、全方位的生态文明知识传播体系。最后，组织邀请校内“一流学科”团队成员老师或在一流学科与法学交叉领域成功的法律人士到法学院做交叉学科讲座，并逐步建立交叉学科讲座师资库。这样通过“走出去、请进来”的方式与校内优势学科（特别是双一流学科群）建立良好互动的法学研究生教育新模式，打破法学学科与其他理工学科相互隔绝的传统状况，为交叉创新提供可能，这一举措对于像广西大学这类以理工科为主的院校极其重要。

适应生态文明建设需求的互动型法治人才培养模式研究*

张百灵**

生态文明建设在我国具有举足轻重的意义。党的十七大报告首次提出了“生态文明”理念,党的十八大报告把生态文明纳入“五位一体”①的发展战略,党的十八届三中全会对生态文明建设措施进行了具体化,生态文明建设成为我国应对生态危机、“建设美丽中国”宏伟目标、实现中国梦的必然选择。建设生态文明,不仅需要人们的道德自觉,更需要法治的约束和保障。近年来,我国环境资源立法日益繁荣、环境执法更严格、环境司法专门化逐步推进,这

* 基金项目:本文系山东师范大学教学改革项目“适应生态文明建设需求的互动型法律人才培养模式研究与实践”(2018M09)和山东师范大学第四批实验教学改革项目“《生态文明法治意识调查与培养》实验教学课程内容改革与实践”的阶段性成果。

** 山东师范大学法学院副教授,系主任,法学博士,研究方向:环境法。

① 即经济建设、政治建设、文化建设、社会建设和生态文明建设“五位一体”的发展战略。

需要更多具有环境法治意识、掌握环境法律知识、具有良好法律职业技能的生态法治人才。因此,高校环境法教学如何回应生态文明建设的需求,实现学校教育与社会需求之间的有效衔接成为环境法教学面临的重要任务。

一、生态文明建设对法治人才培养的新要求

在推动生态文明建设的诸多要素中,最关键的要素是人,具有良好生态人格和生态文明素养的人才成为生态文明建设的重要助推器。我国的生态危机不仅是资源能源的危机,更是生态教育的危机。据《中国教育报》报道,对北京、河南、湖南、浙江、福建等地高校的调查结果显示,目前,大学生接受生态文明教育的主要渠道是电视和新媒体,占56.14%,学校教育仅占17.01%。[①] 应对日益严重的生态危机和环境问题,不仅要推动科技创新、加强法制建设,还要培养生态文明法治建设人才,这对于高校中的环境法学教学提出了许多新要求。"环境法学在生态文明时代所肩负的任务不再是传统法学人才的培养和教育,而应当是具有现代环境保护思想,能够正确对待人与自然关系,正视生态地位上升,能够熟练运用现代环境伦理学思想、环境科学或生态学知识解决法治建设中的立法、司法、执法与守法问题的复合型法学人才。"[②]本文以环境司法为例加以说明。

为了将生态文明的政治蓝图转化为极具可操作性的法治治理

---

① 参见彭妮娅:《大学生对接受生态教育意愿强烈——大学生生态教育现状调查报告》,载《中国教育报》2016年11月17日,第12版。

② 吴鹏、周正:《环境法的生态化思想变革及其理论教学革新》,载《绿色科技》2017年第19期。

形态,我国进行了环境司法专门化[①]的积极尝试。[②] 无论是最高人民法院还是地方各级人民法院,都着力开展环境资源专门化集中审判工作。2014 年 7 月 3 日最高人民法院成立了专门的环境资源审判庭,此后,全国环境资源审判庭数量日益增多。据《中国环境司法发展报告(2015 - 2017)》显示,截至 2017 年 4 月,全国各级人民法院共设立环境资源审判庭、合议庭和巡回法庭 956 个。环境资源审判庭对于实施"最严格的生态环境保护制度"具有重要意义。环境资源案件与传统案件在举证责任、归责原则、因果关系认定等方面都存在诸多差异,审判人员的专门化是环境司法专门化的重要组成部分,也是环境资源审判庭有效解决环境纠纷的重要保障。但现阶段的环境审判团队往往是由在其他审判庭抽调有经验的法官组成,真正具有环境司法审判知识和能力的精英化审判人员尚付阙如,[③]影响着环境审判工作的开展。

我国环境司法专门化的一个重要特点和标志,是环境公益诉讼的异军突起和开拓创新。[④] 为了维护环境公共利益,检察机关参与和提起环境公益诉讼在全国人大常委会授权试点开展 2 年之后,经过《民事诉讼法》和《行政诉讼法》的修订确认已经在全国开

---

① 环境司法专门化是指国家或地方设置专门的环境司法组织,以及在现有的司法系统内部设置专门的司法组织,对环境案件进行专门或专项的侦察、起诉、立案、审理、执行的机制、制度及活动的总称;它主要指国家或地方设置专门的审判组织,以及在现有法院系统内部设置专门审判组织,对环境案件进行专项审理的机制、制度及活动的总称。广义的环境司法专门化包括国家或地方设置专门的环境资源审判机关、专门的环境资源检察机关以及专门负责环境资源刑事案件侦查任务的公安机关。转引自蔡守秋:《当代环境司法的新进展》,载《人民法治 · 法律实施》2018 年第 2 期。

② 参见宋宗宇、郭金虎:《环境司法专门化的构成要素与实现路径》,载《法学杂志》2017 年第 7 期。

③ 参见黄锡生:《我国环境司法专门化的实践困境与现实出路》,载《人民法治 · 法律实施》2018 年第 2 期。

④ 参见蔡守秋:《当代环境司法的新进展》,载《人民法治 · 法律实施》2018 年第 2 期。

始实施。检察机关在办理环境公益诉讼过程中,也面临着环境法律专业性人才缺失等问题,承办环境公益诉讼的民事行政检察部门(以下简称民行部门)在人员数量、资源配置等方面存在严重不足。笔者调研发现,山东省市级人民检察院民行部门人数较少,有的民行部门只有两三个人,且这些办案人员多数没有接受过系统的环境法学教育,难以满足环境公益诉讼发展的需要。随着公益诉讼实践的深入,各地检察机关开始增设专门的公益诉讼机构,例如,江苏省仪征市检察院、广东省深圳市检察院单独设立"公益诉讼检察部",最高人民检察院已增设公益诉讼检察厅,①这都需要大量的熟悉环境法律、具有良好的职业素养和职业技能的生态法治人才。

因此,在环境法教学过程中,需要结合我国生态文明建设的现实状况,加强生态文明法治教育供给,丰富生态文明法治教育内容,改进生态文明法治教育方式,既要提升学生的生态文明法治意识、扩展学生的生态文明法律知识,又要提高生态文明法律职业技能,培养学生良好的生态文明法律职业素养。

二、多元系统化的教学目标体系

吕忠梅教授指出,中国的环境法学面临着从"外来输入型"到"内生成长型"的转变,②这种转变意味着环境法的发展既需要立足于中国的生态文明建设理论,也需要解决中国特殊的生态环境法律问题。因此,环境法的教学目的应该具有多元性,既要培养学生的环境法治理念、传授环境法律知识,又要增强学生的环境法律职业技能和素养。

---

① 参见戴佳:《适应人民群众司法需求最高检分设民事、行政、公益诉讼检察机构》,载《检察日报》2019年1月4日,第4版。

② 参见吕忠梅:《新时代环境法学研究思考》,载《中国政法大学学报》2018年第4期。

1. 提升生态文明素养。环境法是法学体系中一个重要的法律部门，但环境法和传统部门法相比具有一定的特殊性，传统法学所构筑的权利义务关系是以人类中心为基础的理论预设，这种法学理论在应对生态危机、解决人与自然关系时显现出某种程度上的不适和短缺。因此，环境法学教育需要在讲授法律知识的基础上，加强学生的生态价值观教育，提升学生的生态文明素养。通过开展环境法学教育，使学生形成绿色价值观，认识到青山、绿水、碧海、蓝天不仅具有一般意义上的经济价值，更具有涵养水源、气候调节、净化空气、休闲娱乐等生态价值和文化价值；使学生树立绿色发展观，认识到绿色发展观既能实现人类发展的夙愿，又在发展中促进生态环境的保护，是实现"人与自然和谐发展"、通往生态文明的"积极路径"；[①]引导学生树立"山水林田湖是一个生命共同体"的生态系统观，使他们认识到人与自然以及其他生命体的命运紧密相连，从内心对自然以及其他生命体存在尊重之心、敬畏之心和善待之心。

2. 夯实理论功底。中共中央《关于全面深化改革若干重大问题的决定》指出，"建设生态文明，必须建立系统完整的生态文明制度体系，实现最严格的源头保护制度、损害赔偿制度、责任追究制度，完善环境治理和生态修复制度，用制度保护生态环境"。环境法在处理人与自然的关系上突破了传统部门法把自然"物化"的思维方式，而是要实现"人与自然和谐"的目标，很多法律制度，如环境公益诉讼、生态损害赔偿、生态修复、生态补偿等都难以用传统法律理论加以解释，这就需要在教学过程中开展系统深入的理论讲解与分析。一方面，注重环境法教学内容的丰富性。环境法除具有作为法律部门的"规范性"等特征外，还具有"科学性"

---

① 王凤才：《生态文明：生态治理与绿色发展》，载《华中科技大学学报》(社会科学版)2018 年第 4 期。

“伦理性”的特征，因此，环境法教学内容除法律知识外，还包括环境科学、生态学等自然科学知识，以及环境哲学、环境伦理学等社会科学知识。另一方面，及时关注司法实践中的法理问题，如泰州1.6亿天价环境公益诉讼、常州天价公益诉讼费等案件中都有很多需要深入探讨的法理问题，这些来自实践的问题需要环境法的及时回应，也需要环境法教学的密切关注。

3. 增强实践技能。有学者指出，我国环境法学呈现出“应有的法”“教材的法”“实践的法”三者之间联系的脱节。[①] 为了解决理论与实践脱节、不适的问题，环境法教学应该更注重理论知识与实践内容的内在关联性。近年来，我国的生态环境资源问题呈现“井喷之势”，环境纠纷日益丰富，解决这些生态环境问题的立法进程不断加快，环境司法实践也不断探索，无论是对环境资源案件的审理还是环境公益诉讼、生态环境损害赔偿等实践，都需要学生在深入理解环境法基本理论的基础上，能够熟练运用环境法律知识解决现实问题。因此，环境法教学应该在传授环境法律理论和知识的同时，通过大力开展实践教学，增强学生的环境法律职业技能和素养，使学生能够应对纷繁复杂的环境纠纷，实现服务于生态文明建设需求的目标。

三、互动型教学方法体系

为了增强环境法教学中理论与实践的关联性，培养更多适应生态文明建设需求的环境资源法治人才，需要增强环境法学教学中的互动性，通过师生互动、线上与线下互动、理论与实务互动等方式，实现生态文明法治建设人才培养的目标。

---

① 参见白洋、吴庭刚：《生态文明视角下环境法学的教育反思与功能完善》，载《知与行》2017年第3期。

(一)打破部门法授课界限的"双师同堂"教学方法

受制于各部门法所具有的专业性和特殊性等因素的限制,在高校课程安排中,不同的部门法课程往往由具有该领域专业知识的老师担任。与其他法律部门相比,环境法的内容具有明显的融合性,这种融合性具有法律外融合和法律内融合的双重属性。法律外融合体现在环境法与法学之外的其他学科的融合。例如,环境法需要环境伦理学、环境哲学、环境科学、生态学等其他学科的知识基础;法律内融合体现在环境法和其他部门法的密切联系,环境法和民法、行政法、刑法、国际法等传统的部门法都有诸多交叉。例如,在环境法的学习中,生态环境保护管理部门的权责是重要内容,无论是生态环境保护管理部门的授权、许可,还是处罚、诉讼都和行政许可、行政处罚、行政强制、行政诉讼的基础理论具有密切的联系。一般而言,环境法课程设置在民法、侵权责任法、刑法、行政法和行政诉讼法等传统部门法课程之后,学生在学习传统部门法后,具备了一定的知识储备。但这种知识储备往往是一种较基础的层次,难以应对更复杂的环境法律问题的解决。因此,环境法律问题的解决并非依靠环境法的"一己之力",往往需要环境法和其他部门法的交合、融合与综合运用。为打破部门法之间的界限,环境法教学可以借助"双师同堂"的教学模式,在教学中实现各部门法知识的融合。

"双师同堂"是指在同一教学场域内,两位专家对学生群体进行多元化内容教学的作业活动。① "双师同堂"教学模式的使用意味着环境法课程在进行过程中将会吸收其他部门法或其他学科的业务老师走进课堂,针对生态环境法律问题交叉开展深入的探讨。例如,在"环保部门责令某排污企业停止生产"案件中,对于环保

① 参见刘玉林:《双师同堂教学模式及其在法学教学中的构建研究》,载《高教学刊》2018 年第 19 期。

部门“责令企业停止生产”行为的性质是行政命令还是行政处罚、是否依据行政处罚程序进行等问题的探讨涉及行政处罚、行政命令的基本理论和《行政处罚法》《行政强制法》的法律规定。因此，山东师范大学法学院邀请行政法和行政诉讼法学教师走进环境法课堂，和学生共同进行深入探讨。通过“双师同堂”的教学方式，可以弥补任课教师在某一知识或理论上的“短板”，深化学生从不同角度对问题的认识，有利于学生形成综合性思维和创新性思维。

(二)教学内容补给中的“师生互动”

生态文明建设既需要学生具有扎实的环境法学理论基础，还需要学生充分了解最前沿的法制内容。近年来，我国先后制定颁布了30多部环境保护法律、50余项行政法规、200余件部门规章和规范性文件，环境立法空前繁荣。尤其是2014年以来，我国环境立法以至少每年1部的速度进行修订或颁布，《环境保护法》《大气污染防治法》《野生动物保护法》《水污染防治法》《环境保护税法》等重要的环境保护法律先后修订或颁布，各种司法解释、部门规章层出不穷，这为环境法教学提供了更多的学习素材，但也给环境法教学带来了各种挑战。最为突出的问题便是教材更新与立法相比的滞后性，法律法规的新内容难以在教材中得以体现，[①]对教学内容的开展造成了一定影响。因此，对教学内容的及时有效补给成为环境法教学中的重要工作。教学内容的更新和补给增加了任课教师的工作量，但同时也为学生参与课堂、自主学习提供了机会。在教学准备过程中，任课老师可以列出修订法律法规、新理论或者案例的大纲，对学生进行分组，学生以小组为单位进行资料搜集、阅读和整理，在自主准备、学习的过程中，很多学生不但对环

① 近年修订的部分教材已经吸收了2014年《环境保护法》的最新内容，但这种吸收却大大延迟，至少在《环境保护法》修订2年之后环境法教材才得以吸收上述最新立法，影响了教材的使用。

境法有更全面的了解，深化了对环境法的认识，还增强了学习兴趣，很多学生因此确立了考取环境法研究生的目标。

（三）借鉴慕课方式的线上与线下互动

环境法课程中需要讲授的理论和法律规范异常丰富，在教学过程中，总有“课时不够用”的困惑；同时，实践教学等活动的开展需要学生对环境法律有一定了解或对拟解决的问题有一定的知识准备，因此，如何使有限的教学时间和空间得以延伸成为环境法教学中一个重要任务，而慕课方式为这一问题的解决提供了借鉴。慕课是指大规模的开放在线课程，其具有在线性和开放性等特点。[①] 慕课突破了传统教学中教学场地的限制，为学习者提供了网上学习的诸多途径，也使学生的“碎片化”时间能够得到利用，延伸了学生的学习时间和空间。山东师范大学法学院在环境法教学过程中，充分利用 QQ 群、微信群、百度云等工具，把教学课件、教学大纲、教学视频和学生共享，学生通过观看视频、阅览线上资料等方式完成相关基础学习；学生有了一定的知识储备之后，在线下课堂集中进行疑难问题的讨论或者开展实践教学活动，既延伸了学习时间，又增强了教学效果。

（四）实践教学中理论与实务的互动

在法学教育供给的竞争格局中，法学实践教学作为法学院法学教育的重要方式，其主旨应置于法学知识与方法及其可能应用的传授。[②] 环境法学实践教学往往采用案例分析、视听演示、法庭模拟等方式开展，这些教学方式都需要借助法律案例的选择和应用，但是受制于授课时间、素材来源等因素，教学过程中使用的案例往往都是经过任课老师筛选、提炼之后的案例，是一种“简而化

---

① 参见任洪涛：《论“慕课”浪潮背景下的“环境法学”课堂教学的机遇与挑战》，载《牡丹江教育学院学报》2017 年第 4 期。

② 参见蔡立东、刘晓林：《新时代法学实践教学的性质及其实现方式》，载《法制与社会发展》2018 年第 5 期。

之”的案情介绍，这种案例使用方式具有简便快捷、易于操作的特点，但却导致了案例信息的非系统性，学生不能仅通过案例分析而获得系统的法学专业教育。[①] 在真实案件办理过程中，法律职业者需要从复杂的信息中寻找、分辨出案件事实，从纷繁复杂的法律体系中寻找出能够得以适用的法律规范，这种“亲历者”的困惑、经验和感悟是授课老师在课堂上难以通过讲授或演示呈现出来的，因此，在授课过程中，法律实务者的加入将会增强学生学习和思考的主动性，使学生从“旁观者”进入“体验者”“参与者”的角色去分辨法律事实、寻找法律规范、进行法律论证、解决法律问题，能进一步增强实践教学的有效性。例如，山东师范大学法学院在环境法课程教学过程中，邀请了办理山东省德州市庆云县人民检察院起诉庆云县环保局不依法履职一案[②]的检察官走进课堂，给学生讲解检察机关如何发现案件线索、调查取证、确定诉讼请求、出庭起诉等，和学生共同讨论了检察机关在环境公益诉讼中的诉讼地位、权利义务等相关问题，通过“亲历者”的引导，学生对检察机关提起环境公益诉讼的意义、面临的困境和如何加强法制完善有了更深刻的体会。

（五）教学体系中总论与分论的互动

环境法总论和分论的内容都比较多，在很多情况下，环境法总论内容讲授结束后，剩余课时已经不多，很多分论的内容往往一带而过，容易产生环境法总论和分论之间“自说自话”“两张皮”的现

---

① 参见杨朝霞：《论案例教学法在环境法学教学中的应用》，载《山东科技大学学报》2011年第6期。

② 该案件是全国人大常委会授权检察机关提起公益诉讼试点工作后，全国首例行政公益诉讼案件，被最高人民检察院确定为公益诉讼试点工作典型案例，也被评为2015年度检察机关十大法律监督案例之一。

象。[①] 与总论内容的理论性、基础性相比，分论内容具有更强的适用性和实践性。通过对学生的调研发现，学生在系统学习环境法之前，对环境法最直观的认识就是如何解决雾霾、水污染、噪声污染等发生在学生身边的环境问题。因此，在学习分论的过程中，通过确立以解决问题为导向的教学目标，针对学生关注度比较高的问题，以案例等形式提出，每节课的内容围绕这一问题的解决展开讲授或讨论可以取得更好的学习效果。例如，在讲授我国《大气污染防治法》《水污染防治法》内容前，先以案例形式给学生提出问题：某小区新建供暖锅炉没有履行环评审批手续，对其排污如何处罚？对这一问题的探讨，涉及我国《环境保护法》《环境影响评价法》《行政处罚法》《大气污染防治法》《水污染防治法》等法律内容的应用，通过分析该案例，既实现了环境法总论和分论的互动，也实现了环境法和其他法律部门的互动，学生在学习、思考的过程中也增强了对法律的应用能力。

---

① 参见于文轩、王灿发：《我国环境法教学模式的反思与探索》，载《当代法学》2009 年第 2 期。

论非法律专业大学生环境法律素养的养成

温慧卿*

一、界定:什么是非法律专业大学生的环境法律素养

(一)环境法律素养的内涵

素养,是指由训练和实践而获得的一种道德修养。在法律界,经常有人提及“法律素养”,但关于其定义的研究却不并多见。相对而言,学者们更关注对特定人群法律素养缺失和养成的研究。在这些研究文献中,学者们表达了自己对法律素养内涵的看法。有学者认为,法律素养包括法律知识和法律观念;①也有学者认为,法律素养包括法制观念和法治信念、法律意识、法律思维习惯;②还有学者认为,法

---

* 法学博士,北京青年政治学院法律专业副教授,主要研究环境法、青少年法。

① 参见钟佩霖:《大学生法律素养的现状与对策》,载《中国成人教育》2007年第9期。

② 参见邸爽、傅伟韬:《新形势下我国大学生法律素养现状与对策研究》,载《山东社会科学》2015年第S1期。

律素养包括法律信仰、法律能力、法律意识。[①] 虽然观点莫衷一是，但我们也看出大部分学者都认为法律素养不仅指法律知识或法律意识，而是一个包含若干要素的集合体。在总结前人研究的基础上，笔者认为，法律素养是指人们通过学习获取法律知识、拥有运用法律的能力并具有法律意识和正确法律价值观的一种修养。法律素养的养成是一个从知识获得到知识运用，再到形成法律思维习惯，继而树立法律意识并最终拥有正确法律价值观的系统性工程。

由于不同部门法具有各自的特点，法律素养又可以被细分为民事法律素养、刑事法律素养、行政法律素养、环境法律素养等种类。所谓环境法律素养，是指人们通过训练和实践而掌握环境法律规范、习得运用环境法律规范处理问题的技能、形成环境保护法律思维、树立环境保护法律意识并秉持环境法律价值观的一种修养。

（二）环境法律素养与环境法律知识、环境法律能力的关系

环境法律素养不同于环境法律知识，也不同于环境法律能力。"素养"相对于"能力"和"知识"来说，具有内在性、稳定性和根本性。从逻辑关系上看，环境法律素养包含了环境法律知识和环境法律能力。除知识和能力外，环境法律素养还包括环境法律思维习惯、环境法律意识和正确的环境法律价值观。换言之，掌握越多知识、具有越高环境法律能力的人，越有可能具备高的环境法律素养；但这不是必然的——有的人具有法律知识和法律能力，却不一定能具有法律思维习惯，更不一定具有环境保护的法律意识和公平正义的环境法律价值观，如某些违法犯罪分子，不仅知法犯法，甚至还运用所学法律知识和自身处理法律问题的能力规避法律，

---

① 参见张攀：《对提升大学生法律素养的几点思考》，载《学校党建与思想教育》2016年第10期。

链而走险。反言之,具有较高环境法律素养的人,一定具有正确的环境法律价值观、拥有较强的环境保护法律意识、具有合理的环境法律知识结构并具备一定处理环境法律问题的技能。

(三)非法律专业大学生环境法律素养的特点

相比法律专业的大学生,非法律专业大学生所要养成的环境法律素养有其自身特点。第一,在环境法律价值观的养成上,以"根本"为原则。党的十九大报告明确提出了中国特色社会主义生态文明观,强调"人与自然是生命共同体,人类必须尊重自然、顺应自然、保护自然。人类只有遵循自然规律才能有效防止在开发利用自然上走弯路,人类对大自然的伤害最终会伤及人类自身,这是无法抗拒的规律"。[①] 这是新时代环境法律价值观的内容,也是培养学生环境法律素养的根本要求。在环境法律价值观的养成方面,对非法律专业学生与法律专业学生的要求是一致的。第二,在环境保护法律意识的树立上,以"必要"为原则。如果说对法律专业大学生的环境法制教育是培养立法、执法和司法人才的话,那么,对非法律专业大学生环境法制教育的主要目的就是要为其树立遵守环境法律的意识,知道其既是环境权利的主体,更是环境保护法定义务的承担者。第三,在环境法律能力的形成上,以"实用"为原则。非法律专业大学生有可能遭遇需要处理环境法律问题的情况,主要发生在自身环境权益遭受侵害或者工作中与专业相关的环境法律问题上。因此,应当实际结合不同专业学生情况培养学生形成处理相关环境法律问题的能力。第四,在环境法律知识的掌握上,非法律专业大学生未来的就业方向并非相关法律工作岗位,因此,对于繁杂的环境法律规范的学习应以"适度"为原则。这里的"适度"既指"量",也指"质":在"量"上,仅需满足

① 吕忠梅:《习近平新时代中国特色社会主义生态法治思想研究》,载《江汉论坛》2018 年第 1 期。

学生生活和未来工作所应具备的基础环境法律知识即可；在"质"上，则仅需满足学生工作生活所需的环境法律种类即可。

二、意义：为什么要培养非法律专业大学生的环境法律素养

2017年4月中共中央、国务院印发了《中长期青年发展规划(2016－2025年)》(以下简称《规划》)。这是我国首次从党和国家层面为青少年制定发展规划。[①]《规划》中3次提到了环境保护意义上的"绿色"，[②]反映出党和国家对青少年环境保护的重视程度。[③]《规划》在"青年社会融入与社会参与"中专门提到要"鼓励青年积极参与生态环境保护，带头践行绿色生产生活方式，共建生态文明，共创美丽中国"。国家之所以如此重视青年全面参与环境保护，笔者认为，主要有应然和实然两个原因。

(一)应然——青年大学生是新时代我国生态文明建设的主要力量之一

"美丽中国"的生态文明建设目标是"中国梦"的重要组成部分。习近平在党的十九大报告中指出，我们要建设的现代化是人与自然和谐共生的现代化，既要创造更多物质财富和精神财富以满足人民日益增长的美好生活需要，也要提供更多优质生态产品以满足人民日益增长的优美生态环境需要。而当代青年在生态环境保护方面责无旁贷。[④] 首先，培养青年大学生的环境法律素养

---

① 参见周晓燕：《国家视角下的青年发展》，载《青年发展论坛》2017年第3期。

② 第一次是在序言中，要求青少年牢固树立和贯彻落实创新、协调、绿色、开放、共享的发展理念；第二次是在"青年教育"的发展措施中，提到创建绿色校园；第三次是在"青年社会融入与社会参与"的发展措施中，提出"鼓励青年积极参与生态环境保护，带头践行绿色生产生活方式，共建生态文明，共创美丽中国"。

③ 温慧卿：《气候变化背景下青少年环境权的基本实现》，载《新一代》2018年第5期。

④ 罗贤宇：《新时代青年绿色责任的伦理意蕴及其培育路径》，载《福建论坛》(人文社会科学版)2018年第8期。

有利于我国社会主义生态文明建设。青年是我国决胜“第一个百年”奋斗目标的生力军,更是我国决胜“第二个百年”奋斗目标的主力军。青年大学生拥有相当的专业特长,如果其拥有环境法律素养,便相对更容易有效地解决生产、生活中的环境问题;同时,也更有可能在获得环境相关信息后,结合专业特长形成有意义的新思想和新观点。这些都将有助于我国新时代社会主义建设事业的全面开展。其次,培养青年大学生的环境法律素养具有代际教育和反向社会化的作用。具有环境法律素养的青年大学生对环境问题有更深刻的认识,对长期可持续发展有更高的关注,这将影响其下一代正确环境价值观的形成;同时,也将对其父母和年长一代产生保护环境的正面影响,进而有利于提升我国国民环境保护的整体素质。

(二)实然——当前青年大学生环境法律素养尚待提高

现实中,非法律专业大学生的环境法律知识相对匮乏、环境法律意识相对淡薄;虽然大部分学生了解生态文明建设、知道“可持续发展”,明白应当节约资源和“绿色消费”,但却不能深入理解或者切实践行。比如,有一些人认为环境问题离自身较远,仅凭个人的力量无法改变现状,因此,在个人利益和环境公共利益发生冲突时往往会牺牲环境公共利益。再如,有一些人对环境法律规范不甚了解,触犯法律而不自知。又如,有一些人在遇到环境法律问题时不知如何解决,采取了不妥当的方法,不仅没有止损,反而造成了更大的损害。正是这些现象的存在,使我们深刻意识到,培养非法律专业大学生的环境法律素养十分必要且紧迫。

上述现状和不足与高校缺乏有效的环境法制教育有关——我国环境法制教育的实施时间不长。自 1979 年我国《环境保护法(试行)》颁布至 20 世纪末,环境法制教育课程仅在部分高校面向法律专业学生开设。直到 2008 年,教育部才将《环境法》列为全国法律专业学生的基础课。法律专业尚且如此,遑论非法律专业。

虽然有些高校根据学校特点也开设了与专业相关的公共必修课或公共选修课,但这并不是普遍现象。青年大学生环境法律素养的现状决定了我们应当尽快解决高校非法律专业大学生环境法制教育问题,从而培养有环境法律素养的一代有为青年,否则,我们全社会将会为此付出惨重的代价。

三、路径:如何培养非法律专业大学生的环境法律素养

(一)环境法素养与高校环境法制教育

素养与素质不同,是需要通过训练而后天形成的。因此,要想使非法律专业大学生获得环境法律素养,就必须给予其适当的环境教育。所谓环境教育,是以人类与环境的关系为核心,以解决环境问题和实现可持续发展为目的,以提高人们的环境意识和有效参与能力、普及环境保护知识与技能,以培养环境保护人才为任务,以教育为手段而展开的一种社会实践过程。① 根据《全国环境宣传教育行动纲要(1996 - 2010 年)》的规定,环境教育的内容包括:环境科学知识、环境法律法规知识和环境道德伦理知识。换言之,环境教育包括环境知识教育、环境法制教育和环境伦理教育。环境知识教育主要以环境科学知识为内容,告诉人们导致环境问题的原因、预防和治理环境问题的方法。环境伦理教育是一个"生态人格"的塑造过程,是一个认知价值和澄清概念的教育过程。它有利于养成尊重环境知识和环境法规的伦理精神,是解决环境问题必不可少的重要环节。② 环境法制教育是以环境法律规范为基本内容,并在此基础上训练人们运用环境法律处理问题的技能、树立环境法律思维并形成对环境法律价值观。相比环境知识教育和

---

① 参见萧枫、姜忠喆主编:《学生热爱环境教育》,吉林出版集团有限责任公司 2012 年版,第 11 页。

② 参见成强:《环境伦理教育研究》,东南大学出版社 2015 年版,第 50 页。

环境伦理教育，环境法制教育直接作用于公民的行为，故而能够起到较直接的社会效果。①

根据实施教育的主体不同，环境教育包括学校环境法制教育、社会环境法制教育和家庭环境法制教育。相对于社会和家庭教育而言，学校开展环境法制教育的优势体现在更专业化、科学化和系统化。2016 年原环境保护部、中宣部、中央文明办、教育部、共青团中央、全国妇联等六部委联合发布《全国环境宣传教育工作纲要(2016－2020 年)》。该纲要对“十三五”时期全国环境宣传教育工作进行了全面部署，将“推进学校环境教育、培育青少年生态意识”作为主要任务之一；并专门提出要提高高校环境课程教学水平、鼓励高校开设环境保护选修课、积极支持大学生开展环保社会实践活动。

(二)根据专业岗位需求决定环境法制教育的教学内容

如何有效地进行非法律专业大学生环境法制教育，从而使其拥有正确的环境法律价值观、必要的环境法律意识、实用的环境法律技能、适度的环境法律知识？笔者认为，应当首先从挖掘非法律专业大学生生活和未来工作的需求出发——根据该专业人才培养方案，选取 4～6 个典型工作岗位，分析这些岗位与环境法律素养相关的核心能力，即挖掘该专业学生对环境法律教育的需求，并依此设置教学重点内容。

以笔者任教的青少年工作与管理专业的环境法律教学为例。教师根据该专业的人才培养方案和实际就业情况，列举出该专业的典型就业岗位包括：基层团建督导员、社区“青年汇”专职青少年社会工作者、基层企事业单位党建/团建/工会/人力资源管理工作人员、青少年校外教育机构工作人员。教师根据访谈、咨询和调查总结，这些岗位与环境法律素养相关的核心技能是面向幼儿园

① 参见杨阳：《大学生环境法律教育研究》，载《中国成人教育》2007 年第 23 期。

和中小学学生的环境法制教育技能、面向基层单位或者社会青年的环境法律宣传技能、作为参与者或组织者的环境参与技能、作为当事人或帮扶主体的环境侵权纠纷处理技能。根据以上技能,教师设置了面向该专业的教学内容。这些内容既要满足"知识适度性"和"能力实用性"的教学需要,又要达到能够为学生树立环境保护法律意识并形成正确的环境价值观的教学目的。

(三)依据专业特点确立环境法制教育的教学模式

对非法律专业大学生开展学校环境法制教学的模式主要有两种:一种是多学科模式,即在所开设的各门专业课中掺入环境法律的内容,在教师讲授专业课的过程中向学生渗透环境法律价值观。另一种是跨学科模式,即根据本专业特点专门设置一门环境法律类课程或者在相关课程中专门设置一部分环境法律的内容,向学生专门讲授与本专业工作和个人生活相关的环境法律知识。如果说第一种模式是相对隐性的环境法律教育的话,那么第二种则是显性的环境法律教育。笔者认为,具体采取哪种模式,还要根据学校、专业和学生的特点灵活掌握。

由于非法律专业学生具有自己的专业特点和思维习惯,因此,在讲授环境法律课程时,应当以讲授加实训教学的方式展开。而且,教师应当特别注重实训教学。在课程中设置实训项目是实践教学法的体现。对于具有强烈的实践性特色的环境法课程来说,实践型教学法是重要的辅助性教学方法。[①] 课程中实训项目的具体设置方法是:教师根据该专业与环境法律相关的核心技能和重点教学内容,把握教学对象的特点,与时俱进地创设实训项目的情境,制定任务。在学生完成实训任务的过程中,教师应当积极引导和评价。

---

① 参见于文轩、王灿发:《我国环境法教学模式的反思与探索》,载《当代法学》2009年第2期。

以笔者任教的青少年工作与管理专业为例。根据学校和专业特点,该专业的环境法律教育采取跨学科模式——在《青少年犯罪预防与权益保护》课程中设置专门的环境法律教育专题。在讲授该专题时,除基础的环境法律知识外,教师根据实际情况设计了4个实训项目,分别是“为某校小学生讲授一节环保法制课”“为某社区居民做一次环保法制宣传”“作为志愿者参与一个环境公益活动”“模拟调解一起环境法律纠纷”。实训前,教师积极联系小学、社区、环保公益组织、人民法院等实训基地,为学生创造了良好的实训场景;实训中,教师全程认真指导,确保各个环节有效推进;实训后,教师及时组织学生进行评价,归纳总结实训中获得的环境法律知识、形成的环境法律技能,并引导学生树立正确的环保法律意识和环境法律价值观。

论高校图书馆发展与环境法人才培养

李岸曰*

高校的发展以入选“211”“985”“双一流”划分为3个时期。如今高校发展进入“双一流”建设阶段，即建设一流大学、一流学科。这3个时期的高校发展过程，本质在于经费的分配，目标是建设国际一流高校。在配合学校“双一流”建设的背景下，高校图书馆发展的根本在于资源，既包括图书资源，也包括经费资源等。① 其中，图书资源是高校图书馆发展的根本。为了辅助高校“双一流”学科建设，图书馆应当与学科发展形成直接地互动，深入辅助学科教学与人才培养。本文将以环境法人才培养为例，对高校图书馆资源的发展路径予以探讨。

---

* 中国人民大学法学院副研究馆员。

① 参见程焕文：《浅谈高校图书馆发展趋势》，载《图书馆论坛》2018年第7期。

一、环境法人才培养对图书馆资源需求的特点

1. 兼顾知识广度与深度

随着时代的发展,各类问题不断交织化、复杂化,社会对拥有综合知识背景的人才需求不断高涨,同时,由于环境法所调整的对象是人们在利用和保护环境要素中形成的法律关系,与其他部门法相比具有很强的技术性和专业性,它需要以环境科学及其他自然科学社会科学作为基础。环境法人才既要掌握深厚的法学理论知识,又需要具备专门的环境科学知识,这使环境法人才需要更广阔的知识广度,不能将学生局限于单独学科知识内;与此同时,随着科学技术、经济发展水平及理论认识的不断深化,环境法研究取得了较大发展进步,若想跟上环境法研究步伐,在该领域学习研究上取得更大的进步,必须在学科知识的认识深度上下足功夫;所以,在环境法人才培养上,须兼顾学生专业知识的认知深度,同时还要扩大学科认知领域,拓展知识汲取的广度。因此,环境法人才培养需要图书馆资源能够满足其交叉学科研究的需求。

2. 兼顾理论研究与方法研究

环境法既包含法律逻辑、法律方法,又与政府政策、经济运行规律等紧密联系,是有自身特殊研究逻辑的独立部门法。这就要求环境法的研究者除需具备合格、严谨、明确的法律逻辑以及翔实丰富的法学知识外,还需要对政府行政决策逻辑以及各类环境问题背后的经济运行逻辑,有全面的了解。若想拥有上述知识背景,在学习能力上,除需具备分析、解决问题的能力,还需要具备创造性、协调性、全面性、等素质能力;在学习方法上,需将传统的“老师教什么,学生学什么”的被动模式,变为“老师宏观引导,学生主动探索”的主动模式。因此,图书馆资源应当顺应环境法人才培养的需求,为学生主动探索知识提供基础素材,贮备较完善的文献资料。

3. 兼顾国内环境法律实践与国外环境法律理论

环境法作为新兴的法学学科,从其产生开始,不断借鉴国外优秀的环境法治经验,发展至今,开始探索中国特色的环境法治之路。因此,环境法人才,不仅需要了解国内的环境法律实践,还需学习国外环境法律理论。这就要求图书馆资源兼顾理论与实践、国内与国外的研究资料。因此,对于环境法研究所需的国内外的期刊文献、案例、法条资料等,均应被纳入图书馆资源的内容。

二、高校图书馆对环境法人才培养的现状

首先,高校图书馆作为知识的主动提供者辅助环境法人才培养。如苏联原教育部长克拉索夫所说:"对于现代高等学校来说,只是把图书馆看作保存和借书的地方这种传统的古典图书馆概念已经不适应了。高校图书馆的使命是真正成为大学独立研究问题的中心。"①为了顺应环境法等学科的人才培养需求,中国人民大学法学院图书馆正积极将图书馆由传统的"书籍展览馆"变更为知识的"主动提供者";由教学科研的边缘辅助角色,变成重要组成部分。通过积累、提供较丰富的环境法学科专业图书资料信息,中国人民大学法学院图书馆为环境法等学科的学科教学、教师备课、学生研究等工作提供助力;通过向学生宣讲、演示图书馆数据库运用,开展专门教学等方式积极参与到环境法人才培养工作中。借此,促成图书馆资源与环境法人才培养有机结合,并产生良性互动:既以图书馆推动学术创新,如美国哈佛大学前图书馆馆长的道格拉斯·W. 布利安特(Douglas W. Bryant)所述,"大学里如图书馆有某一专门学术领域的丰富藏书,常常会促成一位学者向着某一方面进行探索。如果没有这个条件,这方面的问题就可能不引起他的注意。这样的探索又可能促成一批青年学者开发这个新发

---

① 单行主编:《高校图书馆管理》,河南大学出版社1991年版,第21页。

现的领域";[①]同时,又以环境法学科发展需求为指引,促进图书馆在学科内容丰富性、多样性以及查询方式电子化、数据化方向不断发展。

但是,虽然目前图书馆资源与环境法人才培养不断结合,但仍然存在一些不足之处。首先,图书馆对环境法资源储备有限。环境法属于近些年发展较快的新兴部门法学科,虽然中国人民大学法学院图书馆各类藏书资源较丰富,相较于刑法、民法等发展历程较长的部门法来说,图书馆储备的各类文献资源中关于环境法的资源文献库存量较少,且文献的深度、广度上均不足,暂无法与环境法学科研究及人才培养所需的专业化、特色化资源相匹配。

其次,图书馆参与环境法人才培养的主动性有待提高。图书馆虽积极参与环境法人才教学与培养过程,但由于自身工作规划所限,没有专门为环境法学科设立专门的文献检索或人才培养课程,同时,也未设立专门的环境法信息资源共享渠道,许多先进的图书馆资源服务需要使用者亲自上门咨询了解,与环境法学科间的沟通有待进一步加强。

最后,图书馆的创新意识比较淡薄。随着数字信息技术的不断发展,对图书馆的创新服务理念也提出了新的要求。在当前的信息化发展环境中,图书馆对人才培养教育起着不可替代的作用。而实际情况是,图书馆人员缺乏,且在知识架构、能力水平等方面尚未达到新形势的专业服务要求,尤其是缺乏法学各类学科知识了解及信息知识专业人才,对于专业和教学工作都深入了解的人员较少,很难为环境法人才培养及科研教学提供满意服务。许多馆员在提供图书服务过程中没有建立起适应时代发展的服务理念,依然只是关注传统形式的图书借阅形式,没有构建起积极主动

---

① 韩荣宇:《大学图书馆在高等教育中的任务和作用》,载《图书馆学通讯》1981年第4期。

进行服务创新的意识,特别是缺少情报资源管理的相关信息手段,这些都已无法满足当前科研教学工作的新形势发展,也直接影响到院校教学科研与图书管理的有机结合。

三、推动高校图书馆辅助环境法人才培养建议

笔者认为,为了适应“双一流”学校、学科的发展,图书馆应当从“知识的主动提供者”转变为“知识的传授者”,从静态地、被动地接受学校师生的使用,到动态地、主动地吸引学校师生使用。具体而言,高校图书馆应当从“内在”与“外在”两方面进行转变。

从“内在”方面看,图书馆应该搭好数据资源平台,为高校师生的学习与科研提供基础素材。当前已进入知识经济的时代,高校图书馆应当实现全面数字化,使师生无论在何地也能获得文献资料进行科研与学习。对各类信息进行数字化处理与储存,是建立数字化图书馆的一项重要任务。让师生通过网络与图书馆资源建立联系通道,可以使其在数字化图书馆通过高效途径获取文献资料。因此,图书馆需对现有电子文献资源实施归类、整合、存储,并根据专业类型与学科方向,分别构建对应的信息内容引导界面。而电子文献的积累并非一朝一夕,图书馆还应当提供较全面的数据库资源,并免费提供所有师生适用。环境法研究需要利用国内外的文献资料。而目前较常用的国外法律文献数据库包括万律(Westlaw International)法律在线数据库、“HeinOnline”法律数据库以及“Lexis Advance”法律数据库。由于种种因素,这些外文数据库会经常出现无法访问或无法下载的情况。在目前图书馆经费资源有限的情况下,以学校名义购买数据库资源,可以通过学校VPN账号供所有师生使用。但同时,由于所有师生通过同一账号使用,难免会出现下载超量、网络不畅等情况。而数据库的正常使用,对于师生学习研究是非常重要的。因此,图书馆应当建立相关机制保障已经购买数据库的正常使用。

从“外在”方面看,图书馆应与环境法人才培养产生良性互动。图书馆拥有海量资源,但对于学生来说,这些资源是静态的,资源越多,他们获取知识就越困难。因此,图书馆还引领学生如何在海量资源中抓取自己所需的资料,教会学生如何在海量数据库中根据自己研究需求选择正确的数据库,并检索到自己所需的研究资料。因此,图书馆除提供完备的图书、数据库外,还需要设置专门的课程,引领学生快速检索自己所需的研究资料。“授人以鱼,不如授人以渔”,而为学生们提供了鱼塘,还应提供钓鱼的工具。因此,图书馆除丰富自身馆藏资源外,还应提供相关文献检索课程,真正“授人以渔”。以中国人民大学法学院为例,法学院图书馆一直为学院学生提供文献检索的培训。后来,以环境法教研室开设的“比较环境法”课程为契机,教授 4 个课时的“文献检索课”,辅助培养环境法学研究生检索外文资料、中文各类文献的能力,形成了图书馆资源与学科教学的互动。

论环境法博士生培养方式的完善
——以博士生的视角展开

丁　霖*

党的十八大以来,以习近平总书记为核心的党中央对我国生态文明建设高度重视,多次就环境制度、环保问题、绿色发展理念等发表立意高远、内涵丰富的重要讲话,为我国环境事业规划了长远蓝图。为使美好蓝图变为现实,切实推动生态文明建设发展进步,环境法学博士这支环保事业建设的重要后备力量,必须时刻以国家和社会的切实需求作为指引,不断丰富完善自身综合素质水平,从而承担国家社会赋予的责任与重担。

一、环境法学博士生应具备的素质能力

环境法学是一门新兴学科,环境法学博士生的培养,是关乎环境法学发展的重大课题。国家、社会、学校、教师投入人力、财力培养环境法学博士生,不仅是为环境法学博士生提供攻

* 中国人民大学国家发展与战略研究院博士后。

读学位的良好平台,更是为满足国家与社会对环境法专业人才的需求。因此,环境法学博士生的素质要求应与国家需求和社会需求相契合。国家和社会对环境法博士的需求是什么?不同的群体、不同的阶层从不同角度出发会得出不同答案。概言之,在环境法学博士生的培养上,国家层面不仅需要可以完善环境立法、执法、司法、能够解决国家环境相关前沿问题的研究者,还需要构建环境法学体系、传递环境法学知识的传承者;社会层面则需要可以提供环境法学专业知识咨询,普及、应用环境法学理论,并为最新环境法相关社会实践问题提供解决思路的环境法学人才。具体而言,环境法学博士生需要具备良好的环境法学理论基础、挑战新兴环境法学难题的能力以及优秀的教学能力。

1. 我国严峻的环境形势要求环境法学博士生具备良好的环境法学理论基础

近年来,社会各界均投入环境问题的治理中,我国环境问题得到了改善。然而,我国当前的环境形势依然严峻,大气污染、水污染、土壤污染问题仍然普遍存在,威胁着公众的身体健康。根据《2017年中国生态环境状况公报》,空气质量超标情形仍然普遍,在全国338个地级及以上城市中,仍有239个城市环境空气质量超标,占70.7%。地表水劣V类仍然存在,2017年全国地表水1940个水质断面(点位)中,Ⅳ、V类462个,占23.8%;劣V类161个,占8.3%。地下水水质较差,2017年全国223个地市级行政区的5100个监测点(其中,国家级监测点1000个)开展地下水水质监测结果显示,水质为较差级和极差级的监测点分别占51.8%和14.8%。耕地质量中等,全国耕地平均质量等级为5.09等。[①] 可见,我国环境问题

① 参见《2017年中国生态环境状况公报》,第7页、第17页、第28页、第36页,载中华人民共和国生态环境部:http://www.mee.gov.cn/hjzl/zghjzkgb/lnzghjzkgb/201805/P020180531534645032372.pdf,最后访问日期:2019年2月1日。

形势依然严峻。

同时,党和政府一直关注生态环境问题的治理与法治建设。2012 年党的十八大报告要求全面推进依法治国,加快建设社会主义法治国家,提出了"科学立法、严格执法、公正司法、全民守法"的"新十六字方针",确立了新时期法治中国建设的基本要求。同时,党的十八大提出"全面落实经济建设、政治建设、文化建设、社会建设、生态文明建设五位一体总体布局",提出"大力推进生态文明建设""把生态文明建设融入经济建设、政治建设、文化建设、社会建设各方面和全过程"的要求。2014 年召开的中共十八届四中全会通过《中共中央关于全面推进依法治国若干重大问题的决定》,提出了全面依法治国的总目标,即建设中国特色社会主义法治体系,建设社会主义法治国家。2017 年,党的中共十九大重申了建设中国特色社会主义法治体系的重要地位,将坚持全面依法治国上升为新时代坚持和发展中国特色社会主义的基本方略,凸显了法治在"五位一体"总体布局和"四个全面"战略布局中的地位,同时,提出将"人与自然和谐共生"等生态文明理念作为新时代中国特色社会主义思想和基本方略,提出"加快生态文明体制改革,建设美丽中国"。

因此,在生态环境形势依然严峻、我国生态文明建设与法治建设的要求下,环境法学博士生的培养也应适应新时期美丽中国建设与法治中国建设需求,加强环境法学基础理论学习。环境法学博士生学习环境法学基础理论,不仅应掌握传统法学理,还需了解与环境法学相关的环境伦理学、环境科学、环境行政、环境管理、环境经济等交叉学科的理论知识。掌握环境法学基础理论,是环境法学博士生应当具备的基本素养。

2. 我国环境法律实务的发展要求环境法学博士生具有挑战新兴环境法学难题的能力

环境法学作为一门新型学科,其理论处于不断发展完善之中。1979 年我国《环境保护法(试行)》出台,环境立法进入了较为薄弱的起步阶段，环境立法的发展还需要环境法学研究者不断深耕，为环境立法发展提供理论基础。1989 年《环境保护法》实施，环境立法开始发展。然而，随着我国环境问题的不断恶化，环境问题的后果日益显现，当时的环境立法不足以解决环境问题，仍需环境法学研究者不断探索以完善环境法学理论。2014 年《环境保护法》修订后，我国环境立法得到了较大的完善，环境立法的调整范围扩展到环境治理的方方面面。然而，随着环境公众参与、环境问责、环境司法专门化、环境公益诉讼、绿色金融等方面的发展，又产生了很多新的环境法律问题。这些新的环境法律问题无法通过传统法学理论予以解决，需要在现有法学理论、环境法学理论的基础上，不断探究，寻找新的、更切合实践需求的理论支撑。

另外，我国环境治理实践中出现很多新的问题，亦采取了很多新的措施。如何利用法律手段对不同的治理措施进行规范，如何将环境问题的治理纳入法治轨道，是环境法学人应当探索解决的重要问题。在环境法治实践中，环保督察制度应当如何规范和完善、地方政府的环境法律责任应当如何明确、生态红线制度如何落实、生态环境损害赔偿、生态补偿、环境公益诉讼的相关诉讼规则、环境国益诉讼的相关制度与规制如何构建等这些问题，均需要环境法学研究者贡献良方妙计。

正如 2015 年在牛津大学召开的第二届博士教育进展国际会议发布的《牛津宣言》所言，“作为新知识、新观点及新方法的创造者，博士学位获得者们卓有智慧、能力非凡且多才多艺，他们能够成功进入宽广的职业生涯，为技能型劳动力形成做出了重要贡献，这对 21 世纪的知识经济时代尤为关键，必须受到充分认识和广泛宣扬”。[①] 法学博

① 王传毅、赵世奎：《21 世纪全球博士教育改革的八大趋势》，载《教育研究》2017 年第 2 期。转引自 UK Council for Graduate Education, The Oxford Statement, http://www.ukcge.ac.uk/。

士也不应当局限于理论研究，应当回应社会需求，理论联系实际，为实践问题提供解决思路。环境法发展至今，一代又一代环境法学研究者贡献了其研究成果。因此，作为“下一代”环境法学研究者的环境法学博士生，理应具有挑战新兴环境法学难题的能力，解决环境法学实践问题，完善环境法学理论、回应环境法律实践。

3. 我国环境法学教育的需求要求环境法学博士生具有优秀的教学能力

环境法学博士生，除需要具备理论研究所需的环境法基础理论与解决实践问题所需的挑战新兴环境法学难题的能力，还需要具备优秀的教学能力。诚然，环境法学博士并非必然成为高校教师，但就目前的就业形势与就业要求而言，高校教师，尤其是环境法学教师，必须具备博士学位。因此，为了满足国家与社会对于环境法学教学人才的需求，环境法学博士生也应当具有优秀的教学能力。近年来，取得博士学位已成为各大高校选聘新教师的“基本款”条件。因此，教学能力也应成为博士生应当具备的基本能力之一。

中国人民大学博士毕业生就业行业分布

单位	高校	党政机关	科研单位	其他
2016 年	51.14%	9.10%	6%	33.76%
2017 年	46.52%	18.18%	5%	30.30%
2018 年	48.67%	14.90%	7.82%	28.61%

资料来源：2016 年、2017 年、2018 年年度中国人民大学毕业生就业质量报告。①

① 参见《2016 年中国人民大学毕业生就业质量报告》(2016 年 12 月)，第 20 页，载应届生求职网：http://wk. yingjiesheng. com/v－000－020－612. html；《2017 年中国人民大学毕业生就业质量报告》(2017 年 12 月)，第 20 页，载中国人民大学学生就业创业指导中心：http://rdjy. ruc. edu. cn/cms－data/2018/01/17/20180117104258983198535. pdf；《2018 年中国人民大学毕业生就业质量报告》(2018 年 12 月)，第 17 页，载中国人民大学学生就业创业指导中心：http://rdjy. ruc. edu. cn/cms－data/2018/12/31/20181231215440736658982. pdf，最后访问日期：2019 年 2 月 1 日。

具体就环境法学而言，环境法学作为新型学科，在传统法学学科之中处于“弱势”。环境法学的发展，需要与传统学科争夺优势资源，其首要资源就是优质的生源。而教师是学生接触知识、了解本学科的窗口，教师的教学能力直接影响学生对这一学科的印象与兴趣。具备优秀教学能力、表达能力的教师，能够深入浅出、通过简单的语言描述复杂的理论，能够引人入胜、吸引学生的学习兴趣，让学生萌发学习这门学科的兴趣。因此，高校的环境法学教师，应对具备优秀的教学能力，能够将自己习得的理论知识精彩地讲授，能够将自己的观点与见解准确地传达，能够应用恰当的教学方法教授不同类型的课程。因此，环境法学博士作为环境法学教师的后备力量，不仅需要修炼“内功”，充实自身的理论素养，还需要善于表达与传授，能够将环境法学不断传承。

二、博士培养中存在的现实问题

1. 重学科理论积累轻科研方法探索

目前，在博士生的教学中，多重视学科理论知识的传授，却较少重视研究方法的探索。所谓“授人以鱼，不如授人以渔”，知识的积累是无穷无尽、无时无刻的，而研究方法则是引导学生自主学习、自主研究的前提。“好的研究成果一定不是文字的拼凑，不是苍白无力的语言陈述，而是建立在现代研究方法基础之上的完整的逻辑体系。掌握并能熟练应用现代的科学研究方法，也是提升博士生科研能力的必要手段。”①

环境法作为一门交叉学科，环境法学的研究方法除传统法学研究方法外，还有环境相关学科的研究方法。环境问题作为新时代的重要问题，环境法作为新型的法学学科，其研究方法也在不断

① 李艳丽、王强：《我国博士生学术素养和学术职业能力的培养——以中国人民大学为例》，载《学位与研究生教育》2012 年第 9 期。

地创新与发展。环境法的研究方法,是环境法学研究者所终身探求与研究的,是不断更新与发展的。然而,对于“下一代”环境法学研究者来说,环境法学研究方法的教授与应用仍然较为欠缺,究其原因可能有二。第一,环境法研究方法本身的不确定。环境法作为新型学科,除应用规范分析、法教义学等传统法学研究方法外,还逐步扩展定量研究方法、实证研究方法、法经济学分析方法、统计学研究方法等,然而对于这些新兴研究方法的采用并不普及,尚未成为环境法学内部达成共识之研究方法。第二,传统法学对于环境法研究方法的不认同。在现有的环境法学研究方法中,定量研究兴起,而作为价值判断的法学对定量研究的认可程度并不高,这成为环境法学没有自己独立研究方法的重要原因。因此,虽然研究方法如此重要,但在环境法学博士生培养时对研究方法的教授与探索较为欠缺。

2. 重科研能力培养轻教学能力训练

“目前我国的博士生教育中不同程度地存在重科研能力培养、轻教学能力训练的传统。博士生走向教学岗位后,有些因缺乏足够的口头表达能力,不能建立合理的课程教学内容体系等原因而难以胜任。”①高校存在重科研能力培养轻教学能力训练的倾向源于博士学位授予的条件——仅关注科研能力。我国《学位条例(2004 年修正)》第 6 条规定,对博士生授予博士学位有三个条件,即在本门学科上掌握坚实宽广的基础理论和系统深入的专门知识、具有独立从事科学研究工作的能力,以及在科学或专门技术上做出创造性的成果。法定的三个条件仅涉及对博士生科研能力的培养,而并未对博士生的教学能力有所要求。因此,高校在培养博士生上,也较侧重对博士生科研能力的培养,而忽视了对其教学能

---

① 李艳丽、王强:《我国博士生学术素养和学术职业能力的培养——以中国人民大学为例》,载《学位与研究生教育》2012 年第 9 期。

力的训练。

就国外博士生培养而言,教学能力的养成是其重要内容。“国外一些大学从 20 世纪 90 年代就开始重视高校教师专业发展和专业素质培训,做好了博士生入职前的准备工作。美国研究生院协会 2005 年发表了一份报告,其主旨就是强调今后要在博士生教育中强化培养大学教师教学能力。日本的大学从 1998 年开始实施教师发展的功能(Faculty Development,FD)制度,其目的是唤起大学对教师教学能力更多的关注树立教师的专业发展意识,提高教师的教学能力。”①“美国等高等教育发达国家的成功实践已经表明,高校教师职业准备应在研究生培养单位完成并贯穿研究生教育的整个阶段。”②

就理论分析而言,“美国学者费斯勒提出教师生涯循环论,从整体上考察教师发展历程”。该模型表明“教师发展不是在入职后才开始,而在入职之前就开始了,博士生教育阶段作为重要的职前教育阶段,是教师发展的渗透期和预备阶段”。“博耶提出教学学术思想也指出,要改变大学重科研轻教学的传统观念,应从改变研究生培养方式入手;大学教师培训应加入在研究生,尤其是博士生的培养过程中。”③

另外,对于高校的招聘方来说,他们也有权利只招收有教学经验与教学能力的博士生。因此,在日益激烈的博士生求职的竞争中,具备优秀的教学能力成为不可或缺的决定性因素。但是,在目前的高校博士生教学中,却较少注意对教学方法、教学理论等内容的培养。

---

① 高文财、秦春生、饶从满:《博士生教学能力提升的思路与举措——以东北师范大学博士生教育改革为例》,载《学位与研究生教育》2013 年第 4 期。

② 聂永成:《对当前高校教师职业准备的反思》,载《中国研究生》2007 年第 4 期。

③ 杨柳群:《博士研究生教学学术能力的培养》,载《研究生教育研究》2018 年第 6 期。

三、环境法学博士生培养方法的提升

虽然博士生培养存在以上两个现实问题,但在环境法教学实践中已逐渐开始重视研究方法的训练与对其教学能力的培养。笔者以自身攻读博士研究生的经历,结合中国人民大学环境与资源保护法教研室博士生培养的课程设置与教学方法,认为环境法学博士生培养可以从课程设置、科研能力培养、教学能力培养予以完善。

首先,在博士生课程设置上,应当注重研究技能训练与理论知识积累相结合。博士生的课程设置是以完成博士生培养、辅助博士生完成毕业论文写作、最终获取博士学位为目的的。在博士生课程的设置上,一般不强调教学能力的培养,主要是帮助博士生积累理论知识,培养科研能力。因此,博士生的课程设置应当包括研究技能的训练与理论知识的积累。对环境法博士生研究技能的训练,可以通过方法论课程与论文写作课程实现;理论知识的积累,则包括知识深度扩展与广度的延伸,可以分别通过文献阅读课与法学前沿课程来实现。方法论课程讲授研究方法,包括法学学科的研究方法与环境法学科的研究方法。论文写作课程则是教授博士生如何选题、如何写作、论文写作的注意事项、如何投稿等技术问题。文献阅读课则是对与本学科相关的国内外专著、期刊等具有代表性的学术成果进行阅读与讨论,帮助博士生积累环境法学理论知识。法学前沿课程包括其他学科与环境法学科的前沿理论研究动态、实践问题分析等,帮助博士生拓宽研究视野,掌握学术最新动态,紧跟时代发展潮流。

其次,在科研能力(学术能力)的培养上,应当注重写作技能训练与研究能力培养相结合。环境法学博士生的科研能力,主要表现在两个方面:一是论文写作,二是课题研究。而无论论文写作还是课题研究,都是一种"发现问题—分析问题—解决问题"的能

力。因此,对环境法博士生科研能力的培养,可以通过进行课题研究的训练来进行。导师可以通过指导博士生参与自己的课题或鼓励博士生申请课题,以真实的课题研究为例,指导博士生进行课题的申请、课题研究思路与研究方法的设计、课题研究的展开、课题研究报告的写作、课题相关会议的参与、课题结项汇报等。导师通过指导博士生进行课题的申请,可以训练博士生发现问题的能力;通过课题研究思路与研究方法的设计,可以训练博士生分析问题的方法;通过课题的写作,可以训练博士生的写作能力。这些能力的训练与培养,均为博士研究生日后独立开展研究、进行论文写作或课题研究提供了基础技能。

最后,在教学能力的培养上,应当将理论与实践相结合。对博士生教学能力的培养,可以通过“学徒”模式,分三步走实现:第一步,由博士生导师为博士生树立学习教学的重要意识;第二步,通过博士生协助导师进行不同课程的备课,学习教学理论;第三步,通过教学实操真正训练博士生的教学能力。前两步的实现较为容易,而在目前大多高校禁止博士生讲授本科生课程的现实情况下,第三步的实现较为困难。但是,虽然博士生不能真正进入本科生课堂进行实习,但导师可以为博士生提供模拟教学的条件。例如,导师定期召集其培养的学生,包括博士生、硕士生、本科生,为博士生进行模拟教学,并进行点评。博士生通过备课,制作PPT,设计课程内容,在模拟教学中进行训练,可以直接提升其教学能力,培养其教学信心,训练其表达能力。另外,导师定期举行读书会、研讨会等,为博士生表达观点提供机会,也可以在一定程度上辅助训练其教学能力。

第三编
环境法实践教学

案例教学在环境法人才培养中的应用

曹　炜[*]　张　舒[**]

法学不是理论知识的堆砌,而是实践的智慧。法学教育不仅应当成为法学生获取理论知识的途径,更应当在理论与实务之间建起一座桥梁。传统课堂的限制常常使法学生脑海中的理论和实践是彼此割裂的两部分,在面对纷繁复杂的现实问题时感到无所适从,无法从理论知识的图书馆里准确定位出解决问题的方法。案例教学是对传统知识灌输式教学的补充和改进,在教学过程中不但讲授法条和法学理论,还要介绍法律实务如何进行,更要强调如何运用理论解决实践问题。在环境法领域,案例教学的有效实施基于以下四个方面。

一、案例的选取

环境法案例教学的基础和依托在于系统而

---

* 中国人民大学法学院讲师。

** 中国人民大学法学院环境与资源保护法学研究生。

丰富的案例库。本文认为,环境法教学案例的选取,首先要注重对理论知识和实务状况的全面涵盖,同时要注重对不同类型的案例和相关联案例进行综合选取。基于此,可以从以下四个分类方向对环境法案例库进行组建和充实。

(一)中国案例与外国案例

从案例的整体涵盖范围来看,环境法教学案例库的建立离不开对中外案例的综合选取。选取中国案例的优势意义,一方面,我国环境法案例数量庞大,环境问题的严峻形势和民众法治意识的日趋增强为我国环境案例带来丰富的样本量,能够全面展现各种环境问题和社会现状;另一方面,国内案例对学生来说更易学习和掌握,中国法学生对中国社会背景、国家权力运作模式有一定了解,对民法、刑法、行政法以及诉讼法内容有相应知识储备,更容易理解案例中的法律论证过程和裁判理由。对中国案例选取的重点在于从中国本土执法司法实践中可以体现中国环境法的特色和症结。环境法课程的主要学习对象是中国环境法,特别是当前阶段,中国的环境法学面临着从“外来输入型”到“内生成长型”的转变。① 环境法从制度设计到执法司法实践,都更需要立足于中国实际。在此过程中所出现的带有中国特色的环境法制度和问题,只能通过中国案例去深入了解。例如,2014 年《环境保护法》修订时新加入的环境影响评价区域限批制度,有学者经考证后认为,此项制度极可能为我国之首创,在环境法治国家,几乎没有直接称为此或类似概念的环境影响评价制度。② 因此,对于此项制度的讲解和研究,需要从中国的执法司法实践中获取现实材料。

外国案例的优势则在于其对适用法律和裁判理由的论证更为

---

① 参见吕忠梅:《新时代环境法学研究思考》,载《中国政法大学学报》2018 年第 4 期。

② 参见竺效:《论新〈环境保护法〉中的环评区域限批制度》,载《法学》2014 年第 6 期。

充分。以中美法院判决的对比为例,从证明模式来看,中国法院判决的证明模式可以总结为“简单归摄式”,判决证明被归结为一种逻辑三段论架构,大部分判决书中陈述的仅仅是法律规则、相关的事实以及判决结论。美国法院判决是一种“对话、选择性证明模式”,最终判绝不是作为一定前提的逻辑结果出现,而是作为按照解释论点和优先规则所作的司法选择的结果。判决将陈述和讨论在每个相关争点上相互冲突的解释论点,辨别可能的选择方案,然后作出公开选择并陈述理由。在这里,常常会出现一些实体方面的思考或对有关价值的讨论。① 美国法院判决对从判决理由到判决结果的叙述更详尽,论述更缜密,从内容来看更适宜作为教材。对外国环境法案例的选取原因,一方面,在于通过外国判例阐释各种尚未在我国得到普及的先进性原则和制度。外国判例,特别是在英美法系国家,具有与立法相同的效力,是许多环境法学理论、原则和制度的起源。例如,在国际社会中愈发受到重视的风险预防原则,其所要应对的风险的“科学不确定性”与我们熟知的可预见的危险存在差异。我国立法上对风险预防的明确体现仅限于最新颁布的《土壤污染防治法》中规定的风险管控原则,司法实践中法官在适用此项原则时还存在颇多顾虑。对其溯源和分析需要以国外案例为研究材料,例如,1975 年美国“里塞夫矿业公司诉美国联邦环保署案”,里塞夫矿业公司向苏必利尔湖中排放的尾料含有石棉,会进入德卢斯市居民的饮用水源,吸入石棉致癌的危害尽人皆知,但摄入石棉的危险尚不明确。第八巡回法庭在此情况下仍认定尾料造成健康隐患,判决矿业公司停止向湖中排放。② 通过此案能看出何谓“科学不确定性”及风险预防精神对法官裁判的

① 参见张志铭:《司法判决的结构和风格——对域外实践的比较研究》,载《法学》1998 年第 10 期。

② 参见顾小峰:《环境诉讼:“科学上的不确定性因素”》,载《法学》1991 年第 6 期。

影响。另一方面,外国案例的选取,应注重通过中外案例的比较阅读来体现各国环境法的共通性和差异性。以环境影响评价制度为例,在中国,环境影响评价对象是规划和建设项目,约束的主要是企业行为;而在美国则主要针对政府行为,制度核心在于要求行政机构通过环境影响评价程序将环境价值纳入决策过程。在比较法视角下,对中美环评案例进行阅读和学习,能够激励学生进行制度反思。

(二)司法案例与行政案例

从案例的类型来看,选取案例不仅应包括经由司法机关处理的案例,还应包括支持有关授课内容的环境执法案例。环境司法案例作为数量庞大且内涵丰富的案例集合,其中涉及的争议焦点几乎涵盖了环境法知识体系的方方面面,是案例选取的最直接来源。而关于环境行政执法的相关知识,在环境行政案例中最能得到直观体现。对于环境行政案例,一方面,可以进行总体介绍,包括环境执法案件的数量、种类和变化趋势,以体现全国各地《环境保护法》配套办法的执行情况,使学生对环境执法现状有宏观了解。另一方面,通过对环境行政案例的个案介绍,能够让学生清晰地认识到环境保护部门的执法权限和执法方式。2014 年修订的我国《环境保护法》增加了环境保护主管机关的执法权能,相应配套规章的及时出台和大力推进,促使区域限批、查封扣押、停产限产、按日计罚等重要环境执法措施在实践中得到广泛应用。以按日计罚为例,可以在授课过程中介绍违法排污公司被施以按日计罚的案例。例如,某公司超标排放大气污染物,市环保局先后五次对其进行立案处罚,每次罚款 10 万元。该公司在利润最大化目标的引导下,宁可选择违法、承担相对轻微的法律责任,也不愿履行防止污染的法定义务,导致屡罚不改。新《环境保护法》和《环境保护主管部门实施按日连续处罚办法》实施后,市环保局针对该公司外排废气中氮氧化物浓度超标的行为作出了《责令改正违法行为告知书》。环保局复查时发现该公司二氧化硫排放浓度超标，因而对该公司实施按日连续处罚，起止时间为送达《责令改正违法行为决定书》的次日起，至复查发现超标排污日止共计 19 日，按日加罚数额 190 万元，并先后向该公司送达了《行政处罚事先告知书》和《行政处罚决定书》。随后不久，该公司被停产整治，并将全部罚款缴纳到位。[①] 从具体行政案例的学习来看，一方面，可以通过处罚数额的大幅提升这一直观现象展示出按日计罚对违法排污企业的威慑力；另一方面，从法条中无法轻易读懂的按日计罚适用情形、适用时间、企业"拒不改正"的认定标准等问题，能够被真实案情形象化，进而易于理解。

（三）典型案例与非典型案例

从案例的特征来看，选取环境法教学案例时，应当在充分包含典型案例的同时加入非典型案例。此处对于典型案例和非典型案例的划分与最高人民法院发布"典型案例"的含义和标准并不相同。典型案例有两方面含义；一方面，指的是社会影响力较大的案例，通常会形成社会热点话题，引发人们强烈关注，同时可以为未来裁判提供参照标准；另一方面，指在实践中经常出现的、有一定模式可循的案例，通常可作为证立经典理论、通说观点的实践材料。非典型案例则不具有严格的划分标准，其尚未被模式化，具有新奇性，通常在现存法律规范体系中缺乏明确法条可以依循。[②]

环境法典型案例的选取同样需要关注两方面。一方面，要选取对社会影响较大的案例，这些案例通常由严重的污染问题所引发，具有感染力和震撼力。例如，自 2008 年来频发的血铅事件，多年来阴魂不散的镉米危机，在一定时期内引发了公众对环保知情

---

① 参见《山东中玻蓝星（临沂）玻璃有限公司超标排放大气污染物拒不改正被按日连续处罚案》，载环境保护部环境监察局：《〈中华人民共和国环境保护法〉四个配套办法典型案例解析》，中国环境科学出版社 2015 年版，第 3～4 页。

② 参见周赟：《非典型案例的典型意义》，载《厦门大学学报》2010 年第 6 期。

权的热议以及对土壤、水源、大气污染问题的重视。再如,云南绿孔雀栖息地保护案,是全国首例濒危野生动物保护预防性公益诉讼案例,具有标志性意义。这些社会热点案例彰显着环境法要解决的社会问题是如何真实而残酷地持续存在。另一方面,指的是能够体现环境法特有原则和制度的案例。案例选取要以涵盖课堂上所教授的知识和技能为目标,特别是对于环境法所特有的规则,更需要辅之以案例讲解。例如,在讲述环境侵权民事责任中特殊的无过错责任原则和举证责任倒置原则时,可以通过某渔业养殖户因鱼苗大量死亡而起诉上游排污工厂的案例来具体阐释。① 养殖户只需要证明工厂有排污行为,发生了损害结果,且工厂排放的污染物能够到达损害发生地,与损害发生有一定关联性即可。工厂需要对法律规定的不承担责任或者减轻责任的情形及其行为与损害之间不存在因果关系承担举证责任,其排污虽未超过国家和地方的污染物排放标准,但并不能直接免除其责任。由于工厂无法证明因果关系不存在,法院最终判决原告胜诉。通过这一典型案例既能够更清晰地展现对原则的实际运用,也能够从具体实例中当事人地位的悬殊性体现出特殊原则存在的原因和意义。

非典型环境法案例在社会实践中也常有出现。非典型案例难以找到可明确适用的法条,能够揭示出现行法律规范的不足。我国环境法正处于不断发展和完善的进程中,非典型案例有助于推进新制度的形成和建立,更具有讨论和研究价值。例如,震惊全国的腾格里沙漠污染案,这一社会影响巨大的案例也带有非典型案例的色彩,揭示出对环境保护立法中对沙漠区域的忽视,提出了环境行政执法与刑事司法衔接中检察监督如何完善等问题。

---

① 参见《环境资源刑事、民事、行政典型案例:邓仕迎诉广西永凯糖纸有限责任公司等六企业通海水域污染损害责任纠纷案》,载中华人民共和国最高人民法院网:http://www.court.gov.cn/zixun-xiangqing-48792.html,最后访问日期:2018 年 10 月 28 日。

(四)相关联案例

案例教学法自身的弊端之一,在于独立的个案分析无法为学生提供体系化的法律知识,通过对相关联案例进行学习有助于削减这一弊端。相关联案例的选取意义在于两个方面,其一在于,学习某一具体知识点时,对同类案例进行比较学习,特别是一些看似矛盾的案例和正反面案例,更能启发学生思辨。例如,在讲解环境公益诉讼这一章节时,关于环境民事公益诉讼的原告身份问题,可以通过多个案例来阐释何为适格原告。例如,在“中国生物多样性保护与绿色发展基金会与某公司环境污染责任纠纷申请再审案”中,最高人民法院对中国生物多样性保护与绿色发展基金会是否具备环境民事公益诉讼原告资格作出了详细阐释,明确了原告资格的审查重点:一是其宗旨和业务范围是否包含维护环境公共利益,二是其是否实际从事环境保护公益活动,三是其所维护的环境公共利益是否与其宗旨和业务范围具有关联性。除这个具有典型意义的指导案例之外,还可以补充介绍一些检察院作为环境民事公益诉讼原告的案例和因原告不适格而被裁定不予受理或判决驳回起诉的案例。例如,在“镇江市渔政监督支队与某公司通海水域环境民事公益诉讼案”中,武汉海事法院以原告起诉主体不适格为由裁定不予受理;在“江苏省徐州市人民检察院诉某公司民事公益诉讼案”中,检察院的原告资格得到法院认可。通过相关联案例的比较阅读,环境民事公益诉讼原告的积极要件和消极要件就更清晰明确。其二在于,学习多个章节之后,对涉及多个知识点的数个案例进行统一学习,有助于帮助学生形成连贯的逻辑链和完整的知识体系。例如,对多个环境侵权案件进行对比学习,发现不同案件中免责和抗辩事由、责任承担方式、责任分担原则的不同;将环境民事公益诉讼和环境行政公益诉讼的案例对比学习,分析二者在原被告主体、诉讼程序和功能方面的差异等。

二、案例的解读

课堂上呈现的案例来源于真实的法律实践，而真实的案例原文不一定完全适合课堂教学，需要进行巧妙地编辑和表达。过于冗长的案例原文需要删减和修改，修改的程度和语言的运用则需要根据授课内容调整。

在讲解具体知识点时穿插案例，可以通过删减和提炼将案例转化举例。通过简化的逻辑层次和语言表述，将抽象概括的法条和理论转化为简明的人物关系。例如，在讲解环境保护税制度时，为了让学生更透彻地理解环境保护税的征税对象、计税依据和计算方法等内容，可以从实际征收案例中提炼出某企业在某时期内排放的大气污染物总量和企业所在省份的大气污染物适用税额，让学生试着通过查阅法条和《应税污染物和当量值表》对应纳税额进行计算。但学习和记忆具体知识点并非案例教学的全部意义，更不是其核心。环境法学教育不仅需要传授给学生环境法律知识，更要训练学生环境法学研究方法。因此，随着学习愈发深入、知识点愈发拓展，案例需要具有综合性，教学案例的理解、案例问题的回答应需要综合运用发散性思维、分析和归纳等逻辑思维能力，让学生通过案例的学习，能够在思维能力上得到锻炼和提高。[①] 学生不能简单接受且全部认同由他人转述的知识，而是需要通过了解案情全貌进而自己作出评判。此时对案例不能过分删减，不能代替学生总结出事实背后的法律关系。

从案例编辑的语言运用方面看，司法文书制作时无论是对事实的叙述、证据的列举、说明，还是理由的论析，要求均极为严格，以期经得起历史的检验和现实的推敲，特别强调语汇的专业化、理

---

① 参见谢伟：《环境资源法教学案例库的设计和应用》，载《中国法学教育研究》2014 年第 1 期。

性化、书面化。[①] 很多学生认为环境法距离生活很远，法学知识又难免严肃枯燥，充满法言法语的案例原文无法有效激发学生的学习兴趣。而对于学生来说，案例中的句子越单纯，艰涩的语词越少，含有人情味的词汇量越多，文本可读性就越高。文学化解读的案例能够让初入环境法课堂的学生更快融入案例语境，理解案情并接受知识，但文学化的过程难免会加入带有情绪和价值倾向的词汇，导致案例原意的流失。因此，在对案例进行解读时，应当循序渐进，从文学化解读的案例入手，逐渐转向研读案例原文。特别是对于讲解知识点时进行的列举式案例介绍，可以采用文学化解读的方式，用比较生活化的语气表述案例，通过一些幽默的法谚增加案例的趣味性。但是，对案例的编辑和表述进行包装时不能影响案例的内容，也不得随意删减和虚构情节。[②] 案例改编过程中的变化只限定于表达而非案情。

三、案例教学实施机制

根据学生参与程度和教学实施方式的不同，案例教学实施机制可以分为讲授式教学、讨论式教学和情景化教学。按照案例讲授式教学模式，教师在课堂上全面介绍案例名称、案例背景、案情描述，从案情描述中引出法律问题并讲解如何解决问题，使案例与理论相互交融。此种教学方法的最大优点是信息量大、讲授的知识体系完整，授课进程易于把握。[③] 但在这种模式下学生的参与度不高，无法有效引发学生对理论知识的实际运用进行思考，难以

---

① 参见田荔枝、张文录：《规范与习惯的冲突——论判决书语言运用问题》，载《河北法学》2005 年第 1 期。

② 参见姜南、李燕：《民商法学案例库的构建与应用》，载《教学研究》2018 年第 1 期。

③ 参见于文轩、王灿发：《我国环境法教学模式的反思与探索》，载《当代法学》2009 年第 2 期。

摆脱知识灌输式教学的缺陷。在案例讨论式教学过程中,教师针对教学内容选择合适案例,介绍基本案情并提出问题,组织学生进行课堂讨论,并适时引导讨论方向。这种模式较容易组织,为学生的思考和师生之间的交流提供充足空间。

情景化教学则要求更高的学生参与度,类似于模拟法庭教学,指的是在教师的指导下,以司法实践中的法庭审判为原型,由学生亲自扮演诉讼参与人、法官、检察官、律师等角色,对某一案件进行模拟审判。老师提供案例的基本情况,由学生通过对案例的课前预习,从自己的角色立场出发分析案情,发掘争议焦点和对应的法律问题,在课堂上进行诉辩交流。这种教学模式对教师和学生都有更高的要求,需要花费较长的组织和准备时间,还需要注意避免出现“重表演而轻实战”的情形,但同时也最能锻炼学生的法律实践能力。在此过程中,学生能够亲自运用知识而不是单纯记忆知识,需要自己进行独立思考而不是纯粹聆听教师讲授。而教师需要事先准备好合适的案例,预设学生可能找出的争议点,并在课程结束之后针对每位同学的观点进行全面的总结和评价。环境法领域有很多很适合运用此种模式进行教学的案例。以环境民事侵权诉讼案件为例,现实中可检索到的案例文书多达 1000 余份,有相当充足的模板案例来源。学生可以分为污染受害者、排污企业和法院合议庭 3 个阵营进行分别准备,在课堂上进行观点交锋,进而对环境民事侵权的归责原则、举证责任分配等知识和这些原则存在的意义有更深切的体会,并通过体验诉讼过程对现行制度有所反思。

在环境法案例教学过程中,应当综合考虑授课内容、案例的难易程度和学生的知识水平,适时采取不同的教学模式。

四、案例与理论的结合

环境法案例教学的目的并不止于让法学生了解和理解法律实

践是怎样的，更要让学生具备亲自运用法学知识解决现实问题的能力。紧密联系法律实践和法学理论的关键步骤，就是从纷繁复杂的现实案例中提炼出规范问题。

在讲解知识点穿插案例时，由于案例所指向的理论知识范围已较为明确，不需要围绕知识点作过多总结，可以通过案例提出启发学生进一步思考的问题。例如，在讲解公众参与原则时经常作为例证的厦门 PX 项目事件，得到国家批准、地方政府鼎力支持的 PX 项目在厦门市民的呼声和舆论的压力之下不得不停止建设，这一事件中被认为是中国公众参与的"里程碑"，但同时也折射出其他问题。又如，公众参与的程序和时间问题，如何保障在环评过程中实现向公众公开信息，而不是环评结束后才引发公众的强烈反对；公众参与的作用与程度问题，"加强公众参与"是否会形成"不闹不解决，小闹小解决，大闹大解决"的中国式循环；"民意"或"科学"标准对政府寻求短期效果的决策方式的影响问题等。①

在介绍综合性案例时，需要由学生自行发掘案例中的矛盾和争议，并将所学知识运用在解决矛盾上，得出可以自圆其说的结论。例如，学生在评价和讨论检察院提起的环境民事公益诉讼案件时，一是要判断检察院提起环境民事公益诉讼是否定性定位准确；二是要关注检察院在起诉前是否经过诉前程序；三是要围绕侵权构成要件判断检察院的调查核实是否充分，四是要判断检察院的诉讼请求是否合理，如"恢复原状"应当是在有恢复原状的可能和必要的前提下才适宜提出，无法完全恢复或恢复成本远远大于其收益的可以准许采用替代性修复方式。此外，还要关注案件中可能存在的生态环境修复费用的确定方法和专家辅助人意见的效力等诸多问题。发现争议点、将争议点提炼为规范问题、为该问题

① 参见陈海嵩：《绿色发展中的环境法实施问题：基于 PX 事件的微观分析》，载《中国法学》2016 年第 1 期。

提供合理解释和支持的法条，在此过程中，能够帮助学生实现对理论知识从单纯记忆到灵活运用的思维转变。

在课时结束时，教师需要对规范问题进行总结，讲解如何从复杂的现实中抽离出基本的法律关系，对法律关系进行定性并寻找合适的法律条文，并对从法条和事实如何得出结论的过程进行充分说明和论证，最后列出案例中涉及的法条，以期提高学生对法律规范的实际运用能力。

PBL 案例教学法在环境法课程中的具体应用*

武婷婷**

当下,很多大学生对学习充满功利心,他们更关注的是司法考试里的主干科目,以及时有助于日后找到好工作热门学科。因此,在法学的教学领域里,学生往往对三大实体法和三大诉讼法的关注度很高,学习非常认真;而对像环境资源法这样"实用性较低"的学科则关注不够。如何寻找到更科学、合理的教学方法、优化环境法学的课程内容设置对提高环境法课程的教学效果、提升学生学习的积极性、主动性和探索性和对于提高学生的环境法律意识,培养高

---

* 基金项目:2018 年度辽宁省普通高等教育本科教学改革研究项目《以培养应用型人才为目标的法学多元融合的实践教学体系研究与实践》;2017 年度辽宁科技大学教学改革项目《教学与科研相融合,优化法学专业实践教学模式的研究与实践》;2018 年度辽宁科技大学研究生教育改革研究与实践项目《以培养应用型法律硕士为目标的多元融合的法学实践教学体系研究与实践》项目编号:2018YJSCX05。

** 辽宁科技大学经济与法律学院法律系副教授,硕士生导师,主要研究环境资源法方向。

素质的环境法专业人才至关重要。

一、PBL 案例教学法的解析

PBL 是“Problem—Based Learning”的缩写，即“问题导向学习”，这种教学模式最早起源于 20 世纪 50 年代的医学教育，在哈佛大学医学院逐渐完善并发展起来，并被逐渐推广。我国北大医学部从 2004 年开始也进行了 PBL 医学教育模式的试验和改革。这种教学模式主要以小组讨论的形式，在教师的参与下，围绕某一专题或具体病例的诊断问题制定病案并展开讨论。学生必须掌握的知识内容可通过学生的课后自学和查找资料而获取。它体现了以问题、学习者和合作学习为中心的三大特点。由于这种教学方式的灵活性、可行性和可操作性，因此，已使其走向其他学科的教育领域。法学的案例教学法是通过对具体案例的描述，引导学生展开课堂讨论的一种启发式教学方法。与法学传统的理论教学方式相比，案例教学因其直观、形象、生动的特点以及对学生掌握实践知识、吸收和巩固理论知识的积极作用，被认为是代表未来教育方向的一种成功教学方法。

PBL 和案例教学法各有特色和优势，笔者将两种教学法模式在环境法的课程中进行有机结合：一方面，用环境真实案例作为 PBL 的问题来源依据；另一方面，用 PBL 的方式对案例进行提出问题、分析问题和解决问题研究，使两种教学方法优势互补，从而提高教学的实效性。这种教学法能让学生真正提高学习环境法的兴趣与积极性，学会如何主动性学习，并将理论学习与实践相结合最终提高分析、解决问题的能力。

二、PBL 案例教学法在环境法课程中的具体运用

(一)教学目标与内容的设定

PBL 案例教学法要求课程核心目标从“使学生了解并掌握环

境资源法理论并解决环境资源法律问题”转变为“让学生不仅要掌握解决问题的基本知识,更要具备提出问题的能力、分析问题的能力、批判性的思维能力、应变能力以及发现和使用准确而适当的学习资源的能力”这一根本目标。为实现这个目标,将课程内容的结构调整为案例导入—提出问题—分析问题—解决问题。

(二)具体实施方案

1. 实施准备阶段

在准备阶段,首先,要根据课程改革的目标调整课程的内容体系,为教学模式的实施做基本导向;其次,要向学生介绍 PBL 案例教学的方式和要求,激发学生参与热情,主动配合,组成学习团队。教师在分组时应注意根据授课学生人数进行小组人数要求,既可以避免小组人数过多导致责任心不强,互相推诿,又能有效杜绝由于人数过少而缺少集思广益和激烈讨论的氛围。

2. 教师布置任务,学生合作学习

教师根据环境法课程体系选取最能反映所授知识点的最高院指导案例或典型案例。鼓励学生从准备资料开始,就要结合案例去查阅大量的文献资料,收集相关案例以及与案例相关知识、法条,并积极与其他同学交流沟通,大家同心协力得出最佳结论。建构知识,提出解决问题思路,通过小组综合问题及分析结论并撰写小组讨论报告,并应当制作汇报演示的 PPT。在这一系列过程中,教师要进行相关指导,梳理内容。

3. 学生小组团队汇报

学生以小组形式进行研究结果的汇报,是 PBL 案例教学模式开展的重要和关键步骤。首先,学生小组以 PPT 形式展示研究成果,此过程不仅锻炼了学生分析问题的能力、法律逻辑思维能力,同时学会 PPT 制作的技能和法言法语表达的能力。接下来,是教师和学生有针对性的提问,准备的学生组进行答辩,教师与学生之间、学生与学生之间研讨,在研讨过程中锻炼学生的思辨能力的培养。

4. 教学评价

PBL 案例教学方式应注重能力评价。能力评价的关键是制定 PBL 学习过程的评价指标体系,实行过程评价和结果评价,着重对学生 PBL 学习产生的产品如案例综述、问题提纲、讨论稿或小论文进行评价。评价方式实行教师评价和学生评价相结合的方式。评价阶段分为三个阶段:课程汇报阶段、小论文撰写阶段和期末考试阶段。

(1)课堂汇报评价阶段。由于整个教学模式的开展是基于教师将学习置于复杂又有意义的学习情境中,通过让学生团队合作的形式来解决问题,间接学习和掌握问题背后的环境法学相关理论知识,培养解决问题和自主学习的能力。至于这种能力是否得到了有效锻炼,教师的评价只能基于学生团队的项目完成情况,所以,具体的表现主要就在课堂汇报环节上,虽然成绩评价并不是根本目的,但却是激发学生积极性、主动性以及对学生学习成果给予肯定的一个行之有效的方式。在该项目中,课堂汇报成绩占学期末的总评价的 15%,将提高学生对该课程项目的重视程度。评分标准见表 1。

表 1　PBL 案例汇报评分标准

评分内容	60 分以下	60 ~ 75 分	76 ~ 89 分	90 ~ 100 分
PBL 案例分析	案例分析过于简单,少于 200 字;运用法律原理错误;文字表述不通顺,不能使用“法言法语”	案例分析引用法律原理进行阐述,文字表述尚通顺;能使用“法言法语”;对事实认定基本清楚	能较好地运用相关知识和法律原理分析案例,文字表述通畅;使用“法言法语”较流利;对事实认定清楚,法律依据较准确	熟练运用相关知识和法律原理分析案例,文字表述流畅;娴熟地使用“法言法语”,分析问题较深入;能有条理地理出事实的脉络,适用法律准确

(2)小论文评价阶段。该写作方式的开展应当从期中开始,在学生们逐步适应了 PBL 案例教学模式后,教师向学生介绍学术论文的写作要求和评价标准,包括论题如何选取、文献的引用和注释、法言法语的运用等。学生可以按自己的兴趣在章节项目的范围内选取研究题目,并在搜索和查找文献的基础上完成课题大纲。教师对该大纲提出指导和修改意见。确定选题后,学生需要查询和搜索大量文献资料,并对这些资料进行整理和筛选,结合自己的观点完成 1 篇 1500 字左右的学期论文。论文成绩在学期末的总评价中占 15% 。小论文的评价标准见表 2。

表 2　小论文评分标准

评分内容	60 分以下	60 ~ 75 分	76 ~ 89 分	90 ~ 100 分
主题	观点不明确或有严重政治性错误	观点较明确	观点明确	观点明确,选题具有现实意义和学术价值
内容	材料空泛或虚假;论证紊乱无逻辑性;结构不完整,层次不清;字数少于 1500 字	材料较为具体、充实;能运用所学知识阐述自己的观点;结构较为完整,层次较为清楚	内容充实;有一定的论理性;论证较为严谨,逻辑性较强;文章结构完整,层次清楚	论据充足;论述深刻,论证严谨;有一定的独创性,科学性较强;文章结构完整,层次清晰
表述	语言不通顺;文章体裁不符合规定	语言通顺,格式较规范	语言较流畅,格式规范	语言流畅,写作规范

(3)期末考试阶段。期末试卷的试题多采用案例题型,提高法学学生分析案例、解决问题的实践能力。同时,适当加入课堂小组团队曾经汇报的案例,考查和总结学生对课堂案例的接收和掌

握程度，也对考试方式改革的效果作以分析和评价。

5. 反思、总结和完善方案

教师结合研讨的情况进行评讲、总结，引导学生总结在解决问题的过程中体会、收获以及不足，根据 PPT 呈现的学习结果质量、汇报时的现场表现、团队合作程度等因素进行考核。最后，一定要进行完善 PBL 和案例教学的结合模式，继续建设，在环境法相关课程中推广。

（三）实施过程（见下图）

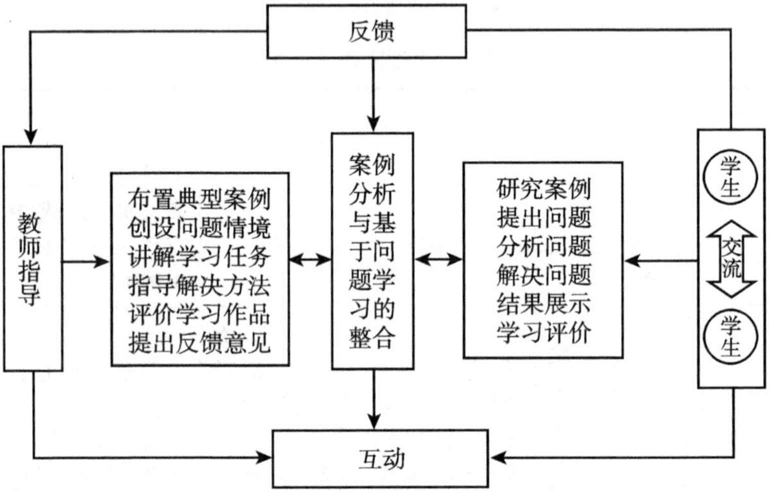

PBL 案例教学流程

三、PBL 与案例教学相结合在环境资源法课程运用中的体会

PBL 与案例教学实际上也是一种情景教学，能给学生创造思考的空间，利于理论和环境法实践的充分结合，能够培养学生分析、解决环境法实际问题的能力，变理论学习为应用学习，也是素质教育的具体体现。鲜活的案例消除了学生对环境资源法的陌生

感，有助于唤起和培养学生的团队学习意识，充分调动了学生学习的积极性、主动性，激发其探索潜能，使学生在教师的指导下积极思考、分析。

在已进行的 PBL 案例教学模式运用于环境法课程的过程中，授课教师也发现了一些存在的问题，通过总结在以后的环境法课程中不断探索教学模式改革并加以改进。例如，学生长期形成的被动接收理论知识灌入的习惯，这一习惯的改变需要持续的扭转，由被动变主动，由等待问题到主动发现问题。同时，学生考虑问题略显简单化、不够细致和全面化，法律思维的形成还需要长期不断的培养。在分组讨论的过程中，个别学生仍然存在不积极参与、怠于思考的情况，有待于教师进一步去调动其积极性，提高学生的参与度，认真对待考试成绩。

综上所述，通过环境法课程的教学方式不断改革，会逐步提高该课程的教学效果，提高学生的法学专业技能水平，以达到培养应用型人才为目标的法学教育目的。

适应实践教学需求的环境法案例教材编写初探
——以实案释法系列教材为例

竺　效[*]　梁晓敏[**]

一、法学实践教学的特点和必要性

实践教学是针对法学教育的实践技能培训需求而产生的一种教学方法。我国借鉴实践教学已经多年。2018 年我国改革了作为法律职业资格选拔考试的国家统一法律职业资格考试(以下简称法考)。改革之后的法考更强调以案例方式考察法学知识点和法律应用能力,这一改革方向进一步强化了法学教育实践教学的重要性。借助法考改革的东风,强化法学教育改革,是优化实践教学尤其是案例教学的良机。

(一)法学实践教学的特点

实践教学是以培养学生参与法律操作、解

---

* 中国人民大学法学院教授,博士研究生导师,法学博士。

** 中国人民大学法学院环境与资源保护法学博士研究生。

决实际案例及问题、配合理论教学以培养学生理论与实践相结合的职业技能的教学方式。实践教学的具体方法有多种，如诊所式教学、案例教学等。诊所式教学中也会运用具体案例，因此，案例教学是实践教学中最主要的类型之一。

实践教学是实现法学教育传授知识与培养实践技能双重目的之教学方式。作为一种具双重目的的教学方式，实践教学具有其独特性。

第一，实践教学要求教学方式的综合性。实践教学因“实践”二字而具有突出特点，但其本身也不排斥基本知识与方法的教授。[①] 在基本知识习得基础上，通过“实践”进行实际操作从而解决具体问题。实践教学以具体问题为导向，以训练学生解决问题的实践能力为最终目的。因此，相较传统的法学教育以教师对学生的单向讲解授课，实践教学要求教学方式具有综合性。

第二，实践教学要求知识传授与实践技能培养同步进行。实践教学是“知行合一”的教学方法。法律实践过程可以分为知识应用和技术应用两部分。[②] 正因如此，在课程设置中存在知识教学与实践教学区分先后顺序的“先后化”思维。[③] 这种思维直接导致在课程设置上出现重知识传授、轻实践技能锻炼或者实践教学流于形式的情况，导致学生实践技能缺失。虽然通过案例练习也可以实现知识传授和技能训练，[④]但割裂知识传授与实践技能培养的同步性是一种错误思维。而实践教学同时强调法律知识和法

① 参见蔡立东、刘晓林：《新时代法学实践教学的性质及其实现方式》，载《法制与社会发展》2018 年第 5 期。

② 参见胡玉鸿：《试论法学教材的编写目的》，载《华东政法学院学报》2004 年第 3 期。

③ 参见于志刚：《法治人才培养中实践教学模式的中国探索：“同步实践教学”》，载《中国政法大学学报》2017 年第 5 期。

④ 参见葛云松：《法学教育的理想》，载《中外法学》2014 年第 2 期。

律实践技能练习,主张通过区别传统教授模式的开放性教学内容和多样化的教学形式,促进学生对法律知识的体系建构。[①]

(二)法学实践教学的必要性

1. 法学实践教学满足法学教育实践性改革的必然要求

法学教育的基本定位是职业教育。[②] 法律职业教育培养的学生素养包括:法律思维、法律表达和法律事实探知能力。[③] 为实现法律职业培养目标,法学教育应当提供给学生基本的法学知识和法律观点,并培养学生的实际操作能力。[④] 只有同时具备理论知识和实践技能,学生才能养成"法律头脑",即"将法律概念、规则、原则等法学知识、方法与社会生活中的具体事件与行为对接,将经验的认知概括和抽象为法律事实,并以法律规范为基准对其判断、评价",[⑤]进而成为具备法律职业技能的人才。

法学教育包括知识教育和技能训练两个环节。[⑥] 但是,我国法学教育在较长一段时间里"受制于'重理论和文本,轻实践'的法治传统",[⑦]法学学科的实践性需求未能在法学教育中受到重视或者受制于一定因素而未能实现较为理想的发展。为解决这一问

---

① 参见李喆:《法学专业学生实践教学的困境与出路研究》,载《法学杂志》2014年第9期。

② 参见刘恒、任强:《国家司法考试与法学教育》,载《太平洋学报》2007年第6期。

③ 参见丁国锋:《论我国法学教育"一体两翼"培养模式的构建与完善》,载《河北法学》2018年第8期。

④ 参加王晨光:《法学教育的宗旨——兼论案例教学模式和实践性法律教学模式在法学教育中的地位、作用和关系》,载《法制与社会发展》2002年第6期。

⑤ 蔡立东、刘晓林:《新时代法学实践教学的性质及其实现方式》,载《法制与社会发展》2018年第5期。

⑥ 参见房文翠:《法学教育中的法学实践教学原则》,载《中国大学教学》2010年第6期。

⑦ 彭海青:《21世纪以来中德法学教育实践性导向改革的比较与相互启示》,载《法学教育研究》2018年第1期。

题，法学实践教学成为法学教育关注的重点。例如，2007年教育部《关于进一步深化本科教学改革，全面提升教学质量的若干意见》对本科生实践能力的培养提出了明确的要求。2017年《国家教育事业发展"十三五"规划》(国发〔2017〕4号)规定：加强法治教育实践基地建设，加强宪法教育，多种形式普及法律知识，开展法治实践教育，培养学生的法治意识和素养。同时，依据2011年教育部、中央政法委员会《关于实施卓越法律人才教育培养计划的若干意见》(教高〔2011〕10号)，国家也对法学实践教育提出了明确的目标，即通过强化法学实践教学环节，培养应用型、复合型法律职业人才。"实践型法律人才是指，除了具备基础的法学理论知识外，还应当具有较强的实际操作能力的法律实务型人才复合型法律人才。"[①]这也被称为中国法学教育的实践性改革。

卓越法学人才培养需要知识教学和实践教学形成协力，最终实现法律知识向法律人才智识之转变。[②] 因此，加强法学实践教学满足法学教育的需求。

2. 法学实践教学满足法律人才选拔考试的需求

2018年我国进行了法考(法律职业资格考试)改革。在此之前，"原国家司法考试"(以下简称司法考试)与法学教育之间一直存在较为紧张的关系。

司法考试是国家法律职业准入选拔性考试，以选拔法律人才为使命。但2002年之后，司法考试更多关注对法律和法律条文知识的考查，[③]导致司法考试与法学教育目的及方式之间存在一定

---

① 丁国锋：《论我国法学教育"一体两翼"培养模式的构建与完善》，载《河北法学》2018年第8期。

② 参见许健：《转识成智：本科法学知识教学和实践教学的困境与突破》，载《法学教育研究》2018年第2期。

③ 参见梁开银：《法律思维：法学教育与司法考试的契合点——论法学教育与司法考试的互动与改良》，载《法学评论》2011年第4期。

程度的脱节。“司法考试制度与法学教育缺乏有效衔接”,[①]以考试考查内容为指挥棒进而导致法学教育在一定程度上偏离应然轨道,产生仅重视知识教授而弱化实践教学或者实践教学流于形式。这进一步引起法学专业毕业生进入工作岗位后无法胜任司法实践工作的“连锁反应”。解决这一问题的关键在于“处理好课堂教学与司法考试的关系”。[②]

为了矫正考试形式对法学教学方式的负面作用,同时实现法学教育培养学生实践技能的目标,2015 年 12 月 20 日中共中央办公厅、国务院办公厅印发《关于完善统一法律职业资格制度的意见》(以下简称《法律职业资格意见》)。《法律职业资格意见》规定国家统一法律职业资格改革考试内容,“以案例分析、法律方法检验考生在法律适用和事实认定等方面的法治实践水平”。2015 年 12 月 8 日教育部办公厅关于转发《高等法学教育贯彻十八届四中全会精神的教学指导意见》重申了这一思想。

法考改革与法学教育改革相配合,必然要求法学课程的设置与法考对法学教育的需求接轨。[③] 法考改革修复法律职业资格选拔考试与法学教育之间的紧张关系,实现法学教育方式内容与法律职业资格选拔考试的同轨,也在一定程度上维护法学教育的独立性,[④]避免法学教学内容被考试内容“绑架”。但同时这也为新时期的法学教育实践教学提出了新的要求。

---

① 付子堂:《改革司法考试制度,推进国家治理法治化现代化》,载《法制与社会发展》2014 年第 5 期。

② 王利明:《关于法学教育教学改革的四点建议》,载《中国大学教学》2010 年第 11 期。

③ 参见肖萍:《从转型中的日本司法考试制度看我国司法考试制度的完善》,载《法学杂志》2010 年第 3 期;王辉:《法考背景下高校法学应用型人才培养路径探索》,载《嘉应学院学报》(哲学社会科学版)2018 年第 4 期。

④ 参见肖金明:《考问中国法学教育:问题与对策》,载《山东大学学报》(哲学社会科学版)2011 年第 6 期。

总结而言,实践教学强调传统教学中忽视的实践技能培养,并重新定义了法学教育中知识传授和实践技能培养之间的关系。实践教学是满足国家培养应用型、复合型法律人才目标,贯通法学教育目的与法律职业资格选拔考试的教学方法。

二、环境法案例教学教材的发展现状及应然要求

实践教学是培养学生实践理性的教学方法。[①] 这一点在环境法中更加明显,环境法具有实践导向性突出的鲜明特点,同时,其自身的学科交叉性也决定了环境法课程应具有理论性和实践性并重的特性。[②] 环境法是一个法学二级学科,但是环境法律实践难免涉及其他法学学科的理论和知识,很多问题的解决需要恰当、灵活运用跨二级法学学科理论和知识的综合应用技能,若单纯就各相关二级法学学科的理论、知识和法律规定进行教授和阐释,将远不能满足环境法律实践的要求。因此,相较于其他法学专业来看,以案例教学为核心构筑科学、合理的法学实践教学模式,其重要性愈加突出。但是,目前的环境法案例教材的发展现状与上述应然要求之间仍然存在一定差距。

(一)环境法案例教材的发展现状

传统的环境法教材或者环境法案例教材依据其特点可以分为以下几类:

第一类,依照传统的环境法教材体例为基础,将案例作为教材辅助内容插入教材相关部分的环境法案例教材。[③] 在这类教材

---

① 参见李麒、王继军:《实践教学与卓越法律人才培养》,载《中国高等教育》2012年第14期。

② 参见王灿发、于文轩:《论我国环境法学的课程设置与教材建设》,载《当代法学》2008年第6期;于文轩、王灿发:《我国环境法教学模式的反思与探索》,载《当代法学》2009年第2期。

③ 参见高桂林等:《环境法:原理与案例》,知识产权出版社2012年版。

中,案例只具有辅助作用。另外,这些教材中的案例来源多元,有些并非真实案例或基于真实案例的改编。这类教材是传统环境法案例教材的典型,对加强环境法教学的实践性作出了重要努力和贡献,但面对环境法实践教学和实践性人才培养的新需求,可能存在进一步完善的空间。

第二类,打破传统环境法教材的体系,依照行为方式设计教材章节的案例汇编式的环境法案例教材。[①] 这类案例教材仅对案例进行汇编,但环境法理论和法律知识组织的体系性和完整性有待加强。同时,由于这类教材以违法行为的方式作为案例教材编排的依据,与通行的环境法教学体系不完全匹配,不利于教学人员和读者进行选用和系统学习。笔者认为,如果以环境法知识教授与实践技能培养并行为我们环境实践教学的改革方向,则该类教材也存在完善的可能性。

第三类,主要基于真实案例,兼顾环境法知识点的环境法案例教材。[②] 这类教材已较为契合环境法实践教学的要求,突破了案例作为辅助的传统教材思路。但这类教材也存在一定的发展和完善空间,例如,环境法知识点可以更体系化,内容可以更大程度避免碎片化等。

第四类,特定领域的环境法案例教材。[③] 这类教材均以真实案例为主,或对案例文书进行摘编,或直接大篇幅使用案例文书原文。但是,相关章节内并无知识点的讲解,案例点评中也仅针对个别知识点。因此,以为读者提供系统的知识学习材料,避免割裂案例教学中知识传授与实践技能培养并举和同步为案例教材改革目

---

① 参见黄锡生等:《环境与资源保护法学典型案例解析》,重庆大学出版社 2010 年版。

② 参见史学瀛主编:《环境法案例教材》,南开大学出版社 2017 年版。

③ 参见廖怀俊、胡永平:《环境侵权纠纷案例与实务》,清华大学出版社 2018 年版;万霞:《国际环境法案例评析》,中国政法大学出版社 2011 年版。

标,则尚存在可以完善之处。

整体而言,不同环境法案例教材都注意到了案例在环境法教学中的作用,但尚不能完全满足我国法学实践教学改革的目标,以及"法考"改革后对环境法教学提出的新要求。教学模式决定教材的编写方式,但同时在很大程度上教材也决定了教学模式。[①]想要改变环境法案例教学现状,应当先探究适应当前环境法实践教学改革目标的案例教材的应然要求。

(二)环境法案例教材的应然要求

环境法学科的特点之一,是较高的实践性要求。而案例是法律实践教学的硬件,[②]做好环境法案例教材应当遵循实践教学的基本要求、追求法学教育的目标,并同时兼顾我国"法考"改革的新要求。

1. 环境法案例教材应当处理好知识传授与实践技能培养的关系

如前所述,传统的环境法案例教材或过于拘泥于传统环境法教材的体系,追求教材的体例完整,注重"对概念的诠释以及对知识的体系化建构",[③]导致案例成为教材中知识的"陪衬";或知识与实践的结合度不深、无法对接;[④]或以案例为主,直接展示司法判决文书或者文书摘编,导致案例教材最终成为"案例汇编"。这几种情况产生的共同原因为,案例教材编写没有正确处理好知识传授与实践技能培养之间的关系。

法学教材的编写应当符合法律职业教育的目标。从法律职业

---

① 参见何志鹏:《我国法学教育实践之反思》,载《当代法学》2010年第4期。

② 参见徐祥民、潘侠:《法律实践教学的硬件和软件建设》,载《中国成人教育》2016年第12期。

③ 张邦铺:《法学专业实践教学模式存在的问题及改进策略》,载《教育评论》2016年第7期。

④ 参见何志鹏:《我国法学教育实践之反思》,载《当代法学》2010年第4期。

角度,卓越法律人才应当具备的条件包括:扎实的法学学科基本知识和法律职业技能。[①] 因此,环境法案例教材的编写应当"把法律知识与法律操作过程结合起来,将法学理论与操作能力结合起来",[②]既可以在知识学习的基础上培养实践技能,又能通过实践过程来检验并巩固知识的学习。因此,环境法案例教材编写应妥当处理知识与技能的关系,转变观念,精选实践案例并通过案例来诠释和巩固已有知识,[③]将实践技能培养放在与知识传授同等重要的位置上,[④]实现知识与技能共融。[⑤]

将知识与实践放在同等重要的地位,并不意味着在环境法案例教材编写时两者不分主次。由于很多理论性较强的知识点在司法实践中没有案例可以支持,对于这种知识点,在环境法案例教材中可以不涉及或者较少涉及。简言之,在环境法案例教材中既不应过于追求教材内容体系的完整性而不舍弃没有案例支撑其诠释的知识点,也不应为了凸显案例的重要性而完全舍弃知识点的描述和讲解。

2. 环境法案例教材的案例选择应契合"法考"改革新要求

在较长一段时间内,司法考试的教材编写不受重视,甚至有一种倾向性的看法,认为司法考试教材编写应该由培训机构完成。[⑥]

---

① 参见李麒、王继军:《实践教学与卓越法律人才培养》,载《中国高等教育》2012年第14期。

② 白硕:《法治中国语境下的法学本科实践教学困境与突破》,载《法学教育研究》2017年第1期。

③ 参见陈伟:《论以职业能力提升为目标的法学案例教学改革》,载《法学教育研究》2017年第1期。

④ 参见陈建民:《从法学教育的目标审视诊所法律教育的地位和作用》,载《环球法律评论》2005年第3期。

⑤ 参见胡玉鸿:《试论法学教材的编写目的》,载《华东政法学院学报》2004年第3期。

⑥ 参见王利明:《关于法学教育教学改革的四点建议》,载《中国大学教学》2010年第11期。

这种做法实际上与法学教育的培养目标背道而驰。在法考改革的背景下,应当把握机会,实现环境法案例教材的革新。

首先,环境法案例教材的案例应当尽量选取真实的执法或司法案例,坚持典型性、知识性及难度适中原则。① 实践教学以培养学生实践应用能力为直接目的。② 因此,阅读真实案例材料能培养学生从复杂的案情中提取案件争议焦点的能力,提升学生的实践能力。

其次,环境法案例教材的编写团队可以加入执法或司法实践一线法律实务人员。从往年的司法考试真题中可以探知资格选拔考试真题的案情较复杂,法考改革要求加大案例考察,若在编写团队中加入一线人员,可以帮助案例教材抓住实践问题重点、难点。这不仅能增加案例教材的针对性,也能提升法学教育中实践技能培训的有效性。

以“法考”改革为背景,优化环境法案例教材编写,可以在学校课堂中实现实践技能培养,应对法律职业资格选拔考试。在更深的意义上,这实际上有利于促进环境法实践教学与法律职业资格选拔考试的“并轨”。

三、环境法“实案释法”案例教材的特点

教材建设与法学教育模式具有互动作用。“为了推动法学教育理论与实践相结合,中国人民大学法学院启动了‘法律职业通用案例教材’教改项目,尝试以教材建设为突破口,推动法学教育改革,以求满足法科学生以及法律实务工作者的学习和工作需

① 参见冷传莉:《中国法学教育语境下的案例教学法》,载《学位与研究生教育》2015 年第 4 期。

② 参见邹晓红、齐秀梅:《法学实践教学新探》,载《教育与职业》2012 年第 18 期。

求。”[①]这套案例教材以具有法律实践性的二级学科为主,在每个实践性较强的二级法学学科中根据实践情况,以在实践中频率高、难度大、意义重为选题中心和标准,将二级学科再按照领域细分为若干单册。

以前述思想为指导,环境法学学科规划“环境公益诉讼”“环境刑事”“环境侵权”“环境行政执法”“环境行政复议与行政诉讼”“环保公众参与”等姊妹篇,以共同构建“环境法实案释法”系列案例教材。这套教材力求读者面向广泛,不仅适用于法学本科生、法律硕士、法律职业资格考试考生,而且也包括生态、资源、环境保护相关行政部门、和公检法、律师行业以及和环保组织的法律实务工作者。

这套案例教材旨在通过“理论讲解—案例(事例)展示—案例(事例)点评”的模式,加深读者对理论知识的学习,实现读者在法律实践活动中运用知识和实践技能的同步提升。基于案例教学的基本思路和方法,这套教材在章下(或节下)以具体的知识点为最小编写“单元”,每个知识点下均设“知识点解析”“典型案例(典型事例)”和“案例点评(事例点评)”三部分。[②] 以下简要介绍之。

1.“知识点解析”主要阐述具体的知识点,包括系统地阐释所涉及的环境与资源保护法理论知识、现行法律或者司法解释、政策文件等规定。个别知识点包括相关内容的历史或者域外经验、理论争议或者实务运用争议。对于部分存在一定争议的知识点,尽可能进行学理上的分析,并尽量采用理论或实务界的通说或一般观点,为读者提供清晰的指引。选取知识点不以体系完整性为首要依据,将没有案例的知识点剔除。以案例支撑知识点,保证教材

---

① 王轶:《法学教育必须重申理论与实践相结合》,载竺效主编:《环境公益诉讼实案释法》,中国人民大学出版社2018年版,第2页。

② 参见竺效主编:《环境公益诉讼实案释法》,中国人民大学出版社2018年版,第4~6页。

知识框架的逻辑顺畅。

2.“典型案例(典型事例)”主要通过介绍知识点所涉及的相关司法实务案例或事例展现知识点在司法实务中的运用。案例教材中所选典型案例或典型事例主要来自于案例库检索、两高公布的典型案例、社会组织或执法部门提供的相关案例以及新闻报道,均为真实案例、典型案例、疑难案例,努力追求能准确、清晰、全面地诠释和展现其所对应的知识点中的法理和法律问题。案例的选取侧重于以能够解读知识点为准,不同知识点项下列举的典型案例或者典型事例数量不等,以能准确阐述知识点为目的。案例教材中涵盖的知识点较多,因此,教材中涉及的典型案例或者典型事例的数量较多,受教材篇幅所限,编者以最少的主观改写为编写原则,尝试对知识点下的典型案例或者典型事例进行删减。但为方便读者学习,每个案例名称处均保留了司法案例的裁判文书号或者资料来源,方便读者查阅原始资料和文书。

3.“案例点评(事例点评)”主要对案例(事例)中的知识点进行再次阐释,与知识点前后呼应,强调和重申重点理论,并对正确适用的情况进行阐述,对于错误适用的情况进行澄清,探讨通过法律解释学和法理的运用尽可能解决法律冲突、法律漏洞问题。希望这一环节能加深读者对知识点的理解,提高读者对知识点的灵活运用能力。基于司法实践情况的多样性,案例点评(事例点评)部分视情况分别采用“一案一评”或者“多案一评”两种方式。“一案一评”是指某一案件的相关内容可以说明某一知识点,故在该典型案例(典型事例)之后直接进行点评。“多案一评”是指某几个案例的相同内容或者相似内容可以说明或者可以对比说明某一知识点,这是因为对某一规范的不同理解导致了在实践中适用不统一,因而在同一知识点下呈现。

环境法“实案释法”案例教材的立意与特点决定该教材的章节安排和各章节知识点的选取,必须以实际案例已经发生或已经呈现作为选取与否的决定因素。由于真实的执法和司法案例的复杂性，存在一个案例同时体现多个知识点的情况。因此，个别案例可以在不同知识点下多次出现，但对于案例内容的选取和点评应予以区别。

环境法“实案释法”案例教材以适应不同类型的读者群体需求为目标，实现法考与法学教育“并轨”，在教授知识的基础上培养学生的实践能力。因此，环境法“实案释法”案例教材力争成为不同于传统环境法案例教材的新型案例教材，以实现法律职业资格考试应考培训环节向学历教育环节的前置和分解，是一种真实案例围绕环境法知识点展开“片段式”的案例技能教学和相关知识点强化的融合，是作为实践教学人才培养最终目标的案例综合实战技能所必须具备和前置训练的技能分解式的实践教学。这种阶段性的技能分解教学应由法学院校的学历教学环节来完成。

四、环境法“实案释法”案例教材编写的困难与展望

环境法“实案释法”案例教材以法考改革和法学教育改革为契机，尝试突破传统环境法案例教材的编写模式，力求具有一些创新和实用。以《环境公益诉讼实案释法》一书为例，该书较好地展现了当前环境公益诉讼司法实践中所反映的重点和难点问题，是一本较为实用的案例教材。但受制于编写条件，《环境公益诉讼实案释法》的编写也遇到并存在一定的问题。由于环境法“实案释法”案例教材还有后续的编写工作，因此，本文在此也尝试提出一点如何完善的思考。

（一）环境法“实案释法”案例教材编写现存的问题

《环境公益诉讼实案释法》一书已经编写完成。选择该书作为系列教材的第一本，主要是考虑环境公益诉讼司法实践正在如火如荼地开展，环境保护公益组织、检察机关等主体积极提起各类公益诉讼，地方政府也开始进行生态（环境）损害赔偿磋商和诉

讼,在实践中出现了大量的司法案例。已开展的司法实践几乎全面涉及我国已有法律和司法解释中的具体规范的解释和运用,但也提出了如何用法律解释学修补漏洞、发展规则甚至引导未来立法的许多值得探讨的课题。但是,这本案例教材编写过程也凸显了如下问题:

第一,编写人员以青年教师、博士后和博士生为主,一线司法或者执法人员的参与度较小。虽然编者通过大量阅读案例文书,寻找司法实践中较常见或者较疑难的知识点,但这些不能完全、及时反映司法实践一线的全貌。

第二,个别类型的案例文书不好找,受制于此,案例教材的体例安排稍有侧重。《环境公益诉讼实案释法》一书的篇幅侧重于环境民事公益诉讼;环境行政公益诉讼和"生态环境损害赔偿""海洋自然资源损害赔偿"等环境公益诉讼相关司法实践的篇幅较短。这主要是因为在案例教材编写过程中以案例实际发生为选取标准,从公开渠道能获取的上述后三大类案例材料极其有限,囿于"巧妇难为无米之炊"的困境,只能较浅层地探讨某个知识点或者放弃相关知识点。

第三,片段式案例文书选取与全过程文书学习的矛盾较难平衡。受制于案例教材篇幅的限制,以将案例实践技能分解培训前置到法学学历教学的常规授课为目标,案例文书均依照知识点的需求进行了一定程度的剪裁。这就产生了提供片段式案例文书与文书全文学习之间的矛盾。

(二)环境法"实案释法"系列案例教材编写的完善思考

笔者建议,以上问题在环境法"实案释法"系列其他案例教材编写过程中可以从以下几个方面着手解决:

第一,吸引具有教学和实务经验的复合型人才参与到案例教材的编写过程中。一方面,提出实践中存在的相关问题供教学教研人员进行研究,促进教学研究和实务工作的有效互动;另一方面，也可以最大限度地满足不同群体的读者对案例教材的需求。

第二，通过一定方式设置相关机构和社会组织与案例编写小组的长效合作机制，使案例编写者掌握较全面、完整的案例素材供教材编订。在丰富案例的基础上，尽可能细化知识点。

第三，可以通过与其他机构的合作，将案例教材中的案例文书以完整的方式出版，供读者学习。例如，《环境公益诉讼实案释法》出版后，受到中华环保基金会的资助，携团队在该书所选案例基础上精选部分案例，拓展案情介绍的篇幅，以更完整地呈现各典型案例，并计划以《环境公益诉讼案例精编》出版之，两本案例书配合使用，也许能“功效”互补。

环境法治背景下新型环境法律诊所模式的实践探索

陈　悦*

党的十八大报告将建设社会主义法治国家作为治国理政的总体方略，把中国特色社会主义事业总体布局，由经济建设、政治建设、文化建设、社会建设“四位一体”拓展为包括生态文明建设的“五位一体”。建设生态文明是中华民族永续发展的千年大计，要实现生态文明建设目标，正如党的十九大报告所指出的，必须实行最严格的制度，最严密的法治。①

随着我国生态文明建设的深入，我国环境立法的逐渐完善，中央和全国各地都加大对涉及环境资源类违法行为的查处，公众的环境意识逐渐提高，广大人民群众对美好环境生活的需求不断提升，环境维权事件逐步增多。这一切对我国的环境法治能力提出了更高要求，环境执法司法体制不断改革，并逐步实现环境资源

---

* 西南林业大学文法学院，法律系主任，副教授。

① 吕忠梅：《习近平新时代中国特色社会主义生态法治思想研究》，载《汉江论坛》2018 年第 1 期。

审判专门化、环境执法机构独立化，法院、检察院、行政机关、法律实务部门迫切需要充实环境法务人才，同时也对高校的法律人才培养提出了新的要求。未来的法律人才不仅要掌握扎实的法律理论，还应具备可持续发展理念和生态价值观，深刻认识人与自然的生命共同体关系，自觉地运用法治思维、法律手段维护生态环境。

我国的法学高等教育，越来越重视法律的实践能力培养，法律诊所式教育被更多高校采用。国内最早开展法律诊所教学的高校，如北京大学、中国政法大学、清华大学、四川大学等，他们的实践证明，法律诊所教育对学生法律素养的培养、执业伦理的塑造，远远超过案例教学、模拟法庭等传统实践课程。中国政法大学最早开设了环境法律诊所和公益服务平台——污染受害者法律帮助中心（Center for Legal Assistance to Pollution Victims，CLAPV），为社会培养了一大批环境法律人才，为污染受害者寻求法律救济提供帮助，保障他们的合法权益。环境法律诊所作为法学实践教育的重要方式，同时也是高校连接和服务社会的重要窗口。CLAPV还积极推动我国的环境公益诉讼实践，帮助一大批环保组织提高法律政策倡导能力。2015 年新《环境保护法》修订，允许符合条件的环境保护组织提起环境公益诉讼，为公益组织参与环境保护提供了法律依据。CLAPV 的这一模式也得到了国内外法学院校的肯定。

一、西南林业大学环境法律诊所的设立背景

2008 年云南省九大高原湖泊之一——阳宗海爆发了砷污染事件，将云南省推到了舆论风口。为了加强生态环境保护，昆明市中级人民法院成立环境保护审判庭，与市检察院共同制定了《关于办理环境民事公益诉讼案件若干问题的意见（试行）》，与市环保局推动市政府出台了《昆明市环境公益诉讼救济资金管理暂行办法》，在当时尚无法律、法规规定的情况下，对环境民事公益诉讼制

度构建、程序设置、诉讼利益归属、环境公共利益保护等作出了积极探索和实践。截至2012年,云南已有3家中级人民法院和6家基层法院成立了环境保护法庭,是全国成立数量最多的省份。但令人尴尬的是,云南全省环保法庭的环境类案件数量较少,环境公益诉讼案件更是屈指可数。[①] 究其原因,有几个方面因素:由于环境污染、生态破坏存在隐蔽性,其对人体危害、环境影响有一定潜伏期,要证明污染行为与后果之间的因果关系需要专业技术支撑,而公众和环保组织普遍缺乏专业知识和资金,难以独立完成调查和举证;此外,地方保护主义也是阻碍当地环保组织提起环境公益诉讼案件的重要因素。因此,如何为当地社区、污染受害者提供专业法律帮助,通过司法途径解决环境纠纷,成为当务之急。正是基于这样的设想,2012年西南林业大学法律系教师与美国佛蒙特法学院(Vermont Law School,VLS)开始探讨,如何结合两校的学科优势,合作开展环境法律诊所教育。多年来VLS的环境法专业位列全美高校第一,其环境与自然资源法律诊所取得了很好的社会效应。西南林业大学在林学、生态学、生物多样性保护、湿地保护等领域具有突出优势,西南林业大学法律系历来重视环境法律实践作用,多位教师多年从事环境法教学与实践,与云南省生物多样性与传统知识研究会——云南省最早成立的环境保护民间智库之一,开展西南少数民族地区生态环境法律研究和法律实践,通过实地调查,积累了许多第一手资料。因此,两校确定合作开展环境法教学实践,将环境法律诊所应用于法律实践教学中,有效整合双方的学科资源,一方面为学生提供了法律实践的机会;另一方面为法院提供环境类案件,推动当地环境法治发展。法律诊所的名称确

---

① 参见黄涛、张文凌:《环保法庭如何走出"无米下锅"困境》,载中青在线:http://zqb.cyol.com/html/2012-06/05/nw.D110000zgqnb_20120605_2-03.htm,最后访问日期:2019年2月6日。

定为“环境与生物多样性法律诊所”(Environment and Biodiversity Law Clinic)(以下简称环境法律诊所)。

二、环境法律诊所的目标与服务领域

(一)环境法律诊所的目标

为了践行服务社会、推动环境法治的愿景和宗旨,西南林业大学环境法律诊所的目标为:环境法律人才培养、环境法律服务、与司法执法部门互动、立法政策倡导。

1. 环境法律人才培养

与传统的法律诊所一样,环境法律诊所首要目标是培养环境法律人才。许多法学本科院校对环境法课程不太重视,将其设为选修课。由于环境法数量众多,专业性强,因此,许多法学院学生对环境法知之甚少,无法满足社会对环境法律人才的需求。法律诊所在课程设置上加强学生的环境法基础理论学习和环境法律技能培养,为毕业生将来从事环境执法、司法和环境律师工作奠定基础。

2. 环境法律服务

环境法律诊所专门为环境污染受害的企业和个人提供法律帮助,与环保组织共同开展环境调查,支持环境公益诉讼。通过为弱势群体和大自然发声的公益性法律服务,培养学生的法律职业伦理和环境公益理念,树立公平、正义的法律价值观。

3. 与司法执法部门互动

司法、执法是实现环境法治的重要途径。如前所述,云南的环境司法案件数量很少有各方面原因。法律诊所搭建一个多个利益相关法参与平台,促进各方的对话与交流,研讨最新的环境前沿问题,推动环境执法、司法发展。

4. 法律政策倡导

基于大量实地调查和具体案件办理,环境法律诊所对国家环境法律法规和地方性法规存在的问题有了更深入的理解。通过接受立法委托、参与立法听证、提交法律建议等方式,推动环境法律政策的完善。

(二)环境法律诊所服务领域

经环境法律诊所指导教师和专家团队的讨论,结合西南地区的环境及资源现状,最终确定将水环境保护、生物多样性保护及工业污染防治确定为法律诊所的重点关注领域。

1. 水环境保护

云南省是长江、珠江、澜沧江等六大水系的上游或源头,天然湖泊众多,但由于大面积的围湖造田、兴建水库等开发行为,使湖泊面积极大缩水,湖泊数目锐减。据统计,从20世纪50年代到70年代,面积1000平方米以上的天然湖泊就消失了20多个。[①] 近10年来,云南省水污染事件频发,包括让举国震惊的阳宗海砷污染事件、陆良铬污染事件、东川小江“牛奶河”事件。因此,水环境保护对云南省的经济社会发展至关重要。为了保持对水环境问题的持续关注,法律诊所选择了目前水质较好、距离学校较近的澄江县抚仙湖作为长期实践的地点,指导老师带领学生定期开展实地调查和走访,发现违法行为进行法律监督。

2. 生物多样性保护

由于云南省境内高低起伏、纵横交错的地质地貌、多样的气候,孕育了云南丰富的生物多样性,云南省分布的野生保护动物、植物种类占全国总数一半以上,是我国重要的生物多样性宝库和西南生态安全屏障。随着旅游开发、单一经济林木种植、矿藏开采、水电开发等导致当地生物多样性急剧下降,云南省也是全球34个物种最丰富且受到威胁最大的生物多样性热点地区之一。法律诊所联合校内外有关专家、机构共同开展相关的调查和研究,

① 参见杨岚、李恒主编:《云南湿地》,中国林业出版社2010年版,第22页。

探索保护与发展之间的有效协调机制。

3. 工业污染防治

云南省作为矿产资源大省，由于缺乏事先规划，周边居民与工厂矿区距离过近，开矿、冶炼中产生的污染严重影响周边居民，破坏生态环境。法律诊所的师生定期走访工业园区和厂矿进行工业污染调查，为工业园区环境整治提供建议，监督污染企业的整改，维护社区的环境权益。

三、环境法律诊所的人才培养模式及成效

环境法律诊所最开始以项目制运行，法律诊所课程还未进入学校法学本科专业培养方案，学生以志愿者身份参与学习。与传统教学方式不同，法律诊所在课程设计上更注重法律实践能力培养，基本法律理论讲授与法律实践各占 50%，法律实践必须由学员亲自参与每一板块的活动，包括污染调查、环境信息收集、污染监督与行政执法监督、环境影响评价公众参与、环境法律律师实务、环境诉讼等内容。环境法律诊所教师专门为学生编写学习材料，项目结束后对培训材料总结形成正式教材予以出版。这也是国内第一部专门的环境法律诊所教材，还可以作为律师事务所、环保组织开展环境法律事务的指导。参加法律诊所同学对这样的学习方式非常感兴趣，对法律实践机会参与度高，这也是他们在没有学分的情况下仍然愿意参加学习的重要原因。通过在真实案件中学习，提升了学生的法律综合应用能力。

1. 培养多学科背景的环境法律人才

法律诊所招生每年 3 月开始招生。4 月对报名人员进行考察，正式学习从 5 月开始，从 5 月至第二年 3 月。主要面向法学专业本科生或研究生，为鼓励多学科的交流与融合，每期将接收少数环境工程、林学、生态学等相关专业背景的学生参加。被考察的对象要求具备基本的法律思维和法律分析方法，热心环境公益活动，

有强烈的社会责任感和公益心，有团队合作精神。

2. 基础理论+法律实务的学习方式

（1）学习方式：包括课堂培训+法律实践，其中课堂培训占50%，法律实践占50%。

课堂培训：将培训内容划分为若干专题，由专门的老师组织学习。通过专题培训，掌握我国的基本环境法律制度及具体实务操作技巧。

法律实践：完成文书写作、实地调查、信息收集、对外联络、法律咨询、法制宣传等辅助性的工作。每位同学应参加不少于5次的法律实践活动。

学习以指导教师为主导，学员在指导下参与，指导教师应尽量调动学员的积极性和主动性，激发对环境保护的社会责任感和以行动推动环境改善的自豪感。

（2）学习内容：

学习总学时：60学时（包括课堂培训与法律实践）。

课堂培训分为两个板块：基本法律实务和特色法律专题；涵盖基本环境法律制度、基本法律实务技能（接待、会见、咨询、调查、和解、调解、诉讼等）、特色法律专题（水保护法律制度、森林保护法律制度、生物多样性保护法律制度、劳动者环境权益保障法律制度）。

3. 多学科专家参与的专业指导教师

为了给学生提供专业性指导，法律诊所的指导教师专业和社会背景多样化、综合化，包括专职教师和兼职导师。专职教师为本校教师和VLS环境法教授，专业背景以法学为主，兼顾环境科学、生态学等相关学科。VLS每年派教授为法律诊所学员进行1～2次授课，讲授美国的公民诉讼制度、水污染防治法、超级基金法等课程。兼职导师来自于律师事务所、环保法院、执法部门和社会组织，多年从事环境法律实务工作，具有丰富的实务经验。

4. 考核与评价反馈

由于没有学分成绩，对同学的考核基于指导老师的评价和日常综合表现，考核学生的专业能力、综合能力和参与程度。其中，参与实践活动是评价学习效果的一项重要指标。为了增加实践机会，法律诊所的实践内容不仅要围绕着环境案件代理开展，而要从前期的案件发现、案件推进到案件代理全过程中的法律实践活动，包括环境污染调查、环评报告公众参与、政府信息公开申请、污染举报与执法监督、环境信息检索与收集、撰写法律文书、当事人接待与记录、模拟法庭、潜在案件选案分析等操作性强、涉及面广的内容，保证每1期、每1位同学都有实践的机会。报名参加的同学均对法律诊所的实践教学内容非常感兴趣，通过亲身法律实践，也使同学产生强烈的责任感。

(1) 对中国的环境执法、司法现状、环境保护存在的问题有了直接和切身的体会。许多同学在最后的学习总结时都有很多感慨，通过亲身体验政府信息公开申请、环境执法监督等，才发现我国的法律规定与现实的执法、司法有很大差距，一个简单的政府信息公开往往要进过多次的电话沟通、现场要求，甚至行政复议才能实现。环境案件的选择、立案也是一个复杂的过程，需要考虑当事人主体资格、法院态度、诉讼成本、证据收集、政治风险、败诉等多方面的因素，这样的练习也帮助同学们对环境问题的复杂性、环境公益诉讼的公益性等有了更深入的了解和认识。

(2) 提高领导和组织协调能力、培养职业精神

法律诊所安排同学以小组为单位，在小组长的带领下负责某一具体案件的资料整理、现场调查、当事人联系、政府部门沟通等工作，小组长与组员在这一过程中培养了组织、领导与协调能力。从进入法律诊所开始，法律诊所就开展了法律职业伦理教育，教导学生无论在法律诊所工作还是将来在环保机构、律所工作，一定要遵守职业道德，保守当事人秘密，保障当事人利益。

(3)树立环境正义理念,培养环境公益价值观

VLS 的杰克教授每年为法律诊所学员进行 1 ~2 次授课,为同学们开拓了视野,从国际视野了解环境保护的历史进程。通过对国内外典型环境案件的学习,并多次现场走访污染现场,同学们都感慨污染其实离我们很近。在东溪哨工业园区走访时,很多同学为生活在这样环境里的村民感到痛心。正是有了这样现场感受后,同学们积极帮助村民撰写举报材料,并持续不断地给环保部门举报,进过 1 年多的坚持,最后以坚持打动了环保部门,得到市环保局局长的重视,督促基层环保部门进行执法、企业整改。

四、环境法律诊所的法律实践

除了上述的课程教学外,法律诊所与司法执法部门、环保组织共同开展了多次法律实践活动,从实地调查、案件代理到法律政策研究、学术交流,为学员提供多方面实践机会。

(一)建立法律诊所 + 环保机构的合作模式,合作推动环境公益诉讼

一方面,为了使法律实践活动长期可持续,法律诊所一直与国内和云南本土环保机构保持密切联系,带领学生定期参与他们的环境保护活动、认识环境。例如,学员参加绿色昆明组织的“滇池关爱日”入湖河道调查,参与建设项目公众参与调查问卷发放;参加昆明市环保联合会组织的滇池污水处理厂考察、滇池志愿者活动;云南连心社区服务中心指导同学如何开展社区宣传和社区服务,提高同学的实际工作能力。

另一方面,与社会组织的合作,为法律诊所提供了案件来源。当环保机构遇到法律技术问题,也会将问题反馈到法律诊所。云南连心社区因直接面对农民工,经常接到劳动用工方面的求助,他们就会将接待的因环境导致工伤的当事人推荐到法律诊所,法律诊所同学在指导老师的指导下提供法律咨询和法律援助,帮助当

事人争取权益。2015 年我国新《环境保护法》确立了环境公益诉讼制度,为环保组织通过法律手段参与环境保护提供了法律依据。法律诊所与环保组织共同合作推动了多起环境公益诉讼,如寻甸先锋化工大气污染、仙湖锦绣房地产破坏湿地生态、北海湿地生态破坏、绿孔雀栖息地破坏等案件。法律诊所学员负责收集诉讼证据、撰写诉讼材料、现场调查、与司法部门联络等工作,这些工作为学员提供了更多参与真实案例的机会。

(二)与环境执法、司法紧密互动

为了推动云南的湿地生态保护、环境司法方面的学术研究,法律诊所与云南省湿地保护协会、中国政法大学污染受害者法律帮助中心、云南省生态法学研究会分别于 2014 年、2016 年共同举办了"湿地生态系统管理研讨会""环境公益诉讼工作坊""生态文明建设与环境司法保障研讨会"等。2015 年与大理白族自治州环保局合作,邀请国家环保局专家、环境法著名学者为环保一线工作者培训和解读新《环境保护法》。法律诊所作为高校的法律实践平台,能发挥连接理论界与实务界的作用,整合社会各界力量,搭建一个多方参与、对话的对话平台,推动环境法治发展。

(三)密切关注环境立法动态,开展环境法律政策倡导

环境法律诊所一直关注国家及地方最新立法动向。2012 年以来,与省内外环保机构共同举办小型研讨会,就法律、规范、规章展开研讨,将立法建议提交有关部门。其间提交了包括《行政诉讼法》《环境保护法》《最高人民法院关于审理环境公益诉讼的若干意见》《湿地保护管理规定》《土壤污染防治法》《抚仙湖保护条例》《昆明市关于建设项目环境影响评价公众参与编制技术指南》等法律法规、司法解释的意见和建议,得到了相关部门的重视和积极反馈,部分意见被写入了之后正式通过的法律文本中。

经过 5 年的项目探索,2017 年 9 月西南林业大学的法律诊所课程正式进入新的法学本科教学方案,开设了法律诊所选修课程

(2个学分)和法律诊所综合实训课程(4个学分),建立了法律援助中心+法律诊所的法律实践模式,使前期的探索转化为正式的课程。依托学院成立的云南省生态法研究中心将作为对外合作交流平台,继续承担法律政策倡导的职能,与法律诊所共同发挥推动地方法治发展和生态文明建设的重要作用。

简谈诊所式法学教育在环境法教学中的应用

李亚红*

一、环境法教育教学现状述评

环境法学是一门新兴学科,这种“新”,一方面体现为它在国内只有几十年历史,另一方面体现为环境法所包含的新思想、新体系和新制度。环境法学科的新特点无疑对环境法教学模式提出了更高的要求,但目前就环境法学教育培养现状而言,还存在许多问题与不足。

(一)教学体例过多偏向理论

环境法是一门新兴的法律,环境法学则是我国近年来发展最快的一个法律分支学科。目前,我国环境法学研究空前繁荣,成就纷呈,环境法学教育与学科建设已基本完善,为环境法学整体水平的提高和人才培养提供了广泛的基础。但综观各类环境法学教材,环境法学体系结构框架大致都被划分为总论和分论两大部分。总论以环境基本法为基础,着重论述环境

---

* 河南科技大学法学院副教授。

法的基础原理、基本原则和主要制度,分论则采纳污染防治法和生态保护法的二元结构主张。总论理论性较强,内容较丰富,一般讲授重点主要围绕总论。而分论内容繁杂理论性较弱,且法律条文较为枯燥,技术性术语和数据较多,较难把握讲授的尺度和方法,往往被忽视或一带而过。分论主要由大量的环境单行法构成。环境单行法是针对某种环境要素(大气、水、海洋等)、污染物(固体废物、农药、噪声等)、资源(森林、草原、土地等)或特定的环境行政管理制度进行的立法,在其调整的特定问题方面比基本法更详细具体、实践性更强,是行政机关进行环境管理、公民借以维护环境权益的最主要依据,在环境法的实施过程中发挥着中流砥柱的作用。分论内容虽是枯燥,但却是环境纠纷处理的直接依据,其作用和地位不容忽视。讲授重点过多围绕总论,忽视从实践角度对具体问题作深入探索,是目前环境法教学中存在的一个明显缺陷。

(二)教学模式陈旧,教学内容脱离实践

环境法教学在很大程度上还是沿袭传统模式,教学手段单一、陈旧,主要方法还局限于理论的阐释。以理论知识传授为目标,教师和学生的沟通交流局限于课堂和教材,不利于学生理论和实践水平的提高。学生的知识首先来源于教材,从某种意义上讲,教材是构筑学生知识大厦的基石,没有理由不重视它,但仅仅重视它又是远远不够的。"教材是静止的,而知识更新是与时俱进的。"法律是一门实践的科学,法律教育的核心不应仅针对理论,不应只是对具体法律制度或措施进行阐释。[①] 从环境法学沿革和发展来看,它是人类在运用传统方法和手段仍不能遏制环境污染和生态破坏而大量进行环境立法的背景下,从传统部门法学中分离、发展起来的一门法学学科。它的产生和发展,无不鲜明地体现出实践

① 参见金瑞林、汪劲:《20世纪环境法学研究评述》,北京大学出版社2003年版,第19~20页。

推动的特色。环境法教学亦应充分重视这一实践导向特征。环境教育在传授一系列有关环境法律基本知识的同时,还要帮助受教育者获得科学分析环境法律问题并提出解决问题方案的技能。学生在学会科学分析环境法律问题的技能后,便会自然产生如何解决问题的思考,将头脑中零散的知识或设想转变为连贯而实际的方案或行动,学生的主体意识和主动性才能得以最大限度的发挥。

(三)学生学习兴趣不足,主动性不强

环境法学是以法学为依托,以环境科学为背景的交叉学科,具有浓厚的科学技术性,其在发展过程中吸收了许多生态学、工程学和科学技术知识,在环境法的规定中有诸多的环境标准、技术规范、操作规程、工艺设备要求等内容。这些内容在环境法中都是必不可少的,但也易使普通公众产生陌生感。加之,长期以来,由于受经济条件和生活水平的限制,公众的环境意识难以形成,环境法在一定程度上还是和普通公众距离较远。环境法学的这种边缘性交叉性的特点,使学生很难从封闭单向的课堂讲授中培养学习兴趣。

二、诊所式法学教育的特点及在法学教育中的适用价值

诊所式法学教育源自20世纪60年代的美国法律实践性课程模式,是仿效医学院利用诊所培养实习医生的形式。通过在法学院设立法律诊所,在诊所教师的指导监督下,使学生参与并处理案件和诉讼,诊断其中所涉及的法律问题并提出解决对策,从而深化学生对法学理论知识的理解和应用,培养学生从事法律工作必备的法律职业道德意识和职业技能,缩小法学知识教育与职业技能的差距。

长期以来,我国实施的法学教育主要是一种传承性教育模式,以课堂为中心,以教师为主导,教育内容侧重于教师的系统讲授及抽象的概念和原理,并不重视引导学生们批判地思索法律问题以及对法律的起源、目标、用途等方面问题进行理论探讨,忽略了培养学生应用法律的能力,学生的实践经验和法律逻辑思维能力未

能得到足够关注。这种以理论教学为主的传统教学方法使学生处于学习客体而非主体地位,学生的主观能动性难以得到发挥,难以达到培养“厚基础、强能力、高素质”的富有创业和创新精神的复合型人才之目的。法学教育不仅专注于高深抽象的法学理论,同时,应更多地关注法律规则在实践中的作用及应用。诊所式法学教育以培养学生法律技巧及法律思维能力与实践能力为宗旨,以学生为中心、为主体,通过学生角色扮演和实际案件代理,锻炼学生独立从事司法实务,切身体会社会现实及法律实践。这样,法学教育的基本构成要素,即人文素质、法律专业知识、法律实务技能才能达到有效的统一。

三、诊所式法学教育在环境法教学中推行的可行性及实施

(一)诊所式法学教育引入环境法教学之可行性分析

环境法作为独立的法律部门有着自己的特点,它的公益性和综合性决定了环境法诊所式教育的可行性。

1. 环境法的公益性

环境问题是全社会乃至全人类共同面临的问题,它与每 1 个公民的健康、生活和工作都密切相关,环境法采取了一种为全社会和全人类谋福利的态度。马克思主义法学一般认为,法是阶级斗争的产物,因此,阶级性是法的基本特性。但环境法有所不同,它不是在人类社会阶级矛盾激化情况下产生的,而是在人与环境的矛盾激化的情况下产生,它要解决的是使全社会和全人类共同遭到困扰的环境问题。环境污染和环境破坏的受害者具有普遍性,不是个别人或个别阶层,在环境问题产生的区域内,任何人都是受害者。因此,环境法被认为是公益性的法,代表了全体社会成员的共同利益,环境问题的解决需要社会公众的共同参与。环境法实施诊所式法律教学回应了环境法的公益性。环境侵权纠纷中受害者往往处于弱势地位,难以和经济实力雄厚的企业或企业集团抗

衡，而环境法律诊所可以通过提供法律援助、环境法律咨询等各种法律服务，帮助公民的环境权益不受侵犯。

2. 环境法的综合性

环境法体系中除包括专门的环境法律规范外，还包括宪法、民法、刑法、行政法、经济法、诉讼法等法律部门中关于环境的规定，这些规定中采取的法律措施有经济、技术、行政、教育等多种类型。环境法律问题的综合性、复杂性明显，学科相互渗透，不仅要求学生掌握环境法，还要精通其他部门法，要有相关自然科学和社会科学知识背景作支撑。这种学科交叉的特点使环境问题体现出更多的应用性、技术性特点，单一的学科背景及封闭的课堂讲授方式难以应对环境法教学要求。而诊所式教学方法是一种开放的模式，诊所课程的教学材料除了书本外更多的是来自学生们正在承办的真实案件。学生在处理案件的实际操作中，必然要接触相关的知识背景，博览群书，从而更能激发学生的求知欲望，拓展其学习思维及知识容量。

（二）环境法诊所式教学模式的实施

1. 教学方式要注重变化和创新

在课堂教学方面，要突出和学生的互动，即教和学的双向沟通、交流、探讨，使师生双方在彼此平等、倾听、接纳、坦诚的基础上，通过理性说服甚至辩论，达到不同观点碰撞交融，激发教学双方的主动性，拓展创造性思维，使教与学转变为共享知识、共享经验的过程。丰富教学手段，将诊所教育融入课堂教授中，如增设课堂讨论课，收集有关某一主题的代表性案例。课前由学生根据教师布置认真准备，熟悉案例，掌握案件事实和判例根据等，通过自己独立思考作好发言摘要。上课时，由教师作简单启发性发言后即引导学生展开讨论，以探讨、分析、评价有关案例。通过案例分析、角色扮演等，将互动式、模拟式、讨论式等多种教学手段相融合。注重环境法学的交叉性、边缘性特点，除教材外适度增加其他学科相关资料,如环境科学、环境伦理学、环境经济学等方面内容,邀请相关学科教师配合共同进行某一专题教学。

在实践教学方面,规范和解决诊所课程运作中的具体问题。诊所教育是一种"在行动中学习"的方法,应结合教学管理实际,制定规范的诊所教学大纲,将案件办理及操作运用的全过程纳入教学计划中。加强感性认识和实践课程,如定期组织学生到法院观摩审判,使学生切身感受庭审氛围,了解案件审理相关程序;开展多种公益性法律服务工作,如法律咨询、社区法律知识讲座、普法宣传、代写法律文书等,学生在服务社会的同时,培养学生的法律职业道德和社会责任感;积极寻求与企业、政府法律援助机构、律师事务所、国内外环保组织等的合作,解决法律诊所案源不足和资金短缺问题;定期邀请资深的法官、检察官以及热心环保公益事业的律师、环保行政部门人员参与教学活动以补充师资缺口。

2. 考评体系要灵活、多元

考评体系具有激励、监管、选拔和推广等多种功能,其不仅是教育模式的关键,也是法律课程体系改革的重点和难点。传统仅以学习成绩作为标准的考评方法难以培养学生的思辨和创新能力。我国的法律诊所教育正处于起步发展阶段,科学的评价体系的建立尤为重要。高等教育的核心,是对学生全面素质及综合能力的培养,须以科学、灵活为原则,建立多元评价体系,既包括教师评价及服务对象的评价,也应当包括学生自我评价和学生办案小组内的互评。评价只是一种手段,促进法学专业学生的科学发展才是最终目的。

诊所式法学教育作为一种创新的教学手段和科学的培养方式,更能适应现代社会对专业技能人才的需求。但作为传统法学教育模式的一种修正和补充,它不应当也不可能完全替代法学理论教学,二者都是我国法学课程体系的重要组成,二者的有机结合共同形成创新型的科学化教育模式。

基于团队合作学习的翻转课堂模式在环境模拟法庭实训教学中的操作实践性研究*

董　岩**

一、前言

个案全过程教学法，是近年来国内法学教育界所倡导的新型法学案例教学模式。该案例教学模式由复旦大学法学院章武生教授首创，并在模拟法庭审判、法律诊所等法学实践类课程中得到初步的推广和应用，取得了广泛的社会影响。① 在卓越法律人才培养的目标指引下，个案全过程教学法对现行法学的案例教学进行了深度反思，传统法学案例教学难以突破

---

* 基金项目：本文系中国石油大学（华东）常规教学研究与改革一般项目"科教融合主导下习明纳教学模式在法学本科教学中的探索与实践"（项目编号：JY-B201868）的阶段性成果。

** 中国石油大学（华东）文学院法学系副主任，硕士生导师，法学博士，主要研究方向：环境法学、诉讼法学、高等教育学。

① 参见章武生：《"个案全过程教学法"之推广》，载《法学》2013 年第 4 期。

以例释法的固有片段式的教学模式,忽视了培养学生运用法律思维方法确定和分析事实的培养环节。基于这样的目标定位,笔者尝试在环境模拟法庭教学中全面引入“个案全过程教学法”,与山东德衡律师事务所的环境法律服务团队合作开发建设有关环境诉讼的案例库,为环境模拟法庭教学活动的开展奠定基础。典型教学案例分阶段展示案例材料,明确教学目的与任务,通过课前作业、课上小组分专题研讨疑难法律适用问题、课下撰写法律文书、定期分角色演练、多元化形成性考核评价机制的引入等具体教学环节和方法,按照真实案例适用法律解决纠纷的全过程,培养学生的法律职业技能。由此,个案全过程教学法对当前传统法学教育的冲击是全面深刻的。案例教学创新的设计和策略需要更多地借助于课堂外的自主学习,从个人生存发展的现实需要出发,激发学生的主体能动性,实现以学生为中心的教育理念的根本转变,教师逐渐由知识的传授者转变为课程资源的整合者、案例分析的引导者、课堂教学活动的组织者。该教学法的实施与翻转课堂教学法相互契合,促进信息技术和法学教育的深度融合。由于环境诉讼涉及环境管理、环境化学、环境经济学、环境法学等诸多分支学科,结合全真案例的事实调查、证据分析、文书写作离不开跨学科知识的补强。在环境纠纷事实调查、证据保全、证据分析方面督促学生以小组合作学习(Team-Based Learning,TBL)方式获取与环境案件相关的环境科学知识,避免在事实调查和事实认定中陷入环境科学理论知识的盲区而影响整体的实训效果。

全真案例演示教学法如何将翻转课堂和 TBL 教学方式恰当地结合起来,形成全真案例混合式教学新模式,使个案全过程教学法能够在信息化教学背景下,获得更大的推广和应用空间。这种方法有待于实践性的研究。特别是在应试教育的路径依赖下,这一教学创新实践需要经过一段时间的检验,反复总结实践中的经验教训,方能不断提升教学效果。将 TBL 和翻转课堂相结合的混合式教学方法,应用于法学本科环境模拟法庭实训课的教学实践中,并通过问卷调查进行学生满意度评价,以探讨该教学方法在法学实践教学中应用的可行性。

二、研究方法

(一)授课对象和授课内容

本次研究开展于 2018 年 4 月,授课对象是法学专业大三共 2 个班的学生。在《环境法学》的课程中,所选取的授课内容为模拟环境民事法庭审判,共 56 名学生参加课程。所采用的 2 个案例是水污染损害赔偿纠纷案和环境噪声污染损害赔偿案。

(二)研究开展过程

考虑到每个案例演示需要不同的学生扮演各种角色进行情景式沉浸,将学生共分为 5 个大组,每个大组划分为原告组、被告组、综合组、法官组,每小组 3 人,分别饰演原告、被告、原告代理人、被告代理人、法官、书记员、鉴定人、证人等角色。具体的教学设计与实施如图所示。

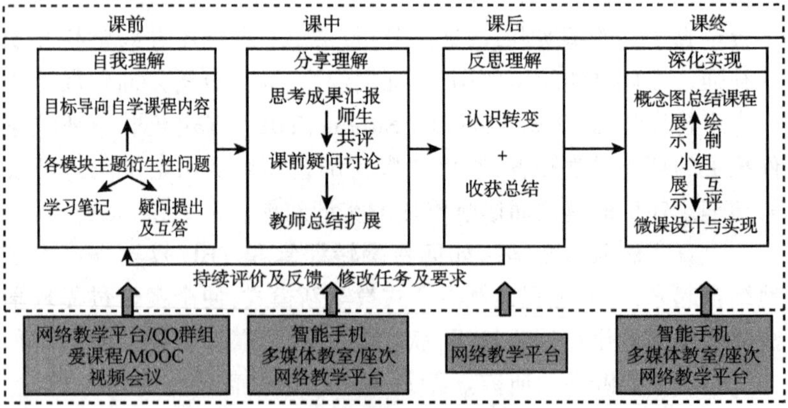

教学设计与实施

1. 课前

课前导学,认识初步成型。在信息化环境下设计“自主学习任务单”。“自主学习任务单”从导学指引方面,将案件所涉及的专业知识和技能,分成实体法和程序法两大模块,在结合事实要件梳理成若干子模块。每个模块主题衍生性问题,指引学生课前进行证据分析和主要文献、法规检索与阅读,帮助学生在课前明确自主学习的内容、目标和方法。在“自主学习任务单”的指引下,学生在课外利用网络学习平台、移动终端开展课外自主学习,培养学生自主学习能力。课堂的内容得到永久的存档,可用于复习或补课,以培养学生的学习能力、实践能力和思维能力。在目标设定、信息收集等方面明确各组任务。教师在课前准备丰富的教学资源,给学生提供环境模拟民事审判的实验指导书,具体包括律师办理环境侵权案件的操作指引、法官审理环境侵权案件的操作指引、环境侵权因果关系的证明路径、环境污染排放标准的法律效力认定、环境损害鉴定的审查与认定方法等,以便学生对环境模拟民事审判的基本操作流程和环境纠纷案件的证据分析方法,形成基本的框架体系。所选取的案例均是从律师事务所正在办理的案件中引进,增加了学生参与的挑战性。教师将案件所有的证据材料发给学生,并根据学生的知识储备和认知水平,结合案例所涉及的学术和实践争议问题予以提炼,转化为引导性的背景性知识介绍和案例分析方法专题知识点,制作 10 ~ 15 分钟的微视频课程供学生观看。在学生观看完视频后,再以小组为单位完成与案例有关的研讨性作业。作业是针对线下研讨所做的办案计划、法律文书、证据清单。另外,要求“个案演示”的小组以自己拍摄视频的方式重现模拟整个庭审现场的过程,教师在课前反复指导,选取庭审过程最精华的部分在课堂上进行演示。

2. 课中

课中分享理解,矫正认知偏差。首先,选取课前各“衍生性问题”思考者来分享展示的环节，要求学生将自己对问题的思考看法讲授给教师和同伴，此环节同时也会选择师生共同点评、师生根据汇报内容提问与汇报人答疑的策略来协助活动有效进行。其次，教师根据网络教学平台“课前讨论区”中的课前疑问和讨论情况与学生就课前疑问系统地答疑解惑。最后，根据之前活动进行情况适当扩展其他学习内容。在整个课堂活动过程中，本着分享观点、纠正课前个人思考存在的认知偏差、协同建构的理念，“以问题为中心”帮助学生拓展发现问题的思路、分析问题视角和解决问题的能力。整个课堂最核心的部分依然是以学生为中心的“个案全过程”教学模式。在上课之前已通过书面形式通知了学生关于本次翻转课堂的形式和细则，并要求每一个小组针对案例的相关内容准备 3 个问题。

在课堂的前 10 分钟，仍然由教师针对本章内容进行答疑。之后，在大组内部 3 个小组按照各自事先准备的 3 个问题互相提问，并最终决胜或推选出一个小组来代表自己所在的大组进行接下来的自由陈述。[①] 在此过程中，教师在各大组之间进行指导，此阶段历时大约 20 分钟。随后，代表大组的这几个小组分别被分配一个之前预留的题目进行自由陈述。在自由陈述后，其他各小组有机会通过抢答来补充发言。接着，老师给出与案件事实或要件事实有关的职业技能和职业伦理问题进行课堂测验，各小组通过抢答的方式来回答。再者，重视环境纠纷的调解与谈判环节的引导和虚拟仿真训练。根据纠纷的实际情况，挖掘出案件各方利益的诉求，寻求利益的契合点，增加纠纷解决的多元应对思路。环境纠纷往往涉及环保部门、企业、公众、污染受害者等多方主体，需要多方协调、权衡利弊。如果谈判陷入僵局，最后由学生扮演的法官作出

① See Sifris, Adiva, McNeil, Elspeth, “Small Group Learning in Real Property Law”, Leg ed. Rev. 10, 2002, p. 189.

最终判决,并当庭宣读判决书。学生仍然会针对判决书提出自己的不同意见,教师再对整个案件进行梳理,点评与升华。最终,将整个课程的知识点与案例有机的结合,使学生能够融会贯通,并具备了法律职业人的法律思维与职业技能。

记分形式。代表大组作自由陈述的小组会额外获得一定的积分;陈述后,其余各小组给自由陈述的小组打分,分数计入此陈述小组所代表的大组。在补充发言阶段成功抢答的小组同样由其他小组对其表现进行打分。课堂测验时,回答正确的组也将得到一定的分数。课程结束时,各小组得分汇总,算作课堂成绩。

3. 课后

课后反思理解,元认知能力得以训练和提高。反思是对课前和课堂学习活动的总结,而如何设置有效的反思方式,对反思的效果有很大的影响。因此,本研究在实施推进的过程中,不断观察学生的反思情况,并对反思形式作出改进,最终形成有效的反思策略:一方面,通过图示的办法让学生反思课堂学习活动后对某个概念或问题认识的思维变化过程,以达到自我认识的目的;另一方面,通过对课程实施过程中与教师、同学的互动产生的新收获进行总结与反思。为加强案例教学思维方法的训练,帮助学生形成清晰的案例研习思路体系,设置绘制类案案例分析思维导图的小组协作任务并于课终进行展示,总结办理个案中所形成的类型化裁判方法和裁判规则。能否将所学创造性地迁移应用到办理同类型的环境纠纷案件中去,才是学生深度学习最终目标实现与否的关键,因此,设置微课设计并制作成微视频成为必不可少的环节。另外,课堂结案总结的撰写,包括各方主体的核心利益、各种方案的利弊、个案处理的心得体会。

(三)TBL 和翻转课堂相结合的混合式教学方法学生满意度问卷设计

为了调查目前学生对 TBL 和翻转课堂相结合的混合式教学

方法总体满意度情况,进行了大学生小组合作效率及满意度调查(问卷一)和翻转课堂在高等院校法学教育中运行的可行性调查(问卷二)两份问卷调研,调研对象为中国石油大学(华东)2016级法学类本科生。此次,问卷调研的总数为56人,回收问卷一50份,有效问卷90%,回收问卷二49份,有效问卷88.7%。

表1　调查问卷一问题及选项汇总

问题	选项
小组组织建设	A.效率最高的队员人数4~5人;B.效率最高的队员人数2~3人;C.效率最高的队员人数6~7人
小组分工方式	A.分工完成各自任务,再汇总整合;B.由小组一起讨论,每项任务共同完成;C.个人通常在团队合作中扮演的角色是积极提供意见的金点子
小组作业评价	A.老师个人评分;B.团队组内互评;C.团队组间互评;D.以上方式互相组合
小组讨论参与度	团队内存在“搭便车”现象在小组作业队友选择中偏好强者厌恶小组作业,偏好独立完成作业疏远曾经在小组合作中表现不佳的队友或朋友

表2　调查问卷二问题及选项汇总

问题	选项
不适应的原因	A.学习材料难度太大,难以消化;B.自制力不够,自主学习效率低;C.师生互动不够
占用课余时间	A.没有占用太多时间;B.占用太多时间
知识帮助	A.所学知识的掌握更深入但不全面;B.更全面但不深入;C.既全面又深入
翻转课堂的接受	A.适合推广应用于法学教育;B.不适合推广应用于法学教育

三、样本分析

结果显示,在大班课堂的人数规模下,学生对环境模拟法庭审判课程的翻转课堂实施满意度包括对不适应的原因、知识帮助、占用课余时间、翻转课堂的接受性四个维度。关于不适应的原因,自制力不够、自主学习效率低,占66.31%;对掌握知识是否有帮助的看法,认为对所学知识的掌握更深入但不全面的占43.62%,明显高于既全面又深入的比例23.4%。在课前学习环节中遇到的问题在课堂环节得到解决的占78.72%;对占用课余时间的看法,认为混合式教学方法没有占用太多时间的比例54%;对课程形式接受性的看法,认为适合将翻转课堂推广应用于法学教育的占69.15%,认为更有利于培养运用知识的能力的占70.21%。

对于小组合作效率满意度的四个维度包括对小组组织建设的看法、对小组讨论分工方式的看法、对小组作业评价的看法、对小组讨论参与度的看法。对小组组织建设的看法,认为效率最高的队员人数4~5人占45.26%,认为与熟悉同学共同组建小组效率最高的占68.42%,认为自己对要做的题目很感兴趣就会积极地担任小组的组长的61.05%;对小组讨论分工方式的看法,认为分工完成各自任务,再汇总整合的占80%,认为个人通常在团队合作中扮演的角色是积极提供意见的"金点子"的占69.47%;对小组作业评价的看法,认为老师个人评分、团队组内互评、团队组间互评相结合的作业评价方式可以促进小组高效合作的占53.68%;对小组讨论参与度的看法,认为在小组作业队友选择中偏好强者占52.63%,厌恶小组作业,偏好独立完成作业占52.63%。

四、结论与讨论

综合来讲,仍有以下问题。找到小组成员都合适的时间进行集体协作学习遇到现实困难,导致组员之间交流不够充分。组内成员由于不能够互相理解各自的思考问题的视角和思维方法,对同一问题或案例中不同的立场观点所引发的内部争议,在协调上存在障碍,影响了小组协作的学习效率,甚至还不如个人独立完成案例研习的任务。组内成员的互动往往因为学生之间人际关系的协调而大打折扣。小组学习在实践中容易陷入“搭便车”的境况,多数情况下是由积极主动经常发言的部分学生所主导,一部分同学成为看客,“打酱油”的学生反倒不如按照传统灌输式的课堂学习的效果明显。

在学生学习的自主性提高之后,我们必然还要考虑“质量控制”的问题:教师需要了解学生所学知识的正确性和自主学习的效果;在翻转课堂的线下(课堂)教学中还需要考虑如何让每个学生都能参与进去。本次研究的结果也证实了基于小组协作的翻转课堂在大班教学中具有较好的效果。然而,提升小组合作学习效率受到小组组织建设、小组协作分工、小组绩效评价、小组内部互助激励和外部竞争等方面因素的制约。

针对本次研究所发现的问题,建议在未来的课堂上采用形式多样的分组方式,既考虑不过多占用学生的课余时间,也要兼顾他们的参与性。因此,在接下来的教学实验中我们将继续采用先分成小组再合并成大组的方法,并进一步加大了课堂上大组内学习讨论的比重。同时,也将增加助教的数量,使之参与课堂讨论,以提高学习效果。另外,还建议在条件许可的情况下,可以使用一些基于新技术手段的教具,这将有助于提升学生对课程的兴趣,同时也可以减少课堂组织安排所花费的时间。

生态践行者项目

——培养环境公益法实践者的探索

林燕梅*

人有五种能力：学习知识的能力、做事的能力、沟通的能力、伦理或道德的能力，与寻求生命价值的能力。大学考试只能评估第一种能力，因此考得好的学生，不一定是最强的，因为缺乏后面四项能力的考核。

——台湾大学生物环境系统工程学系张文亮教授

2014年的我国《环境保护法》专章规定了"信息公开和公众参与"。《环境保护法》第53条明确规定了公众在环境保护中享有知情权、参与权和监督权，并在第58条中明确了符合法律规定资格的环境社会公益组织可以代表公众对污染环境、破坏生态的损害社会公共利益行为向法院提起环境公益诉讼。① 环保社会公益

---

* 环境与资源保护法学博士，现为佛蒙特法学院副教授。

① 参见徐以祥：《公众参与权利的二元性区分——以环境行政公众参与法律规范为分析对象》，载《中南大学学报》(社会科学版)2018年第2期。

组织作为连接公众、保护公众环境权益的重要力量,在我国的环境法治建设中要发挥应有的作用需要有专业的环境公益法实践者。环境与资源保护法学教育在过去近 40 年的发展是与我国环境保护事业、整个法治和环境法治紧密相连的,"从研究环境立法及环境法学基本理论开始,扩展到环境执法、司法、守法等各种环境法治问题"。① 环境公益法随着新的环保法实施亦应被纳入环境法学教育的基本范畴,为回应这一需要,本文尝试分析环境公益法实践教学的方法——"问题导向服务学习法"和通过介绍"生态践行者项目"探索如何培养环境公益法的实践人才。

一、问题导向服务学习法的理论与方法

问题导向的服务学习法(Problem-based Service Learning, PBSL)是一种将学生的学习目标与现实世界中人们需要解决的社会问题相结合的教育方法,使学生在帮助解决社会问题的服务实践中得到务实、进步的学习体验。② 具体来说,问题导向的服务学习法是基于真实的社会困境,通过师生共同努力合作,探索解决困难的各种可能性,以服务的态度和换位思考的立场,为困境中的当事人(个人或机构)提供可供选择的操作方案,并借由实际开展的服务行动,获取切实可行的解决路径,从而在实践中获得真知灼见。这种学习方法的好处在于务实、创新、富有同情心、提供当前最佳解决方案,并且教育效果显著。通过这样的教学活动,可以让学生亲身感知真实发生的困境,并促进他们以更公平正义的思想,

---

① 马骧聪:《我所经历和了解的中国环境资源法学发展梗概》,载中国法学网:http://www.iolaw.org.cn/showArticle.aspx? id=3765,最后访问日期:2019 年 2 月 1 日。

② Robert Hugg & Scott Wurdinger, A Practical and Progressive Pedagogy for Project Based Service Learning, 19 INT'L J. Teaching & Learning Higher Educ. 191, 192(2007). http://www.isetl.org/ijtlhe/pdf/IJTLHE210.pdf.

指导自身的个人发展。

问题导向的服务学习法在美国过去30年得到了很大的发展，从一开始主要关注社区服务而比较忽略学习效果到现在通过多种形式的服务学习来平衡服务和实现学习目标的关系。其方法包括一学期的诊所式教育，在课程中融入特别设计的问题导向服务学习的任务和专门的服务项目等。[①] 美国致力于公共服务的"高校联盟组织"（Campus Compact），估计2008～2009年，1100所成员高校的学生参与了超过3.66亿个小时的社会服务，[②]包括佛蒙特法学院在内的多家美国法学院都采用了这种教学方法。在佛蒙特法学院，除了环境资源法律、能源与环境等诊所课程采用了这种教学方法外，国际气候变化法课程也融入了PBSL的内容，使学生从事帮助欠发展中国家的谈判代表收集信息，了解谈判进程，提出谈判方案等服务来学习国际气候变化法得到了学生的广泛认可。

在我国，有关问题导向的服务学习法在医学等学科已有所报道，[③]但在法学教学中尚未见专门的文献介绍。据笔者个人有限的了解，还没有正式将这种方式纳入法学教育之中。然而作为一种实践，这种问题导向的服务学习法早已存在我国的法学教育中，特别是法律诊所教育和学生主导的法律援助中心提供的实践学习。例如，在1996年成立的复旦大学法学院的学生法律援助中心，就是通过主动服务社区，进入社会的需求之中，与法律的当事人面对面，从而为他们提供法律援助，进而反身推动了学生对于法学的思考和探索。在我国近代的教育体系中，问题导向的服务学

① Tracy Bach, Minding the Gap: Teaching International Climate Change Law through Service Learning, 18 Vermont Journal of Environmental Law, 173 - 193 (2016).

② Campus Compact, Annual Membership Survey Results: Executive Summary 3 (2009).

③ 林宏亮等：《"服务学习"：一种新的医学教育模式》，载《医学与哲学》(A) 2018年第3期。

习法甚至可以追溯至燕京大学的校训“因真理、得自由、而服务”。

二、法学教育中的问题导向服务学习法

我国法学教育的成绩是有目共睹的，但是不可避免地还有需要改进与提升的空间。有批评者指出：法科学学生在毕业的时候，还基本上不懂得如何发现法律问题，更谈不上妥当地解决问题；这种失败的成因多样，但法学教育主要采用纯粹的讲授方式是效果不太理想的主要原因。① 在环境法学教育中，也有学者指出环境法教学“存在着环境法律素养比较低、人才不够专业、教学效果不够理想等问题”因而建议引入案例教学法。②

问题导向的服务学习法与案例教学法有一定相同之处，旨在培养学生识别法律问题，通过分析适用法律来解决问题的技能。不同的是，问题导向的服务学习是要学生不是讨论成案和他人处理的案件，而是亲身进入问题发生的情景，了解问题发生的社会背景，为困境中的当事人提供公益性的运用法律服务来解决问题。问题导向的服务学习法可以让学生充分表达他们的法学思考，并通过教师的帮助，归正其法律途径，培训出具有法治思维的法学生。此外，问题导向服务学习法能够提升学生的领导力③以及同理心，使学生获知自己所在社区弱势群体诉诸法律、实现正义问题，他们更有可能在毕业后提供法律公益服务（pro bono service）。④ 无论是教师还是学生，都难以穷尽法律问题的可能性，

---

① 葛云松：《法学教育的理想》，载《中外法学》2014 年第 2 期。

② 何香柏：《案例教学法在环境法教学中的应用》，载《中国社会科学报》2017 年 11 月 1 日，第 5 版。http://www.cssn.cn/zx/bwyc/201711/t20171101_3690616.shtml.

③ Faith Rivers James, Engaging Law Students in Leadership, 30 ST. LOUIS U. PUB. L. REV. 409, 431(2011).

④ E. Martha F. Davis, Access and Justice: The Transformative Potential of Pro Bono Work, 73 Fordham L. Rev. 903, 904(2004).

但社会是一个万花筒,总有层出不穷的新问题,很多问题处于法学教育的盲点上,很可能从未被认真思考和对待。通过问题导向的服务学习法,教师与学生有可能接触到这样的盲点,进而让自身的法学建构受到冲击,重新思考法律是什么,"为什么""凭什么"等更为深层次的法理问题。

三、生态践行者项目中的问题导向服务学习法

(一)生态践行者项目简介

生态践行者项目(以下简称项目)是佛蒙特法学院(Vermont Law School)①与武汉大学环境法研究所的环境法律诊所、昆山杜克大学环境中心和自然之友在2018年启动的致力于培养下一代环境学者和实践者,提供集知识、技能、实践为一体的,综合法律、科学、生态实践的环境保护研究培训项目。

项目将每年面向热爱环境保护事业,并有志于改善中国环境状况的法律专业本科及以上学位毕业生和年轻的环境法实践者公开招募生态践行者(以下简称学员)6~8名。学员将在中国接受由中美资深环境实务专家和学者团队免费提供的为期1个月的环境法知识和实践技能强化课程培训。课程结束后,选拔部分学员进入武汉大学环境法律诊所、昆山杜克大学环境中心和自然之友等实习平台进行为期11个月的实习。实习期间,学员作为实习单位的诊所指导律师或法律顾问为第一线的中国环境公益社会组织或受环境问题影响的公众提供法律服务,促进环境问题的解决,参与环境法的研究和倡导工作,推动相关环境立法和政策。

① 佛蒙特法学院(Vermont Law School)的生态践行者(Environmental Mission Scholars)在2018年前主要授予给美国本土致力于环境保护的法律博士J.D.学生,从2018年开始拓展到中国。详见https://www.vermontlaw.edu/academics/centers-and-programs/environmental-law-center/people/mission-scholars-china,最后访问日期:2019年2月5日。

在学员整个学习和实习期间,项目将配备国内外环境法专业实务专家和学者作为随队导师,指导学员调查和开发环境保护实践项目,分析环境保护实践项目中存在的问题,并针对这些问题进行专业性法律研究,探讨可能的解决方案。项目将给予学员实习金资助。此外,实习期间,项目还将召集学员,通过项目平台开展交流活动,分享彼此实习的收获、经验、研究成果,建立联络和友情,为将来在环境公益法律领域的进一步合作奠定基础。

学员毕业后,项目将邀请国内外环境法实践和研究领域资深学者、专家担任职业导师,对学员毕业后的事业及所在民间环保机构的发展长期给予指导和支持,使环境保护法律实践专业人才的培养和中国民间环保组织的专业建设形成良性持续的循环。

可以把生态践行者项目分为学习期、实习期、拓展期 3 个阶段。学习期主要是基础知识的系统化建构,帮助学员可以从整体上系统地看待问题。实习期主要是通过实操环境保护项目,以法律方法解决实践中复杂多变的问题,并且完善自身的法学思考。拓展期主要是相对独立完成环境保护行动,并且,可以挖掘更多的生态践行者人才,形成良性自我复制的可持续发展。

(二)学习期的问题导向学习法

1 个月的集中学习期主要包括 4 门课程:"实践中的生态学""环境法技巧与实践""中国生态治理与法律"和"沟通、倡导和领导力"。学习期间是为能够提供专业的环境法律服务做准备,因此,主要是以学员为主体,引导他们熟悉问题导向的学习方法,这一阶段还不涉及服务学习项目的设计。2018 年的生态践行者项目学习期是在云南省昆明市滇池附近进行的。

第一门课程设置为"实践中的生态学",教师与 8 名学员,在简单介绍了生态学的基本概念后,步行到滇池。教师要求学员可以发现一些有问题的现象,并对这个现象进行解释,再提出这个问题的可能解决方案。在课程进行中,这部分进展并不顺利。因为是

第一次这样上课,对于大多数学生来说,习惯于课堂的灌输式教学,对这种启发式教学方式,一开始难以适应。在课程进行到最后一周,同样的教师带领学员,走访了抚仙湖。这次,学员们已初步理解并掌握了这种问题导向的学习法,不是坐等老师提问,而是主动观察抚仙湖湿地的保护方式和效果,可以发现生态学问题,正确地进行社会归因,并提出可行的法律解决途径。由此可见,问题导向服务学习法是需要在教师的引导和带领下,逐步适应的一种学习方法。因此,教师在问题导向服务学习法中初期的作用比较突出。训练有素、知识全面、风趣幽默、善于发现的优秀教师是问题导向服务学习法的必备前提。

第二门课程设置为“环境法技巧与实践”,由资深的环境律师作为讲师和引导者向学员教授环境案件全过程的实务技巧,包括立案、证据的收集与举证、起诉状和答辩状的写作技巧、庭审质证、环境案件代理词写作与辩论技巧、上诉状的写作技巧、调解的运用与技巧等。教师运用了角色扮演,讨论、模拟法庭、课堂课后作业、现场旁听环境公益诉讼案件审理、庭审后复盘等多种教学方法,特别是围绕在环境案件不同阶段可能出现的问题与应对策略,以及所需要的技巧作了深入的分析和演练。

第三门课程为生态治理与法律,主要以共修的方式,教师和学员研讨有关社会—生态系统、环境治理、生态式治理的概念、理论、分析框架等基本知识,通过不同尺度的社会—生态系统的分析(如结合生态学课程了解的滇池、抚仙湖流域的社会—生态系统)分析我国现行的环境治理体制,政府、市场和社会的动态关系,环境法的基本制度、环境立法、执法和司法实践。研讨的重点是运用系统性思维(System Thinking)分析学员共同识别的中国环境治理的问题。

“沟通、倡导和领导力”作为最后一门集训的课程,教师是1位环保公益组织的负责人,他不仅以自身的经历来介绍环境社会公益组织如何进行政策倡导,还特别邀请了四位环境社会组织的资深工作者作为客座讲师分享他们的在过去近 20 年的环境倡导工作经验。

(三)实习期的问题导向服务学习法

实习期是生态践行者项目运用问题导向学习法的核心阶段。在实习期,8 位生态践行者进入 4 个环保服务平台,覆盖了中国的华中、华南和华东 3 个区域和北京市,分别面对不同类型的环境与生态挑战,包括固体废弃物、大气污染、湿地保护、野生动植物保护、养殖污染、城市污水等多个领域。问题导向服务学习法的关键是找到使学员能够提供为之提供服务的合作伙伴(Service-partners),学员所提供的服务和服务后产生的成果与其学习目标密切相关。[①] 具体来说,包括以下 5 个步骤。第一步,在课程学习期间,项目导师和学员确定学员在实习期的学习目标(Learning Outcomes),同时识别能够在实习期达到学习目标的预期方式。设定学习目标有助于导师帮助学员确定合适的服务伙伴和合适的服务项目。例如,第一期生态践行者的大多数学员定的其中一个学习目标是,提升代理社会组织提起的环境公益诉讼的技能,这些技能包括要点把握、调查取证、诉讼请求设计与环境问题解决等。第二步,找到带有相关问题的社区服务伙伴(Community-based Service Partners)。之所以称之为服务伙伴是因为生态践行者项目的主旨是培养环境公益诉讼实践人才,学员所服务的环境社会公益组织不仅是充当服务对象或简单当事人的角色,而是为学员提供学习机会的合作伙伴。生态践行者项目的合作伙伴——自然之友在 2018 年帮助环保社会公益组织建立了环境法治行动网络,支持网络的成员运用法律手段来解决环境问题,因此,自然之友的项

---

① See Tracy Bach, Minding the Gap: Teaching International Climate Change Law through Service Learning, 18 Vermont Journal of Environmental Law, pp. 173 - 193 (2016).

目导师和其他3个服务平台的导师已陆续收到网络伙伴想获得学员公益法律服务的需求信息。第三步，在导师的协调下，导师、学员和服务伙伴讨论环保组织所发现的环境问题，他们之前采用解决问题的策略以及如何把需要解决的问题与学习目标结合起来。导师根据学员的学习目标和服务伙伴拟解决问题的需要，初步拟定服务项目和服务项目的预计成果。以提升环境公益诉讼代理技能学习目标为例，项目导师、学员和服务伙伴见面，经过深入讨论，选取了能够成为环境公益诉讼案件起诉且有助于推进服务伙伴解决当地环境问题的项目作为学员实习期的主要服务项目。第四步，项目导师负责安排合适的实践导师来指导学员高质量的完成服务项目，由项目或平台导师加上能够指导具体服务项目的导师对学员的工作进行全过程的指导。第五步，持续的自我评估和他人评价(Ongoing Self-reflection and Assessment)。PBSL的专家推荐学员在整个实习期都对自我的表现、学习进程进行自我评估。通常的做法是导师要求学员定期撰写服务学习的反馈。[①] 践行者项目的第一期学员原定每两周反馈一次，但由于时间紧张，大多数是每月进行反馈。

在第一期生态践行者的实习期中，学员都体现了良好的适应能力，能够和服务伙伴识别问题，正确地进行问题的归因，从而抓出问题背后的社会问题，进而用适当的法律手段，寻找解决问题的出路。在这个过程中，一方面，生态践行者和指导教师密切联系，随时沟通信息，充分利用专家资源；另一方面，主动接触服务伙伴，获取第一手的信息资料，同时获得换位思考的机会，可以从社区出发思考问题的困境，从而形成切实可行的，可以被服务伙伴理解、

---

① See Tracy Bach, Minding the Gap: Teaching International Climate Change Law Through Service Learning, 18 Vermont Journal of Environmental Law, pp. 173 - 193 (2016).

接受、操作的解决方案。

(四)拓展期的问题导向服务学习法

在学习期,问题导向服务学习法的目标是"学习",就是需要通过学习具体的问题如何解决获取知识、理解知识以及提升使用知识的能力。在实习期,问题导向服务学习法的目标是问题和服务,就是通过了解服务伙伴的问题,分析问题背后的法律和社会问题,找到问题的当事方,并进行正确的归因,通过提供相应的法律服务来促进问题的解决。在拓展期,问题导向服务学习法的目标是自主学习和持续服务,即学员可以成为生态践行者服务环境保护,维护生态健康。

由于生态践行者项目尚未结束实习期,因此无法对拓展期进行直接评估。但是,需要提出多个对应的评价指标,从而可以有效地指导学习期和实习期的问题导向服务学习法。项目目前识别的指标主要有四个:稳定性、开放性、成长性和倍增性。

稳定性是指学员在经过了问题导向服务学习法后,可以持续稳定地采用这种技能,应用在其面临的复杂多变的挑战中。在拓展期的服务过程,学员可以通过反复地操练问题的发现,服务式地社区参与,挖掘问题的本质,提出可行的解决方案,从而强化自身的服务能力。如果问题导向服务学习法是一种好的学习方法,那么学员应该可以长期使用,其方法具有一定的稳定性。如果学员不能稳定地使用这种问题导向服务学习法,那么需要重新评估,是学员的学习不够完整,还是这种问题导向服务学习法本身有待改进或者废弃。

生态践行者在经过问题导向服务学习法后,应该获得一种对问题的开放态度。对于环境问题,不再局限于某个具体的领域,而是可以开放地面对新挑战、新问题。例如,长期从事固体废弃物的环保机构,可以通过问题导向服务学习法认识到固体废弃物与水污染的相关性,也可能完全跳出三废的范围,面对和思考濒危物种保护的生态系统健康涉及的法律问题。

问题导向服务学习法并非一种一劳永逸的方法或者技术,而是需要不断被发展变化的世界所挑战,不断面对新情况、发现新问题、处理新难题。因此,生态践行者需要持有一颗受教的心,以温柔的心面对环境和生态问题的当事方,富有同情心和同理心,敢于突破自身的舒适区,进入未知的领域,以自己的成长来正面困难。失去了成长性,生态践行者很可能成为未来时代环境保护者的拦路虎。

问题导向服务学习法能否进行自我复制,并且倍增,是评价这种学习法的重要依据。如果生态践行者在学习期和实习期之后,主动地去采用问题导向服务学习法,培养自己周边的环境工作者,并且鼓励他们培育出来的人,再通过问题导向服务学习法去培养第三代学员,就构成了一个可以自我复制的能力。

四、小结

笔者相信,通过实际参与环保公益组织环境保护实践项目来培养环保组织的专业法律人才,是推动环境公益法实践的最核心能力。实践是检验真理的唯一标准。这句话对于“问题导向服务学习法”同样适用。只有在环境保护的实践中,才能发现真实的问题,与具体的当事方进行深入的沟通,以学习结合服务的态度和立场,通过服务来学习,通过学习来服务。只有提出了行之有效的法律解决方案,并与当事方和服务伙伴合作,经过脚踏实地的努力,形成了改变、解决了问题,才能证明问题导向服务学习法的实用性。生态践行者项目在培养环境公益法实践者的效果还有待检验,但我们希望,今天的生态践行者将成为未来推动中国环境法治进程、解决环境实际问题的中流砥柱。

第四编
环境法课程设计

环境法圆桌会议课程：内涵、价值与展开[*]

柯　坚[**]

“圆桌会议课程”(Round-Table Conference Course)是美国大学法学院在法学专业教育发展过程中,形成并演化出来的一种新型实践性法学课程教学形式。以开放、平等、互动、参与、沟通和合作为特征,“圆桌会议课程”代表了一种适应当代社会现实需要以及法学高等教育客观要求的创新性法学教学思路、模式和方法。基于环境问题的公共性特征,面向环境问题的环境法教学活动必须体现出基于民主、协商的公共参与性。借鉴美国法学教育中“环境法圆桌会议课程”的教学经验,结合我国高等教育法学专业教学的实际情况,本文对我国高等教育法学专业创新性地设置“环境法圆桌会议课程”的问题进行具体的分析和探讨。

---

* 本论文系2015年国家社科基金项目《环境合作原则及其法律适用研究》(15BFX147)的成果之一。

** 武汉大学环境法研究所教授、博士研究生导师。

一、“环境法圆桌会议课程”的内涵

顾名思义，圆桌会议（Round-Table Conference）是指参加会议的与会者围圆桌而坐的会议形式，其要旨在于与会者不分等级地围圆桌而坐，以平等的身份、对话与协商的形式参加会议及其讨论。根据有关历史资料，圆桌会议的概念源自英国传说中的亚瑟王与其圆桌骑士在卡默洛特时代的习俗。公元5世纪，英国国王亚瑟在与他的骑士们共商国事时，大家围坐在一张圆形的桌子周围，骑士和君主之间不排位次。关于亚瑟王和圆桌骑士的传说虽然有着各种各样的版本，但圆桌会议由此得名，圆桌会议的精神则延续下来，圆桌会议的形式也被广泛采用，并成为平等交流、意见开放、合作协商的代名词。[①] 如今，圆桌会议已成为大至国际社会成员之间、一个国家内部，小至一个机构、一个组织的一种重要的协商和讨论的会议形式，其实质在于参加者之间的平等原则和协商、合作精神。

把圆桌会议的平等原则和协商、合作精神引入高等教育法学教学活动及其课程之中，它的一种重要课堂组织形式就是“圆桌会议课程”。“环境法圆桌会议课程”作为高等教育法学教学的一种新的思路、模式、方法和组织形式，它是指包括老师和学生在内的所有课程参与者平等地围桌而坐，并就课程选取的一个或者若干个特定的环境问题主题或者环境法课程主题，通过围绕着特定主题的表达、提问、评论、讨论、论辩、交流和沟通等方式，交换知识、观点和意见，并进行法律分析、判断和推理的活动，以达到参与者之间相互学习、相互促进、彼此沟通的法学学习和实践目的。

“圆桌会议课程”是在美国大学法学教育发展过程中演变形

---

① 参见百度百科“圆桌会议”词条，载百度百科：http://baike.baidu.com/view/38942.htm，最后访问日期：2017年1月7日。

成的一个法学教学的重要思路、模式和方法。至18世纪后期,美国大学中已经普遍设立法学院,法学院中讲授的课程主要涉及英国的普通法,教学所采用的方法是传统的讲座教学法(Lecture Method),即老师站在全班学生面前讲授法学著作中的理论,学生既不需要亲身参与课堂进程,也不需要自己主动思考,其主要任务是被动地接受教师所传授的法学理论。[①] 在1870年,当时的哈佛大学法学院院长兰德尔(Langdell)首先在哈佛大学对这种传统的法律教育方式实行了改革,推广其独创的判例教学法(Case Method),即教师在课堂上以案例为核心,就案例的内容向学生发问,引导学生从案例分析中抽象并归纳出法律的一般原理。判例教学法采用的是"苏格拉底式教学法"(Socratic Method)。[②] 该教学法的主要目的不在于要求学生诵记法律,而是激励其进行独立、自主的思考;教师的主要任务也不在于传授学生法律知识,而在于启发学生独立分析和思考问题的能力,引导学生在法律推理和论辩中获得真知。

鉴于法学课堂案例教学存在的学术化过强、实践性不足的缺陷,近年来,法律实践性课程在美国大学法学教育中获得了很大的发展。一般而言,美国大学法学教学大致包括三类法律实践性课程:第一,法律研讨课程,该课程较多地采取了课堂研讨的方式,其涵盖范围和内容涉及一些具体法律实践领域的基本职业技巧以及一些特定法律课程的实践问题;第二,法律诊所课程,它包括模拟

---

① See Neil Duxbury, Patterns of American Jurisprudence, Clarendon Press, Oxford, 1997, p. 16.

② "苏格拉底式教学法"源自柏拉图对话录中记载的苏格拉底与弟子们探讨哲学问题的对话方法,并由此得名。苏格拉底的具体做法是首先确定讨论的主题,讨论的目的一般是为某个概念下定义。首先由主持辩论的人引导发问,其他人提出自己的回答并相互问难,主持人再指出回答中的错误或自相矛盾之处,引导发言者修正回答或是提出新的定义,这样一步一步辩论下去,直至得出参与讨论的人都表示认同的最圆满的定义。See supra note 2, pp. 12 - 13.

案件中角色扮演以及真实案件的法律援助等;第三,法律职业规范和伦理课程。其中,“圆桌会议课程”属于第一类非实习性的研讨课程。在“圆桌会议课程”课堂上,教师和学生通常是围坐在一起,围绕课程中的特定理论与实践问题,面对面地进行平等的对话、讨论、论辩、交流和沟通。“圆桌会议课程”是一种平等式、开放式、互动式、参与式、诘问式、合作式的课堂教学组织形式,在这个课堂活动中,学生与教师是课堂的平等主角,学生承担着报告、提问、回答、评论、论辩等多重课堂活动任务,教师则是课堂的主持者、启发者和引导者。特殊的课堂组织形式,使“圆桌会议课程”可以最大限度地调动起学生参与课程的积极性、自主性、创造性、协同性。目前,“圆桌会议课程”已成为美国大学法学院法律实践课程体系中一个不可缺少的重要组成部分。

二、设置我国法学专业“环境法圆桌会议课程”的创新价值

我国法学教育的优势在于法学知识传授和基本理论教育,而缺陷则在于法学思维能力培育、法学应用能力培养和法律实践技能培训的不足。转变法学教育观念、进行法学教学模式和方法的改革,是我国法治进步和社会发展的客观需要。为此,必须充分重视学生法律思维的培育、应用能力的培养和法律技能的培训,在法学教育观念、教学课程设置、教学方法和教学组织形式等多个方面进行相应的改革。设置法学专业“环境法圆桌会议课程”及其教学思路、模式和方法的运用,能够有效地弥补我国现行法学教育中存在的不足,为我国法律实践教育改革提供创新性的思路、模式和方法。设置“环境法圆桌会议课程”的意义在于,为我国法学教学创立一个新的教学平台,为改革和发展我国法学教学的思路、模式和方法以及法学人才培养和课程设置方案等方面带来新的契机。具体而言,“环境法圆桌会议课程”创新价值体现在组织形式创新、知识应用创新和思维能力创新三个方面。

(一)"环境法圆桌会议课程"是我国法学专业教学活动的一种创新性组织形式

我国高等教育法学教学模式受到大陆法系国家的较大影响,讲座式法律知识传授是我国法学课程教学的主导模式和基本方法。同时,我国法律的概念性、抽象性、逻辑性、理论性、科学性,以及法典等成文法的大量存在也为这种教育模式提供了形成的材料。[①] "老师台上讲、学生台下听"的讲座式授课模式和方式,使学生处于一种被动式、接受式的学习状态,师生之间在课堂上很少、很难就课堂教学中所出现的具体问题进行讨论或开展交流。

环境法在法学专业的课程中,属于一门新兴的前沿性、交叉性学科。作为法学专业教学活动的一种创新性组织形式,"环境法圆桌会议课程"的设置有利于丰富环境法学教学的授课模式和方法。在"环境法圆桌会议课程"课堂中,没有传统意义上的老师和学生,大家都是课堂的平等参与者。对于参与课程的学生来说,"环境法圆桌会议课程"提供给学生一种新的教学方法和学习法学课程的机会,使其由被动的知识接受者转变成为主动的参与者。"环境法圆桌会议课程"不仅有助于帮助学生学习和掌握法律基本技能和法律基础知识,而且还能够帮助学生培养形成良好的价值判断能力以及法律应用能力,使其成为更自觉的、更成熟的学习者。对于从事"环境法圆桌会议课程"教学的教师来说,"环境法圆桌会议课程"的组织形式对其提出了更高的教学素质和教学技能要求,它要求教师能够在课堂上采用全方位、多角色、多层次的教学方法,从单纯的课堂讲授者向全面型的课堂主持者、组织者、引导者、参与者等多重教学角色转化,从而对授课教师的课堂组织能力以及教学方法和技能的运用能力提出了新的挑战。

---

① 参见王晨光:《理论与实践:围绕法学教育的难题之一》,载《中外法学》1998年第6期。

所以,针对法学专业教学活动的规律和特点,在法学教育中设置“环境法圆桌会议课程”,有利于改变传统的、单一的教师主导型的授课模式和方法,推进教学方法和模式的多样化改革,将法学理论学习与法律实践运用相结合、将法学理论前沿与社会热点问题相结合,促进法学教学的改革和完善。

(二)“环境法圆桌会议课程”是我国高等教育法学教学的一种创新性知识应用方式

培养具有开拓和创新精神的研究型、应用型法律人才,既是我国法治进步与发展的重要教育基础,也是促进当前高等教育法学教学改革的重要现实任务。我国惯常的法学高等教育教学活动以教师为中心、注重单向法学知识传授和信息流动的教育方式,因而往往注重法学理论知识的灌输,而忽略学生法律应用能力的培养,更缺乏对学生法律逻辑思维能力和创造性思维能力的培育。“教师讲授、学生记诵”的传统法学教学方法习惯于向学生灌输正确答案,学生无须提问,更无法质疑。由于这种法学教学方式很少关注学生对知识的反馈,很难重视学生对所学知识的疑惑,以及缺乏对学生在学习过程中疑问的有效回应,它实际上束缚了学生发现和识别问题、分析和讨论问题、应对和解决问题的法学实践应用能力。

开发学生的法律创新性思维、提高其法律综合应用能力,是法学教学中设置“环境法圆桌会议课程”的根本目的。在“圆桌会议课程”发源地的美国,多数大学法学院形成了两个阶段的法学课程教学方案。其具体做法是,在3年制的法学博士(JD)课程学习的第一阶段(主要是一年级),主要学习一些法学基础性课程和主干性课程,通过学习法学基本理论和研习大量的判例资料,使学生能够系统地掌握法学的基本知识和基础理论,并培养其分析、思考问题以及进行法律逻辑推理的基本能力;在课程学习的第二个阶段(主要是二、三年级以后),学生则需要选修若干门开放式、互动式、参与式的研讨课程(Seminar),使其接受法律应用性实践课程的训练。“圆桌会议课程”作为一种开放式、参与式、平等式、互动式和协商式的特殊法学研讨课程,它对提高学生的法律基本技能、法学自主思考能力和法学创新性思维具有重要的作用;它对使法学教育从单纯的被动教育转变为主动教育,促进学生从单纯的法学学习者向法学研究者、应用者的转变,发挥着非常重要的教学作用。

教学与实践的脱节以及法学教学内容过于学术化,是我国高等教育法学教学中存在的一个不可忽视的问题。实际上,学术化法学教育应当与法学的实践性教育相结合,使两者共同构成法学高等教育的一个完整的课程体系。① 就我国法学高等教育而言,法学教育在课程设置上要求理论课程与应用目标做到相互结合,以法学理论课程的学习为基础,同时注重开启学生的法律实践应用能力。环境问题往往是非常具体的社会实践问题,“环境法圆桌会议课程”既强调书本知识的学习,也重视书本知识的理论延伸和实践应用,从而有助于提高学生对特定课程和法学专业学习的综合能力和基本实践技能。同样重要的是,通过“环境法圆桌会议课程”的教学活动,可以提高法学学生的参与意识和参与能力,并激发和调动其专业学习的兴趣和积极性。特别是结合丰富多彩、复杂多样的环境社会问题、环境法律问题,通过“环境法圆桌会议课程”的积极参与,使学生能够将学到的法律理论应用到社会环境保护的一些热点问题、现实问题的分析和解决之中,学以致用,培养学生作为“法律人”的环境意识、社会意识和环境保护社会责任意识。

(三)“环境法圆桌会议课程”是我国法学教学的一种创新性教育理念和思维方式

传统讲授式的法学高等教育方法试图向学生传授无须提问、

---

① [美]哈里·H. 韦林顿:《对法学教育的挑战:“两种文化”现象》,郭伟译,载《环球法律评论》1989 年第 2 期。

更不能质疑的所谓普遍性、绝对性的真理，其弊端在于它隐藏着一种用普遍性、绝对性真理压抑独立思考、思维创新的权威阴影。事实上，这些所谓普遍化的绝对真理其实在很大程度上存在一定的谬误和局限性，并在某种意义上压制了对学生的独立思考、独立判断的社会精神的培养，以及抑制了学生开拓性、创新性法律思维。在环境问题与环境法领域中，价值判断的多样性与解决环境问题多种方案的选择性是其重要特点。“环境法圆桌会议课程”体现了在当代社会多元价值背景下以及信息社会高度发达条件下，将老师课堂讲授的教学与学生自主研究、积极参与、多渠道交流相结合的一种教学方法改革思路。其目的在于，提高学生分析、理解、研究和应用法学理论的综合能力，培养学生开拓性、创新性的法律思维能力，并使其成长为善于发现问题、善于独立思考问题并善于解决问题的真正的“法律人”。

为了实现新型的法学人才培养目标和高等教育法学教学改革的目标，需要对传统的以教师讲授为主导的法学教学模式和方法进行有效的改革。设置法学高等教育“环境法圆桌会议课程”的重要社会使命在于，结合我国所面临的严峻环境问题的挑战，为我国法学高等教育注入一种创新性的教育理念和思维方式，改变传统教育中学生只能作为被动的知识接受者的状况，使其成为课堂的积极参与者、主动学习者、独立思考者和积极沟通者。在高等教育更广泛的社会意义上，通过设置“环境法圆桌会议课程”以及在课堂教学中引进不同学术专业背景的教师，将我国法学教学活动目标从传统的以培养法律专业型人才为唯一目标的单一思维模式和方法，向培养具有多学科知识、多元社会价值判断能力、开放性社会观念、创造性思维以及良好社会沟通能力的社会精英的目标扩展，进而从整体上推动我国高等教育理论和实践的改革和发展。

三、设置“环境法圆桌会议课程”的目标和基本原则

由于环境问题的公共性、环境保护的价值多样性以及解决环境问题方案的多重选择性特征，面向环境问题的环境法教学活动必须体现出民主协商的公共参与特征。“环境法圆桌会议课程”的基本做法是，在完成专业基本理论和主干课程教学任务的基础上，由“环境法圆桌会议课程”授课老师和参与学生共同确定本课程领域的一些理论性和实践性较强的环境前沿问题、热点问题、现实问题，并由参与的学生自由选择自己将要研究的主题；参与的学生在选定研究题目的基础上，在老师的指导下完成相关的独立研究；参与课程的师生共同在“环境法圆桌会议课程”课堂上通过报告、讨论、提问、回答、评论和辩论等形式，围绕特定选题进行沟通和交流。在“环境法圆桌会议课程”中，老师和学生共同成为“环境法圆桌会议课程”课堂的参与者、报告者、交流者、提问者、回应者、评论者和论辩者，通过多角色的转换、交流、沟通与互动，以平等交流、民主协商和集体合作的方式实现“环境法圆桌会议课程”的教学目的，以及达到“环境法圆桌会议课程”的教学效果。

（一）设置“环境法圆桌会议课程”的目标

适应我国社会、经济快速发展以及环境法治理论与实践进步的需要，培养具有开拓和创新精神的环境法研究型、应用型法律人才，是在我国高等教育法学专业设置“环境法圆桌会议课程”的总体目标。具体地讲，设置“环境法圆桌会议课程”以及开展“环境法圆桌会议课程”教学活动包括以下几个特定的目标。

1. 增强参与学生的表达、沟通和参与能力。法学专业学生讲究“听”“说”能力，以及交流、沟通的技巧和艺术。在参与“环境法圆桌会议课程”的过程中，学生不仅要学会“听”——听取他人的意见，还要学会“说”——表达自己的观点和主张，并能够掌握交流和沟通的技巧和艺术。通过“环境法圆桌会议课程”课堂教学

活动的各个环节，以及报告、提问、回应、评论、讨论和论辩等不同课堂活动，参与者彼此之间可以形成一个良好的团体互动、交流和沟通的课堂氛围，从而锻炼和提高参与者的互动、交流和沟通的法律技能和素质。

2. 培养学生自主思考意识和创新思维能力。结合“环境法圆桌会议课程”课堂的报告、提问、回应、评论、交流和论辩等不同课堂活动，激励参与者在老师的指导以及其他同学的协助下，学会独立地分析、思考和解决具体的法学理论和实践问题，提高其自主学习能力、学术研究能力和法律应用能力，培养其对法律开拓性、创新型的思维能力，并激发其对法学专业领域理论与实践问题的学习、研究和探索的兴趣和潜力。

3. 培养学生作为社会“法律人”的社会公共精神和社会责任意识。高等教育法学教育的本质并不仅在于将法律知识传授给学生，它还应当肩负起为社会培养具有社会公共精神和社会责任意识的合格“法律人”的使命。因此，法学教育应当重视学生社会公共精神和社会责任意识的培养，而不仅是关注法律知识的传授。“环境法圆桌会议课程”将法学理论学习与解决环境社会现实问题结合在一起，它能够有效地调动学生学习的能动性、自主性和创造性。通过关注环境社会现实问题，使法学理论学习贴近社会现实的需要，培育法学专业学生以匡扶社会正义为己任的社会责任感。

4. 提升法学课程授课教师的专业素质，拓展其教学观念并丰富其教学技能。作为“环境法圆桌会议课程”的组织者、引导者和参与者，“环境法圆桌会议课程”对教师的专业素质和教学能力提出了更高的要求，环境法学教学教师需要实现从传统课堂的单纯讲授者的角色，向“环境法圆桌会议课程”课堂教学活动的组织者、引导者、督导者等多个角色的拓展。

（二）设置“环境法圆桌会议课程”的基本原则

在我国高等教育专业课程中设置“环境法圆桌会议课程”，既是适应当代社会条件下，我国高等教育课程的开放性、互动性、参与性、包容性和实践性的教育模式和教学理念发展的客观需要；也是体现我国在社会转型时期多元价值并存的现实背景下，社会公共精神培育和社会价值理性沟通的实践要求。以现实环境社会问题、环境法律问题为导向，具体而言，设置法学专业“环境法圆桌会议课程”应当遵从以下几个基本原则。

1. 问题导向性原则。法学是一门实践的科学，从社会现实的环境问题出发、树立强烈的问题意识，是环境法学教育的应有之意。“环境法圆桌会议课程”为参与者提供了针对具体社会现实问题的一种多维度的法律技能训练、法律综合能力提高以及法律思维能力培养的教学机制。环境法的形成和发展，绝不意味着对环境问题的法律应对和回应是环境法一个部门法的任务。环境法、宪法、行政法、民法、刑法、诉讼法等面向当代环境问题的部门法，共同构成人类社会回应当代环境问题的理论和实践法域。由于环境问题的开放性、复杂性、广泛性，环境部门法与其他部门法之间在对话、沟通与互动的基础上，形成整体性的跨部门协同的法律合力至关重要。[①] 通过问题的识别、问题的价值判断、问题的法律应对等不同环节的参与、沟通和交流，学生能够提高自己的问题意识、价值判断能力和法律分析推理能力，并掌握单纯的法学理论课程学习无法提供的法律应用方法和技能。问题导向性原则“要求其立足于环境与资源开发、利用和保护等社会实践活动中的社会利益冲突和伦理价值分歧的环境现实问题、环境法律问题，探寻公平、合理、有效地应对和解决环境现实问题、环境法律问题的法治之道”。[②]

① 参见柯坚：《当代环境问题的法律回应——从部门性反应、部门化应对到跨部门协同的演进》，载《中国地质大学学报》（社会科学版）2011年第5期。

② 柯坚：《事实、规范与价值之间：环境法的问题、立场、学科导向与实践指向》，载《南京工业大学学报》（社会科学版）2014年第1期。

2. 开放与互动原则。社会的开放和多元要求法学教育必须从封闭走向开放、从一元走向多元、从单向走向互动。既不同于传统部门法的早期“绿化”——一种基于环境问题的法律反应，也不同于环境法目的、价值、理论体系的内向型建构——一种基于环境问题的环境法部门化回应，环境问题的跨部门协同要求环境法与传统部门法从解决环境问题的客观要求出发，打破部门法的观念束缚和理论隔阂，彼此之间形成一种对话、沟通与互动的法学理论联系——一种基于不同部门法理论视阈、目的、价值取向、方法论等方面的差异而形成的更高层次的法学理论与实践的交流与整合。无疑，环境法与其他部门法的这种对话、沟通与互动，有利于各自拓宽视阈、拓展思路、重构价值、更新方法，促进环境法与其他部门法的协同发展，也唯有如此，才能有效地推动我国环境问题的法律解决和环境法制的纵深发展。[①] “环境法圆桌会议课程”有助于改变我国传统法学教育封闭、单向的知识传授思路、模式和方法，使法学教育能够顺应时代的要求，为社会培养出具有时代精神和社会责任意识的合格“法律人”。

3. 平等交流与民主沟通原则。“环境法圆桌会议课程”的本质就是参与者之间的观念开放、平等互动和民主协商，“环境法圆桌会议课程”的参与者具有独立的思考权、平等的表达权、民主的参与权，这些特质都是“环境法圆桌会议课程”所应当遵循和保障的基本教学理念。回应环境问题的法律智慧在于“公法与私法兼顾、实体与程序结合”，即融合公法、私法以及实体法、程序法等不同部门法的理论和实践智慧，推动我国建立能够有效回应当代环境问题的政府、市场和公众参与相结合的多重、综合法律调控机

---

① 参见柯坚：《当代环境问题的法律回应——从部门性反应、部门化应对到跨部门协同的演进》，载《中国地质大学学报》(社会科学版)2011 年第 5 期。

制,以促使环境问题能够在法治的轨道上得到理性、公平的解决。[①] 唯有如此,才能最终在参与者之间达到法学知识共享与法律价值融通的教学目的。

四、设置"环境法圆桌会议课程"的基本要求和方法

目前,在我国法学教学课程设置中,尚未出现真正意义上的"圆桌会议课程"。虽然在国内一些知名大学法学院研讨性课程中,出现了一些运用"圆桌会议课程"组织形式和方法的雏形,但尚未有真正意义上的"圆桌会议课程"。作为一种新型的课程形式,"环境法圆桌会议课程"在我国高等教育法学专业中属于首创。在其设置和发轫时期,制订好"环境法圆桌会议课程"计划、方案和规则等,是其顺利进行和实施的基本保证。在"环境法圆桌会议课程"教学活动的组织和实施过程中,必然会出现一些传统课堂所未遭遇或者出现的新问题。因此,在设置"环境法圆桌会议课程"的时候,应当积极地预见可能出现的一些问题,通过制订有效而合理的课程方案、课程计划、课程规则和课程实施步骤等,尽量避免和减少课程教学过程中可能出现的问题。在法学专业教学中设置"环境法圆桌会议课程",应当结合环境法学教育的目的和要求,注意并考虑以下几个课程设置的基本要求和方法。

1. 注意"环境法圆桌会议课程"及其基础性理论课程、其他相关课程之间的配合与衔接。"环境法圆桌会议课程"与传统法学教学的基础性课程相互补充、相辅相成。若没有基础性法学理论课程的学习,"环境法圆桌会议课程"就会建立在空中楼阁上。同样,若没有法学理论知识的应用实践,就难以保证学生具备能将其理论知识转化为其法律实践应用能力。以美国大学法学院教学为

---

① 参见柯坚:《当代环境问题的法律回应——从部门性反应、部门化应对到跨部门协同的演进》,载《中国地质大学学报》(社会科学版)2011 年第 5 期。

例,其学生的实践能力主要就是通过研讨课(包括“环境法圆桌会议课程”)、法律诊所教育课程等专门性的法律实践课程获得和提升的。这些专门性的法律实践课程,其目的在于帮助学生提高法律实际应用能力,包括法律职业的基本规范和沟通技巧、解决实际问题能力的训练、创造性应用法律能力的培养等。就我国的法学专业高等教育而言,可以借鉴美国等国家法学高等教育的做法,除了开设法学专业的基本性课程外,还要适当增开法律实践性的研讨课程,使学生能够结合专业知识的学习,学习如何分析、思考和解决现实生活中所产生的各种问题。在我国法学专业教学活动的具体安排方面,一般将“环境法圆桌会议课程”确定为高年级的选修课程为宜。换言之,“环境法圆桌会议课程”适合在参与课程的学生已完成必要的法学专业基础理论课程学习的基础上进行。

2. 明确教师和学生参与“环境法圆桌会议课程”的角色和任务。就课程教师而言,他并不是法律知识的简单传授者,而应当是课程的组织者、引导者和督促者,其任务主要包括:一是根据课程的学时、教学目标和教学内容,合理地制订“环境法圆桌会议课程”实施方案、计划和规则;二是根据课程涵盖的范围,结合本课程重点、热点、难点的理论与实践问题,通过与参与者的积极交流和协商,选择并确定“环境法圆桌会议课程”的若干课程主题;三是根据不同的课程主题,确定“环境法圆桌会议课程”的课程安排和实施方案;四是制订合理的课程规则,包括课程参与规则、课程讨论规则、课程考核规则等。对于参与课程的学生来说,他们是“环境法圆桌会议课程”的平等参与者,其任务主要包括:其一,在课程进行前、课程进行过程中,在授课老师的指导下,对课程所涵盖的主题进行自由选题;其二,在自由选题基础上进行独立思考、自主研究,并及时接受课程教师的指导、与参与课程的其他同学积极沟通;其三,在课程进行过程中就自己的选定的主体进行专题报告,接受参与者的提问并回应相关问题;其四,在整个课程教学活动中,参与者应当积极参与讨论与论辩、踊跃提问、敢于表达自己的独立见解和观点、进行多渠道的交流与沟通等。

3. 做好"环境法圆桌会议课程"教学活动的组织与实施工作。"环境法圆桌会议课程"教学活动的组织与实施,关键是通过科学、合理地确定"环境法圆桌会议课程"的教学目标、内容、计划、方案和规则等方面,充分调动和提高学生课堂参与的积极性和主动性,有效地提高"环境法圆桌会议课程"的教学效果和效能。在进行课堂教学活动前,从法学专业特定课程的教学要求和任务出发,根据不同法学专业课程的特点,合理选择"环境法圆桌会议课程"的目标、内容和范围,特别是在授课老师的指导和学生的参与下,共同确定课程的若干主题,并对每一个主题安排一个或几个主讲者。在课堂教学进行过程中,参与的师生对主题报告者报告涉及的观点和主张可以提出自己的问题、发表自己的见解,主讲者与其他参与者之间、参与者之间可以就特定问题进行提问、回应、讨论、评论和论辩。在具体方法方面,"环境法圆桌会议课程"在课堂上可以采用互动式交流、苏格拉底式提问与回答、头脑风暴和课堂辩论等多种课堂教学方法和教学形式。

4. 对"环境法圆桌会议课程"采取有效的考核方式并进行客观的评估。在传统的法学课程教学考核中,以考试成绩评价学生的标准往往是唯一的,法学课程考试往往偏重于考核学生对法律知识的记忆力而不是对法律问题的分析能力、判断能力和推理能力,因而,它很难培养学生的独立思考精神和创新性思维能力。"环境法圆桌会议课程"的考核通常不需要传统意义上的考试,而是根据教学目标创造出一套新的学生考核与评价方法,它可以由学生自我评价、学生彼此之间的评价与老师的评价相结合,共同构成"环境法圆桌会议课程"对学生的考核和评价。同时,在"环境法圆桌会议课程"结束后,应当对其教学的各环节进行客观的评估和反馈,以便日后修正和调整"环境法圆桌会议课程"教学活动,使课程能够不断地规范化和科学化。

5. 在“环境法圆桌会议课程”中合理利用电子信息资源、互联网交流与沟通方式以及多媒体手段。信息时代科学技术的发展,特别是电子信息、互联网络和多媒体的广泛应用,为“环境法圆桌会议课程”开展提供了很大的便利,并赋予其教学方法一些新的手段和形式。“环境法圆桌会议课程”应当运用新的信息技术手段和方法,为“环境法圆桌会议课程”的开展创造新的形式和条件,使“环境法圆桌会议课程”的创新性发展得到电子与信息技术的支撑和帮助。

五、结语

“环境法以认识、把握与解决环境现实问题、环境法律问题为根本出发点,它往往置身于事实、规范与价值的交汇地带,关涉事实、规范与价值的不同范畴和学科领域,并具有跨学科的交叉性。环境法只有超越狭隘的部门法、法学学科视野,才能在更加广阔的跨学科视阈下认识、把握环境法律问题,并探寻解决环境法律问题的公平、合理、有效的法律方案和路径。”①服务于新型的人才培养目标和教学改革的目标,设置创新性的“环境法圆桌会议课程”的基本思路是通过改革现行环境法学教学的观念、教学方法、课程组织形式等,增强学生在环境法学教学活动中的参与性、自主性和创新性,提高学生应用环境法学理论和知识的能力,增进师生之间、学生之间思想观念、思维方式及其法律知识的互动、交流和沟通,最终达成学生对环境法学理论和实践的更深层次的理解和认识。

“环境法的生命力在于其社会实践性,即从现实生活中汲取学科的灵感,不断地把现实生活中出现的环境与资源保护问题转化

① 柯坚:《事实、规范与价值之间:环境法的问题、立场、学科导向与实践指向》,载《南京工业大学学报》(社会科学版)2014 年第 1 期。

与提升为环境法学的理论问题。环境法学需要告别那种'概念来,概念去'或'文本来,文本去'的研究方法,真正面向丰富多彩的社会现实生活,从现实生活中提炼出环境保护的理论问题,这才是环境法学的生命力之所在。"[①]在法学教学中设置"环境法圆桌会议课程",对我国的环境法学教育既具有必要性,又具有在环境法学教学改革中实际操作的可行性。从更广泛意义上讲,在我国高等教育的法学专业设置"环境法圆桌会议课程",不仅适用于法学专业教学,而且还可以推广、运用到其他人文、社会科学专业中,特别是具有较强实践性的一些学科中。因此,"环境法圆桌会议课程"教学改革意义并不局限于法学专业,它有助于从总体上丰富和提高我国高等教育教育的组织形式、方法和教学理念,推动我国法学以及其他人文、社会科学专业教学理论和实践的改革和发展。

① 吕忠梅:《环境法学研究的转身——以环境与健康法律问题调查为例》,载《中国地质大学学报》(社会科学版)2010年第4期。

环境法学实践教学的尝试：模拟听证会

严厚福*

一、缘起：环境法特殊的“公众参与”实践催生了“模拟听证会”

“学以致用”是法学教育的理想状态，但法学教育长期以来存在较严重的“理论与实践相脱节”的情形。2011年12月教育部、中央政法委员会发布的《关于实施卓越法律人才教育培养计划的若干意见》（教高〔2011〕10号）指出：“我国高等法学教育还不能完全适应社会主义法治国家建设的需要，社会主义法治理念教育还不够深入，培养模式相对单一，学生实践能力不强，应用型、复合型法律职业人才培养不足。”2015年12月，教育部高等学校法学类专业教学指导委员会发布的《高等法学教育贯彻党的十八届四中全会精神的教学指导意见》第三部分“提高课堂教学质量”指出：“要在教学过程中积极采用参与式、讨论式、交互式教学方

---

* 北京师范大学法学院副教授。

法,落实学生主体地位,避免单纯的理论灌输与说教;要重视并推广案例教学法,将社会主义法治国家建设实践中的鲜活案例转化为教学素材,融入课堂教学。”习近平总书记在考察中国政法大学时也强调:“法学学科是实践性很强的学科,法学教育要处理好理论教学和实践教学的关系。”①

环境法是为了有效应对环境问题而产生和发展起来的一个部门法。相对于其他部门法,环境法的实践性更加突出。尤其是环境法中还有大量的“公众参与”,是传统部门法所没有或者不太强调的。如何在环境法教学中拓展学生们的“实践能力”,体现出环境法实践的特殊性,是环境法教学必须直面的一个问题。

一直以来,法学院都有案例教学,也有模拟法庭课程,还有专业实习环节。但问题在于,案例教学虽然可以讨论实践中的案例,但更多只停留在“讨论”上,属于“动口不动手”,并且教学实践中主要以教师讲授为主,学生的角色主要是“听”。而笔者认为,即便“听”一百个案例,对学生产生的实际影响也不如让学生自己动手彻彻底底地“做”一个案例。② 而模拟法庭虽然动口也动手,但实践中的很多环境纠纷案件或者环境群体性事件,根本没有进入司法程序,因此,“模拟法庭”难以有效处理此类案件或事件。在专业实习环节,虽然学生会到公检法机关、律所、企业等地接触法律实务,但更多还是处理诉讼或者非诉业务,很难有机会接触“公

① 《习近平在中国政法大学考察》,载新华网:http://www. xinhuanet. com//politics/2017 - 05/03/c_1120913310. htm,最后访问日期:2018 年 10 月 28 日。

② 正如何美欢教授所言:“如果希望学会游泳,除了入水练习外,没有其他途径。不愿意人水的人(如本人),无论他多么努力聆听关于游泳的讲课,多么努力做笔记,多么成功地考笔试,他也不会懂得如何游泳。”参见何美欢:《理想的专业法学教育》,载《清华法学》2006 年第 3 期。葛云松教授也曾指出:“天天看世界杯成就不了足球明星。只有让学生亲自去做、亲自去犯错,然后通过讨论和老师的引导,自己发现自己的错误,亲手去不断地修正错误,最后才能掌握知识和技能。”参见葛云松:《法学教育的理想》,载《中外法学》2014 年第 2 期。

众参与”的案例。

在“环境决策”实践中,“公众参与”是非常重要的一环。如何提升学生在“环境决策”中践行“公众参与”的能力,这可能是环境法实践教学与传统部门法实践教学的一个重大差异,也是环境法实践教学的核心特征之一。在深入研究了实践中环保部门举行的环评审批听证会以及其他部门组织的听证会之后,笔者萌生了在《环境保护法》课程中举行“模拟听证会”的念头。

二、模拟听证会的教学目标与教学设计

“模拟听证会”的教学目标有以下几点。(1)提升学生参与和解决实际环境纠纷的能力。许多学生毕业以后,都将进入政府机构或者企业工作,很可能将来会实际处理类似的环境纠纷案件。当然,更多的学生都将成为“公众”。通过模拟听证会让他们提前了解环境决策中政府、企业、公众不同的视角、不同的立场、不同的关注重点等,有助于帮助学生树立全面、客观、理性处理环境纠纷案件的观念和能力。(2)提升学生理性看待和分析实践中的环境问题和环境法律问题的能力。在实践中,学生真正体验环境保护“公众参与”的机会毕竟不多,但学生有大量的机会从各种途径(尤其是网络)了解极富争议的环境问题或者环境法律问题,并且很热衷于参与评论、转发。在看待和分析这些问题时,法学院的本科学生(其他文科学院的学生也差不多)往往激情有余,理性不足;情怀有余,科学不足。通过模拟听证会的训练,通过了解环境争议背后的科学原理,通过了解不同立场、不同知识背景的“参与者”的意见,通过探寻环境争议背后的法律依据,让学生能够更加科学、理性、全面、“依法”地看待和分析环境争议,甚至其他方面的争议。用著名环境教育专家、环保部宣教中心贾峰的话来说,就是要让学生在看待和分析环境争议时全面树立德先生(民主)、赛先生(科学)和劳先生(法治)的观念。当然,引导学生理性思考和

分析这个教学目标,会一直贯穿在本课程的始终。模拟听证会的教学设计如下。

(1)教师根据当年或近年实际发生过的环境纠纷案件(尤其是引发过群体性事件的案件),选取具有代表性的案例作为模拟听证会的讨论案例;或者选取虽然未实际发生,但一旦发生很可能会引发巨大争议的案件作为讨论案例。为了让模拟听证会能够尽可能地深入讨论,笔者也鼓励同学们开动脑洞,“脑补”一些合理的细节,弥补现有资料的不足。

以2018年6月举行的“石家庄市核能供暖示范工程立项模拟听证会”为例,案例简介如下:

2017年为了解决供暖季华北地区严峻的空气污染问题,华北地区开始了大规模的“煤改气”工程。但“煤改气”工程完工以后,却因为天然气供应没跟上,致使部分地区未能及时供暖或者供暖温度不足,部分居民“挨冻”,引发舆论广泛关注。

为了在解决大气污染问题的同时避免再次出现天然气供应不足的问题(假设天然气供应不足的问题在三五年内难以解决),2017年11月28日中核集团在北京正式发布其自主研发可用来实现区域供热的“燕龙”泳池式低温供热堆。据测算,一座400MW(1MW=1000KW)的“燕龙”低温供热堆,供暖建筑面积可达约2000万平方米,相当于20万户3居室。“燕龙”是中核集团在泳池式研究堆五十多年安全稳定运行的基础上,针对北方城市供暖需求开发的一种安全经济、绿色环保的堆型产品。其原理是将反应堆堆芯放置在一个常压水池的深处,利用水层的静压力提高堆芯出口水温以满足供热要求。热量通过两级交换传递给供热回路,再通过热网将热量输送给千家万户。

假设中核集团初步选择将在石家庄市建设核能供暖示范工程。

(2)教师随机把同学们分为政府组、企业组和公众组(因为在模拟听证会进行过程中要对各个小组进行问卷调查,为了避免同学们先入为主或者有倾向性意见,分组时的“随机”是一个非常重要的因素)。企业组的目的主要是用尽一切办法说服公众和政府接受这个项目,公众组的目的主要是千方百计表达对整个项目潜在的环境影响的担忧,并且让政府和企业有效地回应他们的担忧。政府组的目的是要在促进经济发展和保障公众环境权益之间取得平衡。简言之,就是让政府组、企业组、公众组就该争议项目涉及的经济、社会收益、环境风险以及公众环境权益保护等进行充分的讨论和沟通。

(3)分组完毕后,选择一名同学作为小组负责人,给同学们 1 个月左右的时间准备,告知同学们可以查阅哪些参考资料。课后各组的负责人会组织本组同学进行分工,并组织若干次线上(微信群)或线下的讨论。

(4)正式举行模拟听证会。教师作为听证会主持人,先让政府组、企业组简要介绍项目基本情况,然后由公众就其关心的环境问题提问,政府组或者企业组回答。最后,由政府组、企业组和公众组分别总结各自的观点。听证会结束后,由教师对整个模拟听证会各方的表现进行点评。

(5)3 次问卷调查,分别在分组前、分组之后模拟听证会开始之前、模拟听证会结束之后进行,调查同学们对于争议项目的看法(在第二次、第三次问卷调查时,笔者会特别强调,调查的是每位同学的真实想法,而不是他们所在的组别的观点),并分析分组情况以及模拟听证会的进行是否会对同学们的看法产生影响。

问卷调查设计如下(与之前的案例简介相配合):

(1)假如你是拟建核能供暖项目环境影响范围内的居民,你对该项目的建设持何种态度?(　　)

A. 支持　　　　　　　　　B. 反对

C. 无所谓　　　　　　　　D. 进一步了解情况后再决定

E. 其他(请注明)____________________

(2)如果你反对该项目的建设,你将采取何种措施来维权?(最多选三项)(　　)

A. 不采取措施,反正总会有人站出来反对的

B. 上访

C. 上街散步

D. 在网上发帖、微博、微信

E. 在政府或企业启动公众参与程序时,积极提意见

F. 申请政府公开相关决策信息

G. 拨打 12369 环保热线投诉

H. 向法院提起诉讼

I. 其他(请注明)____________________

从 2014 ~ 2015 学年第一学期起,笔者在法学院本科生的环境保护法课程中,每一学期都专门安排 2 课时,就某个环境热点案件举行"模拟听证会"。目前,共进行过五次模拟听证会,模拟过的环境纠纷案件包括第三代核电项目、垃圾焚烧厂、核废料循环利用项目、大庆忠旺铝业项目、核能供暖项目等。

三、模拟听证会的教学效果

在设计模拟听证会时,笔者预期的教学效果如下。(1)提升学生对真实环境纠纷案件的"参与感"与"代入感"。(2)促使学生学会从不同的立场和视角来分析实践中的环境纠纷案件,让学生了解环境决策过程中政府和企业所考虑的事项与公众视角的差异。一般情况下,学生只会从"公众"的立场和视角来看待环境纠纷案件,往往觉得政府和企业是"坏人",通过模拟听证会,可以让

学生更充分、全面地理解在一个环境决策中,不同主体各自有哪些利益诉求,如何平衡不同的利益诉求之间的关系,如何通过合法的手段来维护自身的利益并推动公共利益最大化,如何争取实现政府、企业、公众三方共赢的结果。(3)提升学生的专业能力。因为所有的环境纠纷案件都涉及比较专业的环境科学问题和法律问题,学生在准备模拟听证会时,必须要查阅大量的环境科学和法律方面的资料,经过模拟听证会,学生们对于核电、垃圾焚烧、核废料处理、化学以及环境法学等方面的知识获得显著提升,有助于将来更科学、理性地参与环境决策。

实践中很多涉及环境决策的听证会,由于参与者的专业能力和思维能力问题,并没有起到很好的效果。所以笔者在组织模拟听证会时,一再强调要求学生必须搞清楚基本的科学问题,还得学会用理性、客观的态度和方法来提出观点。法学院的学生大多数是文科生,要搞清楚科学问题有很大的难度。但学生们对此表现出了极高的兴趣,也展现出卓越的学习能力。每次在听证会上,学生们的发言,尤其是企业组的发言,让笔者感觉到他们俨然成了核电、化学、垃圾焚烧等领域的专家。所有组别的同学的"科学素养"都非常高,专业的数据,几百页的环评报告中存在的问题,他们也能信手拈来,以科学的知识和方法来支持自己的观点。

这是一个团队合作的项目,每个组的同学有共同的目标,在这个目标下,各自有不同的分工,从不同的角度来论证、强化自己所在组的论点。比如,公众组的同学,可以自由地给自己设定角色,如老师、记者、医生、大学生、NGO 工作人员、渔民、农民、打工者等,从不同的角度提出自己的诉求或者担忧。企业组的同学,有负责技术的,有负责管理的,有负责与公众沟通的。政府组的同学,有政府的负责人,有环保部门负责人,有其他负有环境保护监督管理职责的部门的负责人,也有政府请来的专家,等等。可以说,这是一场逼真度很高的环境纠纷案件的角色扮演。

通过模拟听证会,笔者能够明显感受到同学们的专业能力和思维能力都得到了提升。从专业水平来说,经过模拟听证会,许多人对于自然科学知识的掌握程度已经超过了我对“文科生”的想象。与此同时,同学们的法律知识也有很大的提升,学会了千方百计地寻找各种法律依据来支持自己的观点。从理性思维能力来说,经过模拟听证会,同学们学会了倾听基于不同立场的不同意见,学会了求同存异,学会了追求个人利益和公共利益的平衡,学会了基于科学和真实的信息的理性的公众参与。未来,他们有望成为环境决策中建设性公众参与的中坚力量。

在学生的评教中,同学们普遍反映,模拟听证会给他们留下了深刻的印象,增强了他们分析和解决环境纠纷的能力,增强了他们科学、理性参与环境决策的能力。

有一个真实发生的事件可以说明“模拟听证会”对提升同学们“理性参与”能力的影响。2016 年 12 月 1 位同学得知,在她的家乡要建一座核电站。正好在不久前,她刚刚参加了“连云港核循环项目模拟听证会”,扮演“政府组”的角色。她没有像她绝大多数的老乡一样,下意识地反对,而是上国家核安全局的网站,找到了这个项目选址阶段的环境影响报告书,认真研读了之后,给当地人民政府发了一封邮件,提出了九个非常专业的问题,有理有据。在信中,她特意说明:“我写这封信的目不是为了反对建设核电站,在充分了解相关信息之前我并不打算轻易下结论,但我希望政府能够听取公众的声音。”第二天,她就收到当地政府的回信:“你来信咨询的问题很专业,也比较多,涉及多个专业,我们希望能安排专业人员跟你做一个面对面的沟通和交流。”两天后,她接到一个电话,核电公司的 1 位工程师来北京出差,想约她面谈,并邀请她寒假时去其他核电站参观。虽然最后由于种种原因,她未能继续跟进这件事,但她在这封信中所展示出来的专业能力和理性精神,让笔者无比欣慰。

写这样一封信,当然比喊几句“我反对”或者“切尔诺贝利”或者“福岛”难多了。她需要浪费无数脑细胞去看厚厚的充满着各种文科生很难看明白的公式和术语的环境影响报告书,还要去查阅各种规划、法条,才能在此基础上提炼出9个问题,但这正是笔者希望通过“模拟听证会”以及日常的环境法教学最希望看到的结果。

四、问卷调查:印证分组讨论中的“极端化”倾向

为了考察学生对一个特定环境纠纷的观点的变化以及不同分组对学生观点的影响,笔者会在举行模拟听证会期间进行3次问卷调查,调查学生对该项目的看法(赞成、反对、观望、无所谓),学生需实名回答。第一次是在分组之前(此时学生对项目的了解仅限于教师的简单描述);第二次是在分组之后,模拟听证会举行之前(这时,学生已经根据自己的分组查阅了相关资料);第三次是模拟听证会刚刚结束之时(此时,学生已经充分了解本组及其他组别的看法)。在第二次和第三次问卷调查时,笔者会向学生强调,填写问卷时一定要基于自己最真实的想法,不要受自己所在组别的约束。比如,企业组的同学不一定非要赞成该项目,公众组的同学也不一定非要反对该项目。

经过这几年的问卷调查,笔者证实了《乌合之众》《极端的人群》等书中提出的群体心理学的规律:进行讨论的一个群体的成员通常到最后所采取的立场,与讨论前成员所持有的倾向总体相同,而且更为极端。①

在未分组之前,所有同学对某个项目的意见基本上呈随机分布,以反对或者观望态度为主。被分到政府组和企业组的同学,在

① 参见[美]凯斯·R.桑斯坦:《极端的人群:群体行为的心理学》,尹宏毅、郭彬彬译,新华出版社2010年版,第4页。

经过查阅资料和模拟听证会之后,支持该项目的比例远远超过被分到公众组的同学。一个合理的解释是,因为政府组和企业组的角色是要说服公众接受该项目,所以他们倾向于收集支持该项目的信息;而公众正好相反。双方接触的信息的不同以及预设立场的不同,导致一开始对于该项目的意见不存在差别的同学们,在分组之后就呈现出巨大的差异。

最近两次模拟听证会,因为笔者已经在上课时跟学生讲过"极端化"的原因,所以所有组别在调查问卷中都倾向于更加理性,"极端化"的倾向有所减少。

这些调查的表明:在真实的环境纠纷案件中,如果政府和企业想要避免群体性事件,就应当努力倾听公众的意见,同时,尽量让公众多接触关于该项目的"正面"信息,尽量与公众进行科学、理性的对话。公众也应当秉承科学理性的精神,与政府部门展开有理有据的对话,而不能陷入偏激或者非理性的境地。不同立场的主体之间,通过科学、理性的讨论,有助于减少极端化——尽管未必能消除极端化。

五、"模拟听证会"教学的局限性

首先,随着模拟次数的增加,案例选择越来越难。适合模拟听证会的案例必须是争议较大的案件,否则没有讨论的价值。而且,因为每次模拟听证会之前,笔者都把之前所有模拟听证会的文字实录发给学生作参考,所以就不能再用以前已经用过的案例,必须寻找新的案例。但实践中引发广泛争议的环境纠纷也就那么几类,选择合适的案例的难度越来越大。

其次,每个学期进行一次模拟听证会,每个学生只有扮演一种角色的机会。从理想的角度来看,应当让每个学生有机会把公众、企业、政府三种角色都扮演一遍,这样的体验才更加"完整"。但课时有限,没有时间,也没有足够的案例让学生"全方位无死角"

地体验。

最后,因为选课学生众多(一般都有六七十人),而模拟听证会总共只有100分钟,无法确保每个学生都有发言机会。一般情况下,所有发言的同学加起来也不会超过30人。为了弥补这个遗憾,笔者会让没发言的同学提交一份书面的发言材料。但提交书面的发言材料毕竟无法弥补未能实际发言的遗憾。

总之,模拟听证会取得了较好的教学效果,基本上实现了预期的教学目标。但就环境法的实践教学而言,模拟听证会也只是"杯水车薪",还存在很大的局限性,需要和其他实践教学手段相配合,才能更好地实现"学以致用"的效果。

通过利益相关方角色扮演模式培养环境法律人才的实践技能

——以佩斯大学法学院"Environmental Skills"课程为借鉴*

王惠诗涵**

一、问题提出

法学作为实践性的学科,实践技能的培养在各校中的教学科研有诸多研究与课程设计。近年来,在生态文明建设的背景下,环境法律人才的环境法实践技能培养在近年来颇受到关注。与此同时,环境法诊所开展十分迅速,尤其是近年来相关研讨会议的开展。比如,"环境法律诊所教育国际研讨会"、中国法学会法学教育研究会诊所法律教育专业委员会2017年年会暨"诊所法律教育与实践教学体系的完善"论坛等,这些都给培养环境法律人才进行环境法律应用能力和技巧的训练:接触真实环

---

* 本研究及论文得到中国国家留学基金资助。

** SJD candidate in Environmental Law at Elisabeth Haub School of Law at Pace University. 美国佩斯大学法学院环境法专业博士生,导师卡尔·S考普兰(Karl S. Coplan)。

境案件、体验环境法实施过程等提供了愈来愈广阔的诊所实践机会。因此,这些都使许多高校设计和开设了环境法律诊所等实践课程,形式日渐繁荣。然而,事实上却有一些难以完全克服的缺点,以致高校环境法诊所依然无法全面地带动学生对环境法的"多元多中心"的性质有深入的理解和对环境法律进行有效运用和思考。

基于此,目前仍有必要深入探讨和借鉴国外优秀的课程模式,以完善环境法律实践技能培养的多思考角度以及多方共同推动环境善治的领悟。

二、环境法的多中心、多元互动的本质

环境法学是一门典型的新兴交叉应用型法律学科,其学科特征集中体现为"法律+科学",其不仅与法学内部的二级学科民法学、刑法学、行政法学、诉讼法学等密切相关,而且还涉及环境科学、生态学等内容。

环境法是多中心和多元化的。它是多中心的,因为没有任何一个机构能够制定环境法的所有决策规则;它是多元化的,因为无论在哪个国家环境法及相关规范标准的制定和实施涉及来自社会不同部门的多个利益相关者。

因此,学习环境相关法律及其实践技能的经验不同于典型第一年的法学院本科课程:课程首先都是基础课程,另外课程设置几乎完全侧重于由一个机构(司法机关)产生的普通法法律规则,通常解决双边争议。比如,刑法是标准第一年课程中的一个法定课程,涉及立法机构制定并由司法机构解释的相对简单的法定条款。而环境法是多科性综合学科,其涵盖了民事法律部门、行政法律部门以及刑事法律部门及其各类诉讼程序法律,并且,还有环境科学的自然科学的知识和技能。在本科第二学年以上、研究生阶段开展环境法律课程及技能培养是非常合时宜的。

(一)环境法的多元互动监管

大多数环境法律法规是通过立法颁布,由行政执行和司法解释、司法审判制度实施的。在中国,地方性法规和地方政府规章也有相应的权限对环境管理作出规制。在美国,合作联邦制增加了第二层机构,因为州立法机构和机构在实施联邦制定的标准方面发挥作用。因此,无论是在中国还是在美国,环境法律法规的制定和实施涉及许多参与者:在中国,全国及各地方人大及其常委会、国务院及地方政府,包括其部门—生态环境部及地方环境保护行政机关、各级环境保护法庭等;在美国,参议院、众议院、国会委员会、总统、联邦与州环境保护局(Environmental Protection Agency, EPA)办公室、白宫管理和预算办公室、美国陆军工程兵团、行政法法官、联邦地区法院、上诉法院、美国最高法院、州立法机关等。当然在尤其是立法阶段,还要广泛征集意见、公众参与,因此,还需要环境社会组织、公众、还有一些企业等。

(二)环境法的多元利益相关者参与

如上所述,在中国,在环境立法、司法行政在具有正式立法权限的机构名单中增加了地方人大、地方人民政府;在美国州和联邦层面的利益相关者和倡导机构。由此,环境行政管理制度以及环境司法制度引领了从两极法律管理模式向现在普遍存在的多元化、多中心利益相关者模式的转变。在两极模型下,监管计划的机构管理被视为该机构与受监管行业之间的双边谈判。[①] 随着环境法治在各个国家的发展,这种双边谈判让位于更多元化、多中心的模式。尤其是,从美国缘起的消费者和环保团体要求在座位上占有一席之地,其他国家也在逐渐效仿。为此,我国《环境保护公众

---

① Karl S. Coplan, "Teaching Substantive Environmental Law and Practice Skills Through Interest Group Role-Playing", 18 Vt. J. Envtl. L. 194 (2016), at 198 – 199. Accessed Nov. 12, 2018. https://digitalcommons.pace.edu/cgi/viewcontent.cgi?article=2048&context=lawfaculty.

参与办法》于2015年7月出台，这也是我国《环境保护法》在总则中明确规定了“公众参与”原则的具体体现，并对“信息公开和公众参与”进行专章规定。中共中央、国务院《关于加快推进生态文明建设的意见》中提出要“鼓励公众积极参与。完善公众参与制度，及时准确披露各类环境信息，扩大公开范围，保障公众知情权，维护公众环境权益”。①

在现代环境管理中，环境社会组织参与者也在通过倡导和诉讼活动来影响法律的发展。由此，环境法的制度的制定、实施以及救济主题还包括：个别工业设施（如钢铁厂和发电厂）、代表这些行业的国家贸易协会、社会组织（民营非企业、社会团体或基金会等）以及个人。这些实体中的个体参与者包括企业高管、环境经理、社区组织者、活动家、律师。

综上，在高校培养环境法律人才的课程设置中，尤其是其实践技能培养上要注重环境法的实践性与多元性和多利益相关者参与的性质，有助于二年级以上的本科生或研究生理解与掌握环境法的多中心互动多元利益相关参与的性质特点。在课程设计环节，开发出“角色扮演”模式就满足学生在多元互动中在实体和程序全程了解掌握环境法的立法、执法、和司法的过程。因为学生们在这些中扮演着各种职业的角色以及机构，帮助学生了解其中的角色和相互接触的这些机构在法律程序中的运作。这种互动性在其学习过程中还可以培养出对待相关机构行为时最初的分析问题的思维以及所采取的第一反应。另外，这有助于学生理解个人专业人员在这些机构内所要求的任务和所需的技能，为之后的就业作最初的接触和准备。

---

① 《环境保护部解读〈环境保护公众参与办法〉》，载中华人民共和国中央人民政府网：http://www.gov.cn/zhengce/2015－07/22/content_2900767.htm。

三、美国佩斯大学法学院"Environmental skills/Clean Water Act"课程

(一)"Environmental skills/Clean Water Act"课程设计的合理性

美国佩斯大学法学院 Environmental Skills/Clean Water Act 课程(以下简称环境法技能)在美国佩斯大学法学院成为其核心课程已有 20 余年的历史。① 这是一门面向其法学院 JD 学生要求学生获得环境证书的毕业证书及环境法专业 LLM 学生的必修课程之一。② 该课程是对美国水环境保护法的深入研究与着重结合行政实体和程序法的介绍以及实际技能结合起来的设计理念。笔者的导师 Karl S. Coplan 从 2007 年开始教授这门课程。

1. 环境法技能课程设计及目标

本课程的重点是美国联邦治理水污染的法律制度,包括普通法和成文法。这一法律制度类似于管理污染和废物控制其他方面的法律制度,如空气污染法和废物处置法。由于普通法在法规处理该领域之前就对其进行管辖,因此,课程从普通法开始。然而,本课程的大部分课程都探讨了复杂法规——清洁水法案(Clean Water Act)联邦法规的解释和实施。其解释和执行的一个组成部分是所有监管法规共有的行政程序,受《联邦行政诉讼法》管辖。本课程使用杰弗里·米勒、安·鲍尔斯和南希·龙案例书籍:《环境法概论——水污染控制案例和材料》(*Introduction to Environmental*

---

① Karl S. Coplan, "Teaching Substantive Environmental Law and Practice Skills Through Interest Group Role-Playing", 18 Vt. J. Envtl. L. 194 (2016), at 198 - 199. Accessed Nov. 12, 2018. https://digitalcommons.pace.edu/cgi/viewcontent.cgi?article=2048&context=lawfaculty. note 2 at 199.

② Advanced Certificate in Environmental Law, https://law.pace.edu/juris-doctor-program/environmental-law-program/advanced-certificate-environmental-law.

Law, Cases and Materials on Water Pollution Control)。

该课程的目的是学生通过学习和掌握一个复杂的监管法规及其实施规则,学生将能够自己或在最少的指导下提出法律建议或者他人。美国清洁水法案是对法定挑战其解释的一个很好的参照,因为它是一个复杂的法规,在一些地方起草或解释得很巧妙,在另一些地方则模棱两可,具有丰富的立法历史。环保局实施清洁水法案的法规同样很好地介绍了监管解释的挑战,因为这些法规比实施《国内税收法》的国税局(Internal Revenue Service, IRS)法规更复杂和技术性更强。[①] 本课程的重点是学习如何利用法律和行政手段来解决相关问题。

在第一周,学生被分配到课堂讨论和练习的角色,即政治家、环境活动家、公益律师、联邦环保署律师或企业法律顾问。学生应在整个课程中根据自己指定的观点分析和辩论问题和争议。最后的成绩是根据 4 个书面作业(90%)和出勤加课上参与(10%)计算的。2 个主要的写作和研究项目分别占分数 30% 和 40%,2 个后续作业分别占 10%。[②]

2. 课程结构及角色分配

首先,该课程审查在没有任何法定管制的情况下对水污染问题的普通法救济办法。接着,课程将对行政法和程序进行概述,并对联邦清洁水法案进行介绍和概述。概述后,本课程详细考察清洁水法案水污染监管制度的各个方面,包括:清洁水法案许可证相

---

① Karl S. Coplan, "Teaching Substantive Environmental Law and Practice Skills Through Interest Group Role-Playing", 18 Vt. J. Envtl. L. 194 (2016), at 198 - 199. Accessed Nov. 12, 2018. https://digitalcommons.pace.edu/cgi/viewcontent.cgi? article = 2048&context = lawfaculty. note at 199.

② Karl S. Coplan, "Teaching Substantive Environmental Law and Practice Skills Through Interest Group Role-Playing", 18 Vt. J. Envtl. L. 194 (2016), at 198 - 199. Accessed Nov. 12, 2018. https://digitalcommons.pace.edu/cgi/viewcontent.cgi? article = 2048&context = lawfaculty.

关介绍及案例、以水质为基础的标准的推导、以技术为基础的标准的推导、国家污染物排放消除系统(National Pollutant Discharge Elimination System,NPDES)许可内容、程序和执行。书面作业包括对拟议规则的公众评论,后续作业包括最终规则和参与司法审查规则的文件。还分配了关于NPDES许可证草案的评论,并附有审查和执行最终许可证的后续文件。

学生可以承担的课堂角色范围展示了环境法中人类行为的范围。政府的作用包括联邦一级的立法、行政、行政和司法作用,以及州行政作用。行业角色包括代表受清洁水监管的各行业的律师和高管。环保人士的角色包括社区积极分子以及代表地方、区域和国家环境活动组织的律师。让学生在整个学期中担任独特的个人角色的另一个好处是,它促进了每个学生的感觉,即他们被认为是为课程做出重要贡献的独特个体。斯克基教授将这种个人价值感确定为有效学习环境的一个关键要素。①

课程的第一天,学生们选出1名学生担任总统。总统随后任命1名环保局局长、环保局总法律顾问、环保局区域行政长官、管理和预算办公室主任以及最高法院法官、1名联邦上诉法院法官和一名地区法院法官。2名学生担任众议院代表,两名学生担任参议员——国会代表团分为工业化州和农村地区偏多的州。一名学生担任助理总检察长,另1名学生担任环境行政法法官。地区环保局的职位包括1名高级工作人员、水质工程师、区域法律顾问、许可证编写员和区域水质工程师。政府的职责包括环境保护机构的人员,如专员、总法律顾问、区域许可证管理员、区域顾问、区域水质工程师和渔业生物学家。行业角色包括钢铁公司、发电

① See Generally Roy Stuckey et al.,"Best Practices for Legal Education:A Vision and a Roadmap"(2007)(Describing Best Practices and Recommendations for Improving Legal Programs and Training).

公司、石化公司、矿业公司、纸浆和造纸厂、农业利益和房地产开发商的高管和律师。还包括一个城市和一个小镇的律师和环境工程师(行业角色根据教材中涉及案件的角色为参考)。

在“环保主义者”方面,现有的角色包括当地公民团体和当地环境团体的律师和活动家,如风景保护组织和特鲁无限(Trout Unlimited)的当地分会。区域水守护组织也是一个角色。学生们还担任国家环境组织的律师,如自然资源保护协会(Natural Resources Defense Councri,NRDC),环境保护基金(Environmental Defense Fund,EDF),野生动物捍卫者、荒野协会和塞拉俱乐部(Defenders of Wildlife,The Wilderness Society and Sierra Club)。除总统任命外,学生角色由教授分配。每个学生必须在上课的第一天请求自己喜欢的角色,说明他们的背景使他们有资格担任所请求的角色。到了第二周,学生们被告知要为自己在课堂讨论中的角色做好准备。

Environmental Skills 环境法技能 2018 年秋季学期角色扮演安排
(佩斯大学法学院课程系统 Environmental Skills 课程资料)

Environmental Skills Roles by Student Last Name			
EPA ADMINISTRATOR—PRESIDENTIAL APPOINTMENT	Dominique	G	Albano
LAWYER—STEEL COMPANY	Amy	J	Allen
DIRECTOR, OMB—PRESIDENTIAL APPOINTMENT	Rachel	M	Bauer
US REPRESENTATIVE—PROGRESS	Amanda	J	Bertan-Chung
LAWYER—SIERRA CLUB	Rachel	M	Breslin
LAWYER—EDF	Elizabeth	A	Burns
EPA REGIONAL ADMINISTRATOR—PRESIDENTIAL APPOINTMENT	Brendan	T	Cassidy

续表

EPA STAFF WATER QUALITY ENGINEER	Janet	A	Chris-Abassah
LAWYER—MINING COMPANY	Patrick	F	DeArmey
LAWYER/ACTIVIST—WATERKEEPER	David	L	Diab
LAWYER/ACTIVIST—DEFENDERS OF WILDLIFE	Tala	M	DiBenedetto
LAWYER—PULP AND PAPER MILL	Alexis	A	DiGirolamo
MUNICIPAL LAWYER—SMALL TOWN	Megan	E	Edwards
JUDGE—EPA ADMINISTRATIVE JUDGE	Allison		Fausner
PRESIDENT	Melanie	M	Franco
LAWYER—NRDC	Christian	C	Harned
LAWYER—NRDC	Will	F	Kellermeyer
STATE DEC COMMISSIONER	Jessica	M	Laird
CITY ENVVIRONMENTAL ENGINEER	Joseph	M	LaSpina
STATE DEC REGIONAL PERMIT ADMINISTRATOR	Taylor	J	Laverty
STATE DEC GENERAL COUNSEL	Alicia		Legland
JUDGE—UNITED STATES DISTRICT COURT—PRESIDENTIAL APPOINTMENT	Alexandra	M	Mormile
CEO—POWER GENERATION COMPANY	Colin	P	Myers

续表

EPA GENERAL COUNSEL—PRESIDENTIAL APPOINTMENT	Vani		Nayyar
JUDGE—US COURT OF APPEALS—PRESIDENTIAL APPOINTMENT	Brigid	E	O'Hara
LAWYER/ACTIVIST—LOCAL CIVIC/CITIZENS GROUP	Matthew	W	Pappalardo
MUNICIPAL LAWYER—CITY WITH SEWAGE TREATMENT PLANT	Mackenzie	M	Peet
LAWYER—POWER GENERATION COMPANY	Kimberly	K	Peterson
LAWYER—PETROCHEMICAL COMPANY	Zack	G	Randall
LAWYER—REAL ESTATE DEVE + B6:E119LOPER	Anastasia	T	Reardon
JUSTICE—UNITED STATES SUPREME COURT—PRESIDENTIAL APPOINTMENT	Aaron	B	Rudyan
LAWYER—AGRICULTURAL INTERESTS	Nick	M	Sioufas
EPA SENIOR STAFF ATTORNEY	Ayodeji	O	Soyeju
LAWYER/ACTIVIST—THE WILDERNESS SOCIETY	Joe	C	Stark
US SENATOR—PLEASANT	Alexis		Tomaino
ASSISTANT ATTORNEY GENERAL, US DOJ, ENVIRONMENT AND NATURAL RESOURCES DIVISION	Julie	A	Yedowitz

我们知道,任何参加过公开听证会、会议、庭审和律师聚集的其他地方的人都可能观察到,律师往往会根据他们所代表的利益集团聚集在一起。也就是说,行业律师倾向于与其他行业律师聚集在一起,环保团体的律师倾向于与其他倾向于环境的律师聚集在一起,政府律师倾向于倾向于其他政府律师。因此,据笔者观察,教授为了反映这种实践的社会现实,教授安排本堂课要求学生和其他具有类似兴趣群体角色的学生坐在教室的同一部分。因此,环保团体的律师都坐在教室的一边,而他们的对手,行业律师,坐在另一边面对着开放的中心的教室。有司法角色的学生坐在中心部分的前排,必要时随时准备听取辩论。美国环保署的律师和人员坐在中心区域的一侧,而州环境局人员则坐在另一侧。利益相关者的座位分配不仅反映了一种实践的社会现实,还促进了在课堂问题解决和模拟过程中利益集团内部的讨论和协作。并且,这种角色扮演和作为安排都是持续一整个学期 18 周,每周 2 次课,每周两课时,共计 72 课时的课程安排,这种讨论和写作也是在持续一学期高强度的在模拟和练习。

在笔者与其导师(授课教授)访谈中获悉,课程除了课堂模拟外,课堂还结合讲座和苏格拉底问题解决。课堂对话不是质疑学生“规则”,而是在阅读材料的互动解决问题和仔细审查案件所涉及的程序和政策倡导作用之间交替进行。课堂模拟练习包括就拟议规则举行公开评论听证会、介绍最终规则、就司法审查程序提出质疑、最终规则的口头辩论、谈判以及关于审查最终许可的口头辩论。

本文举例说明了该类如何使用角色扮演来探索水污染问题的解决方案。由于课程还未结束,本文举例为普通法补救办法,最能反映美国环境法律制度的一类。

本学期,首先,在没有任何立法或管制的情况下审查普通法对水污染的补救办法。本案例是基于一个假设的湖,湖位于两个虚构的州之间。湖周围有各种水源污染,包括燃煤电厂、饲养场、屠宰场、城市污水处理厂、苹果园、休闲码头、有污水田漏水的小村庄和牧场。扮演社区积极市民的学生被要求扮演代表遭受水污染的小社区的律师的角色。他们设计了普通法法律理论,可以提供补救办法。学生必须使用指定的案例:决定起诉哪些被告,阐明诉讼原因的要素,将事实应用于这些要素,甚至考虑州间污染争端将有哪些司法依据。因此,原告的律师选择被告、诉讼原因和理论,如公共或私人妨害。其次,被告的律师,如发电厂或饲养场的律师,必须就为何要驳回案件或为何其当事人应根据案情胜诉提出论据。这些论点是在非常基本的基础上必须提出的。也就是说,学生们没有提前接到指示,要为课堂讨论的细节做好准备。这有助于学生学习如何"独立思考",这是一种宝贵的专业技能。以美国地区法院法官的身份任职的学生将被问及如何对双方提出的论点作出裁决。阅读中分配的案例是双方论点的规则和权威来源,没有通常的苏格拉底对事实的审查和对每个具体案例的掌握。除了教授实际技能,如发展行动的原因、法律相关的事实、选择法律和法院的选择、普通法救济措施的模块说明了在解决水污染方面普通法弥补了水污染方面的空白。而学生需要解决的是共同因果关系和责任、缺乏前瞻性补救办法、法律选择以及在提出申诉和答复时缺乏州之间救济办法等问题。如同笔者所观察,本案例(模块)确实有助于学生在自己角色范围内以自己的立场与同伴(若有)的"独立思考"能力的提升,也为日后的案例分析提供了最初的思维训练。

(二)Environmental Skills/Clean Water Act 课程借鉴的可行性

笔者曾在佩斯大学法学院环境法技能课上旁听,至今认为,本课程的设计的确对国内的环境法教学中有可借鉴的意义并且具有可行性。

首先,以一整学期72课时的时间,完全参与浸透式地针对一门环境法中专门的清洁水法案的立法行政司法相关的学习,是高效率、高强度的。此类型的课程将环境法学的基础课程与诊所真实案例实践课程以得到完美结合:"环境法学"为环境法基础入门和引导式学习环境法的必修课程,是目前各大高校法学院系的必备科目,以更加贯彻"生态文明建设"的宗旨,践行在法学高校中环境法的普及。环境法诊所作为学生专业实习实践真实案例,并且与校外机构合作的实务真枪实战,有效检验了在校的环境法知识并且衔接了未来择业就业的尝试与机遇。除此之外,笔者认为,环境法技能的课程可以作为衔接环境法学基础课程与实践诊所课程的技能养成课程,可以针对或者通用环境专门法律的学习,类似针对美国清洁水法案或者清洁空气法案等。这样衔接的优势在于学生在诊所学习之前的环境法基础更夯实:长时间(一整个学期)的环境法技能的养成和模拟情景的多次再现。其次,在"环境法学"基础课程的介绍性课程后,专门实务性技能性培养课程的习得会更深入理解"环境法学"基础课程的领悟,尤其是对原则、立法精神等理论的领悟和实践落地。最后,在环境法诊所之前的环境法技能课程会着重领悟"独立思考"和协作共赢的重要性,这是为环境法诊所接触真实案件和真实当事人的模拟和锻炼。这些模拟和锻炼有赖于环境法技能课程的高强度大量案件的阅读、理解领悟和模拟,这些独立的大量时间与精力的投入是增加环境法技能的黄金时机。当然,此时要选择相对适合的书目和案例集,会使环境法技能课程更相得益彰。

另外,环境法技能的主要特点是"利益相关方角色扮演的模式"。这虽然与模拟法庭类似,但是,模拟法庭是案例少且涉及环境法内容有限,且过于注重形式所以准备时间。作为比赛,环境法模拟法庭也当然可以筛选出优秀的环境法人才。但现如今,在高校的授课中,技能培养的实质性内容应重于形式准备和淘汰的制度。而环境法技能的角色扮演是一整个学期的,每个人通过自己的角色定位来真正参与到课堂中。无论开始时是主动还是被动,跟着课堂的进行,授课教师布置的案例及阅读材料,学生会根据自己的角色来着重思考相关的环境法问题和作出应对。由于课堂上的角色的多样性强,所以基本可以让学生做到"独立思考"。再有,授课的内容也应该按照相关教材及案例集来进行,学生们也可以从自身角色来观察环境法及相关法律从立法、行政到司法救济以及政策倡导等每一步重点的倾向,这种动态的重点"角色"转换、重点内容变换都会逐渐夯实环境法的实践技能。比如,笔者在中国政法大学读书时是在环境法诊所实习,毕业后选择在环境社会组织—自然之友工作,工作经历使笔者接触和真正了解到环境社会组织在环境善治中的作用,也作了一些思考。所以,其实可以把这种了解与思考提前到环境法技能的课程中,在课程的进展中,不同利益相关方的角色可以促进学生对自己甚至对其他角色的了解和思考研究。这些为其之后在诊所的实践中与相关合作方进行真实案件实操有相应的初步的知识积累甚至深度的思考和研究。另外,这些课上的角色扮演经历更会对学生未来就业有相应的铺垫,无论其最终择业方向如何,都会在环境法技能课程中对此有所了解,这是工作中最基础的判断和了解。毕竟,现如今的环境案件牵扯的利益相关方之多,即便不会像美国"三权分立""联邦与州的不同管理制度等",然而,就国内的环境事件或环境案件的利益相关方以及现有的案例,完全也可以使环境法技能课程开展起来,并进一步完善,做成有中国特色的环境法技能培养模式典范。

最后,环境法技能对授课教师有很高的要求,比如,笔者导师考普兰教授的授课材料是提前发放给学生的,包括授课的 power point(幻灯片),但是其中留了一些空白,这些都是上课一边提问一边甄别一边确认后再现场编辑到幻灯片中的。由于课上同学的反应有很大的可变性,所以每堂课的备课准备对授课教师来说是有极高要求的。然而,教授环境法技能课程的教师自然是对环境法有过深厚经验,对课上同学的反应以及对课堂把控应是游刃有余的。

Environmental Skills/Clean Water Act 课程中,授课教师考普兰教授正在整理同学陈述完善授课材料 PPT

四、结论

环境监管的世界是多中心的。在美国,联邦和州两级的多个机构都参与制定环境保护规则;在中国,中央和地方都有参与制定各自的环境保护的法律法规政策。环境监管也是多元的,不同的群体在制定和管理环境法的机构之前争夺、保护自己的利益。这些都是环境法律人才在培养过程中需要了解的。当然,在初识环境法课程时,尤其是在本科二年级以上的法律专业学生可能会被多个机构、多个参与者以及行政机构在制定和适用环境法规方面的作用所迷惑，因此，让这些学生在环境法世界的机构和利益集团中扮演一个学期的角色，有助于揭开课堂案例和问题的神秘面纱。让学生参与现实世界环境法专业人员的互动练习，使其更好地了解律师等角色在环境监管管理中发挥的不同作用。此外，这些练习还让学生有机会发展和磨炼战略思维等实践技能、对客户的宣传和责任、程序手段和规则的实际应用以及律师工作的起草和准备。这些都会为之后的环境法诊所实践课程或者就业打下坚实的基础和不容小觑的经验，将推动卓有成效的环境法律实践，并在中国环境法的背景下推广生态文明的理念。

根源性视角下化工类专业开设《环境法》课程的必要*

张　婧**

我国的环境法课程自开设以来，近40年来的环境法学教育已有了长足的发展。环境法课程从1980年北京大学率先开设，发展到2007年被教育部法学学科指导委员会增列为法学核心课程，环境法学科的地位业已从1980年年初隶属于经济法而一跃成长为1998年独立的法学二级学科。①

一、化工类院校开设环境法课程的现状

环境法学是研究保护自然资源、防治环境污染的法律手段的科学，是介于环境科学与法

---

* 本文系中央教改专项——华东理工大学公选课选修课一般项目(项目编号:ZT1726102－054)阶段性成果。

** 华东理工大学法学院讲师。

① 参见《金瑞林:中国环境法学的创始人》，载中国社会科学网:http://www.cssn.cn/fx/fx_yzyw/201803/t20180312_3872193.shtml，最后访问日期:2018年10月20日。

学之间的交叉学科。[①] 它是一个综合性、边缘性的学科,又是一个新兴学科,具有后发优势,成为了后起法学院校的首选学科建设增长点。尤其是以理工科为基础发展起来的综合院校,环境科学、环境工程学等与环境法学有关的理工科有自己的优势,有利于环境法学学科点的设立和发展,并迅速形成自己的优势领域。

环境法学与其他学科融合性强,因此,在部分化工类院校已有环境法课程开设。课程的设置体现不同层次的区别,大体来说,化工类院校开设环境法学课程可以分为三个层次:一是作为法学专业核心课程;二是作为校级公选课平台上的法学类选修课程;三是某些与环境法学密切联系的个别专业的专门选修课程。以华东理工大学为例:法学专业开设环境资源法专业核心课程,以及相关的能源法、国际环境法等课程,从法学专业角度培养人才;面向全校非法学专业学生开设环境法、公众环境权益保护等公共选修课,即环境法通识教育;对本科非法学其他专业开设与本专业相关的拓展性专业选修课,我校开设与环境法学相关课程的专业有:化工与制药类、资源循环科学与工程、化学类、材料化学类、环境科学与工程类、能源与动力工程等。

当前,化工类院校对开设环境法课程不够重视,教学效果差强人意,引起这一问题的原因通常有很多,客观条件、人为因素、课程内容或者学科因素等。要改变这种现状受课程的自身特点、学科发展定位,以及环境司法实践情况等多种因素影响,完善第三个层次的环境法学教育,则应该因课制宜,选取与专业相关的切入点;了解学生的学习心态,设计课程内容,采用适合的教学教育方法和手段,区别于针对法学专业的课程开设;教学设计必须符合学生的学习要求、就业需求,以紧密联系学生的实际需求和化工类院校的特色。

---

① 参见张文显:《法理学》,高等教育出版社2011年版,第14页。

二、开设选修课的必要性分析

(一)保护环境、建设生态文明的大势所趋

生态危机已经成为人类生存与发展的最大安全威胁。2005年联合国发布的《千年生态系统评估报告》指出"近数十年来,人类对自然生态系统进行了前所未有的改造,使人类赖以生存的自然生态系统发生了前所未有的变化,有60%正处于不断退化状态之中"。

党的十八大对建设生态文明作出了全面部署,强调把生态文明建设放在突出地位,融入经济建设、政治建设、文化建设、社会建设各方面和全过程;强调建设生态文明是中华民族永续发展的千年大计。习近平总书记强调,生态环境是关系党的使命宗旨的重大政治问题,也是关系民生的重大社会问题。他还深刻指出,"保护生态环境就是保护生产力,改善生态环境就是发展生产力。良好生态环境是最公平的公共产品,是最普惠的民生福祉"。必须树立和践行"绿水青山就是金山银山"的理念,贯彻创新、协调、绿色、开放、共享的发展理念,坚持节约资源和保护环境的基本国策,坚定不移走生态优先、绿色发展新道路,开创美丽中国建设新局面,像对待生命一样对待生态环境,还自然以宁静、和谐、美丽,实现人与自然和谐发展。党的十九大有关生态文明建设和环境保护的报告、决议和党章,为我们重视和加强环境法学的基础理论研究和学科建设,指明了方向,明确了研究的重点。生态文明建设对新时期大学生提出了更高要求,更赋予了化工类专业大学生前所未有的历史使命。因此,应该抓住此有利时机,以加强生态文明的法治建设为纲,深入开展环境资源保护法治建设的研究和宣传教育,弘扬生态文明法治精神,树立生态文明法治理念,重视和加强环境法学的基础理论研究和学科建设。

2014年修订的我国《环境保护法》第9条第2款明确规定:教育行政部门、学校应当将环境保护知识纳入学校教育内容,培养学

生的环境保护意识。《全国环境宣传教育工作纲要(2016—2020年)》要求提高高校环境课程教学水平。加强高等院校环境类学科专业建设,根据学校特点有针对性地培养研究型、应用型人才,加强环境类专业实践环节和教材开发力度。鼓励高校开设环境保护选修课,建设或选用环境保护在线开放课程。积极支持大学生开展环保社会实践活动。在今天环境问题全球化的背景下,特别是对非法学专业学生开展环境法学教育与生态文明相联系,对推动生态文明法治化有重要意义,是环境法学发展和生态文明建设的必然要求。

(二)预防环境问题的内因性要求

传统工业建立在掠夺自然、统治自然、征服自然的基础上,造成了人类和自然日益激化的矛盾,导致了两级分化、生态破坏、环境污染、资源锐减等严重的全球危机。在化工生产过程中,污染物的来源不同,但它的形式则只有废水、废气、废渣3种,化工生产产生的“三废”在工业“三废”中占主要比重。以废水为例:2014年在调查统计的41个工业行业中,废水排放量位于前4位的行业依次为造纸和纸制品业、化学原料及化学制品制造业、纺织业、煤炭开采和洗选业。这4个行业直接或间接的都是与化学工业相关,总废水排放量占到了当年工业企业废水量的47.1%。[①] 传统化工行业,一度被称为最大的污染源。我国作为化工工业大国,但不是强国,产生的环境污染问题尤其严重,不仅面广、量大,而且极其复杂的组成导致治理过程中难度非常大,远超其他产业,化工企业也被喻为“定时炸弹”。连年频发的化工企业污染事故对生态环境产生严重的不可逆转的影响。

化工污染产生环境问题的原因很多,我国化工企业污染问题

---

① 数据来源:中国产业信息网:http://www.chyxx.com/industry/201608/436979.html,最后访问日期:2018年12月2日。

一直是环保部门关注的焦点,各级环保部门在化工污染防治方面投入了大量资金,采取了各种措施,虽然取得了一定成绩,但远远不能解决化工行业产生的污染问题。化工行业造成的环境污染,已成为制约化工行业持续发展的关键因素。其根本原因是:(1)官员片面追求GDP的增长,企业管理人员受“违法成本低、守法成本高”思想的影响,负责人环境法律意识淡薄安全监管不到位,并没有把企业的污染治理工作真正做到实处;(2)我国化工企业大部分是20世纪70年代建成的,中小规模的居多,工艺落后、设备陈旧、能耗物耗高,这些企业有造成严重污染很大隐患,如果未做好应急准备工作,当污染事故发生后,又未能正确的采取应急处置措施、未能做好环境污染警示工作,会导致污染后果的影响扩大、损失加重。例如,2018年11月4日凌晨,福建东港石油化工实业有限公司发生“碳九”泄漏事故。[①] 事故发生后,整个港区刺鼻气味弥漫,污染物迅速在海域扩散,大片油污影响了当地的水产养殖业,渔民也因此产生了健康问题。涉事企业虽采取了紧急处理措施,但信息公开不充分,也未及时作出环境警示,造成污染物影响快速扩大,损害后果严重。

对化工污染引起的环境问题进行治理,不仅要对化工产业生产过程产生污染物进行处理,对化工生产过程以及生产设备进行改进。为了从根本上解决化学发展给环境带来的破坏,许多科学家提出了“绿色化学”的概念,希望能从源头上阻止污染。[②] 这就需要我们完善制度规范,加强对化工生产过程污染物排放管理,严格按照环境保护标准进行,降低污染物的出现,从源头减排,减少

---

① 参见俞人笔记:《福建泉州泄露的碳九危害有多大? 7名相关责任人已被批捕!》,载百家号: https://baijiahao. baidu. com/s? id = 1618480057330083695&wfr = spider&for = pc,最后访问日期:2018年12月5日。

② 参见周峰、王会、栾新军:《发展绿色化学,改善生态环境》,载《科技导报》2016年第17期。

其对环境的污染。更重要的是,我们每1个人都要有保护环境的法律风险意识,并在化工项目设计、施工、投产各阶段付出实际行动,在化工企业内外部环境管理中,提高环境风险管理意识。只有这样,化工生产才能由被动变主动,未来我们的生活环境才会更加美好。

(三)复合型人才培养的必然要求

由于其学科属性独特,导致其教育功能及目标与传统法学学科相较存在不同,对于非法学专业的学生来说,开设环境法选修课的教育功能及目标也存在不同。环境法课程的开设应结合院校优势专业,突出环境法学理论与实践紧密联系的特点。

环境法学教育的功能和目标应沿袭法学教育的功能和目标:法学教育的功能与目标有二:一是通识教育(公民素质教育),即培养学生的法治观念、主体意识、权利意识、平等意识、责任意识;二是法律职业教育,即培养高素质的法律职业人才。

1. 通识教育:环境问题成因源于主体的环境行为,环境意识支配环境行为,良好的环境意识是实现环境法治的重要保障。① 环境法的通识教育可以培养大学生环境保护、绿色发展、生态文明意识,塑造大学生社会责任感。化工类专业的学生毕业后可能成为国家或地方法律政策的执行者或者决策者,成为国家和社会发展的栋梁,如果他们没有接受过应有的环境法学教育,很可能沿袭以牺牲环境为代价来换取经济增长的传统发展模式的理念或思维。这样,他们不但不能成为生态文明建设的自觉实行者、可持续发展战略的推动者,反而可能成为实施可持续发展的阻力。因此,要转变经济发展模式、实现可持续发展,加强对化工类专业大学生的环境教育工作刻不容缓。

---

① 参见邓江凌:《环境保护公众参与问题研究》,载《重庆文理学院学报》(社会科学版)2018年第6期。

2. 职业教育：当前环保执法部门的工作人员大多为工科、理科背景，有法律背景的比例不高。环保执法工作又对执法人员的环境保护专业知识要求较高，基层环保部门学环境法学专业出身的执法人员并不多。环境法的培养目标应该以不断满足社会人才需求为目的。在化工类院校开设环境法课程，其内容可以根据不同专业进行选择和调整。

首先，针对化工类院校的法学专业学生可以考虑开设诸如环境管理体制的法律研究、污染物防治法律制度研究、污染物排放许可制度法律研究、环境风险防范法律制度研究等课程。根据研究重点和学科优势，开设相应的专题课程，不必整齐划一。

其次，针对其他非法学专业学生开设课程应当考虑与其本专业结合起来。

如针对化工专业的学生，因熟悉化学品的特性、化学工程与工艺，可以考虑对其开设与化学品有关的环境法课程，主要学习与化学品有关的制度，如环境影响评价制度、“三同时”制度、清洁生产制度、环境标准制度、环境行政许可制度等，对将来学生在工作领域安全生产，防范环境风险都是必须的，在此基础上，学生可以在毕业后考取 EHS 工程师（EHS 是环境——Environment、健康——Health、安全——Safety 的缩写，简称 EHS 管理体系）。

如针对环境工程专业的学生，因与环境法学的联系最广泛和紧密，可以考虑对其开设一门环境法的基础理论课程，在此基础上，再开设一门环境影响评价法律法规的课程。未来如果学生需要报考环境影响评价工程师职业资格证书，则环境影响评价法律法规是四门必考科目之一。

如针对油气储运工程专业的学生，可以考虑对其开设与能源法律政策有关的环境法的课程，涉及知识领域包括：油气储存与装卸、油气集输、城市燃气输配等。学生除了掌握本专业知识内容外，如果能对能源安全、能源管理体制、能源结构、石油天然气法等法律法规有一定的认识和了解，在毕业后如果参与省、市的发展计划部门、交通运输规划与设计部门、油气储运管理部门等从事油气储运工程的规划、勘查设计、施工项目管理和研究、开发等工作，可以较多地考虑到能源与环境安全风险的防范。

（四）参与环境保护活动的基本要求

1. 引导学生正确参与环境公益活动

环境保护体现了提高群众生活质量和促进社会和谐的要求。大学生思想活跃、积极进步，他们虽有环境保护意识，而环境法律知识水平则相对偏低，环境法律意识较淡薄。学生对开展环境法律教育的兴趣较高，对开展环境法律相关课程的必要性认同度较高，对参与相关环境法律活动意愿强烈、态度积极。在笔者开设的环境法选修课中，通过具体案例分析让这些非法学专业的同学们首先了解到保护环境的重要性，揭示环境权的内涵，指明公众在生活中参与保护环境的路径，并通过分析一些生活中常见问题，教给学生如何利用法律武器维护自身环境权益、公众环境权益，实现环境正义，提高环境效益。历年来，选修这门课程的学生，以化工类专业比例最高（共 125 人/学期，约占 60%）。这些学生无一例外已通过学习环境法基础知识拓展本专业知识的需求。在针对以化工专业为特色，工科专业为主，交叉商科、法学、社会学等文科专业的人才培养时，促使他们在自己的学习和研究领域内，有意识地减少和避免对环境的污染，并探索环境友好的工艺和技术，从科学的观念和方法减少对环境的不利影响。利用自己的知识背景为环境公益活动提供专业信息指导，合法有效地实现公众的环境维权。

2. 满足实务部门人才储备不足的需求

法院部门受理的与环境相关的案件逐年增加，法官们熟知法律程序，知晓环境法，但仅限于理论内容。环境侵权案件的复杂程度如同环境污染的复杂原因。在环境资源司法中存在不少困难，如事实认定难、损失计算难、举证责任分担难等。“环境问题本身具有很高的专业性和科学性，诸如环境损害的认定、环境损害的评估、自然资源的价值和价格、环境损害行为与环境损害结果之间因果关系的认定、损害责任承担方式的确定以及达到污染程度的空气、水、噪声、光等认定标准等问题，都需要法律法规明确规定。此类案件又常涉及到化学、生物、物理等自然科学分析认定，而这些领域又恰好是众多法官的知识‘盲点’，导致在审理案件过程中仅靠法律专业知识难以完全正确地判断相关证据材料，往往需要对涉诉的污染源是否超标、损失数额的确定等问题进行技术鉴定，造成此类案件事实认定难度大，并在一定程度上影响了案件的处理进度。”南京市中级人民法院法官李兵在一次接受《法制日报》记者采访中提道。目前，各地法院的普遍做法是聘请学者、教授建立环境资源审判咨询专家库，为环境资源审判提供技术支持。当前，针对化工类专业学生的环境法学教育，可以在将来成为法院环境资源审判专家库提供专业化的人员补充。

三、课程开设的困境

随着开设环境法课程的院校和参加课程学习的学生数量的增加，环境法课程设置、开设条件与教学目的、教学效果之间的不匹配也越发凸显。

（一）师资力量的不足

1. 交叉学科背景的专职教师缺乏

在各高校中，专门从事环境法教学研究的教师目前本来就较少，交叉学科背景的师资就更缺乏，虽然有些化工类学院请本专业的老师来讲授与环境法相关的课程，但由于这些老师多数是化工专业出身，对法学理论有深度且有难度的环境法课程表现出来一种心有余而力不足的状态，很难由深到浅、由内涵到表象的解释给学生。也有学校请法学背景的教师讲授，这类老师在讲述环境法课程时，重视其法学性，对其科学性重视不够，课堂上往往把大量的时间放在法学理论的讲解及相关法律制度的分析上,对所涉及和蕴含的环境科学相关知识却讲解得比较浅显,导致学生存在认识上的偏差,即环境法学和传统部门法学大同小异。对环境法课程授课对象的特点认识的不足,导致教学内容设置不合理,从而直接影响课堂教学效果。

2. 教师缺乏实践经验

法学院教师的成长基本都是沿着从学校到学校的工作轨迹,有其他相关领域实践工作经验的仍属少数。绝大多数教师在进入教育领域之前或执教的同时都不具有相关领域的执业经验,这是由我国法学教育理念和传统造成的。美国霍姆斯大法官有句至理名言,法律的生命在于经验而非逻辑。“从我国对法律人才的需求情况看,在相当长的时间内,我国将需要大量法律人才,这些人才当中绝大部分将会从事法律实务,从事法学研究的只是极少一部分”,[①]法学院教师缺乏法律实践经验和实务操作能力,很难培养出实务部门真正需求的人才。目前,增加环境法基础课的课时量不太现实,而应增加跨学科的环境法课程作为选修课。

(二)教学方式方法单一

针对化工类专业学生开设的环境法课程,其目的是培养化工类专业与法学交叉的复合人才,要求学生在掌握环境法理念和原则的基础上,结合化工类科学的相关知识,运用法律逻辑思维对化工行业可能产生的环境污染问题及其他环境问题进行分析探讨,从专业角度引起思考,最终体现在本专业的学习和研究过程中。目前,多数环境法教材仅是针对法学专业学生的学习用书,没有针对化工类专业学生或者与化工专业结合的教材。老师在讲授过程中,尤其是对分论部分,基本以相关环境法律条例的介绍为主,琐

---

① 章程:《“五位一体”实践性教学法初探——对法学教学改革的思考》,载《清华大学教育研究》2000 年第 4 期。

碎枯燥,难以记忆,教学仅仅以传统讲授为主,教学方法单一,课堂气氛沉闷乏味,难以调动学生学习的主动性和积极性。化工类的学生法学基础相对薄弱,课程内容针对性不强,缺乏灵活地、理论联系实践的教学实践,使目前课程教学目标难以实现,学生很难建立理论与实践的链接纽带,教学效果不理想。

四、路径探索

高校化工类专业环境法课程开设的出路,通过对环境法调整对象特性及对我国当前化工类专业环境法教育根源性进行深入剖析后,笔者认为应从以下几个方面寻求。

(一)满足人才需求明确课程目标

"教育实践,就是以课程为轴心展开的。"①科学合理的课程设置是教学的重点和关键。从高等教育的角度审视,课程结构决定着学生的知识结构,并进而决定学生的能力结构和素质结构,因此,人才培养模式的改革调整的最主要的内容之一就是对课程设置、课程内容和课程结构进行改革调整。② 根据课程设置的原则和每门课程的具体内容,区别不同的授课对象和授课目标,开设具有不同侧重点、不同内容和不同深度的课程。③ 因此,对化工类专业环境法的课程设置目标探讨显得尤为迫切和必要。课程要根据专业人才培养计划,要与专业课程相结合,形成通识教育课程模块或者专业人才培养模块,学生可根据自己的兴趣以及对未来发展方向的要求,选择适合自己的课程内容。

目前,我国环境法理论研究与立法现状在很大程度上是脱节

---

① 钟启泉:《现代课程论》,上海教育出版社 1989 年版,第 3~4 页。

② 参见杨志坚:《中国本科教育培养目标研究》,高等教育出版社 2005 年版,第 192~193 页。

③ 参见王灿发、于文轩:《论我国环境法学的课程设置与教材建设》,载《当代法学》2008 年第 6 期。

的。一方面,环境法理论探索具有前沿性,是对传统法学的挑战,但有时,这些挑战在传统法理上又是站不稳脚的;另一方面,环境立法表现“浅绿色”①阶段,以至于在我国行政权主导立法权的今天,环境立法已沦为环境行政的工具。这种情况要求环境法教学与实践教学于一体,培养学生不仅了解书本知识,而且懂得理论联系实际,使专业人才的成长建构在较高的科学研究素养和应用技术素质基础上,实现知识、能力、素质的协调发展。针对环境法调整对象的特性设置教学内容,现实环境法教学侧重法学理论讲授的同时,还要重视环境保护精神的培养。缺乏环境保护精神,将导致环境法学习与行为选择的脱节,这必将弱化环境法的权威。环境法因环境问题而产生,环境保护、生态文明建设是贯穿环境法的一根红线。因此,在针对不同学习对象,特别是化工类专业学生开设课程时要明确人才培养的课程设置目标。

(二)培养适应跨学科教学的师资

重视化工类专业的环境法课程开设,要改善目前高校环境法师资的被动局面,应从三方面着手。

第一,可以根据特点考虑师资多元化。应该综合考虑环境法课程的调整对象及其学科特点,聘请具有管理、化工专业和法学背景的教师任课。

第二,在经费许可的情况下,学校应为教师提供更多参与学习和培训的机会,如参加环境保护的培训课程,环境法教学及学术研讨会、到环境法重点研究基地进修学习,有条件的甚至可以派遣教师出国考察,学习借鉴发达国家环境法教学的成功经验等。只有加强各方面的培训学习,夯实相关理论基础,了解最新前沿知识信息,才能融会贯通、游刃有余地进行教学,使学生易于理解和接受。

---

① 晋海:《美国环境正义运动及其对我国环境法学基础理论研究的启示》,载《河海大学学报》(哲学社会科学版)2008 年第 3 期。

第三，可以邀请热心环保公益事业的律师、环境影响评价工程师、环保组织、环境行政主管部门人员等作为顾问，以开讲座的形式增加实务部门实操经验的分享，改善教学效果。

（三）兼顾学科特点的多元化教学法

与法学本科教育中的环境法课程相比，化工类专业环境法课程应该增加法学基础知识的内容，原因是这些专业的学生虽然有着较好的“科学”素养，但法学基础知识薄弱，并未系统地学习过民法、行政法、刑法和诉讼法等基础学科。如果讲授过分强调法学理论和原理，势必会导致学生听不懂，甚至产生反感，所以在内容的深度上一定要把握好。教师应根据教学内容的需要和学生情况，精心选择具有相关性、可信性、典型性和启发性的案例。在整个教学过程中，注意与专业学生的差异化教学。在讲授中穿插补充讲授必要的法学基本理论，如在讲授环境法导论时须补充行政法、诉讼法和民法的某些内容，在讲授自然资源法时补充物权法和行政法的某些内容，在讲授能源法时补充行政法和民法的基本原理。教学过程不求在基本理论及基础知识上精益求精，而是要直接面向实际环境问题，以问题带动教学、以案例引发学生的兴趣，从而带动知识学习。

1.“问题”教学法。就是针对当前社会上的热点时间，引导学生发现问题、展开讨论，最后由老师总结，适时地引入一些法学理论，指导学生通过法律的途径解决问题。通过这种方法能够很好地调动学生的参与热情，同时又使学生乐于了解一些相对较枯燥的法学理论，更有利于拓宽学生思路，活跃和激发思维，为培养学生理性思辨的思维打下良好基础。

2.案例教学法。案例教学在法学教学中是必不可少的教学手段，同样也适用于针对化工类专业学生开设的法学课程教学。在教学过程中，可大量使用具体而真实的案例。案例应当有典型性、贴近学生的日常生活，让学生感到保护环境与我们的生活息息相关,解决当前的环境问题十分迫切。激发学生身体力行,从点滴做起,保护环境,做到不损害环境,切实维护自身的合法环境权益。

3. 多样化教学法。教学过程是教师与学生互动的过程,针对化工类学生的来源、知识背景不同,考虑到他们学习的需求性,充分利用现在网络资讯丰富,信息传播快速,广泛地应用多媒体教学手段,让学生积极的参与到教与学过程中,提高他们学习的兴趣和乐趣,实现良好的教学效果。

4. 加强与学生交流沟通。可以在开课前,以问卷调查和座谈方式摸清学生的知识背景、对课程的期望值和兴趣点以及课程设置和教学方式等细节要求,按需定制课程计划及内容,有的放矢。开课后,经常针对课程教学和实践环节与学生沟通,及时反馈教学效果,帮助教师改进教学的各个环节,探索切实可行的教学模式。鼓励学生反思自己的行为可能对环境所造成的影响,鼓励他们通过结合专业特点,分析在学习和将来的工作中可能产生的与环境风险、环境保护相关的可能。同时,可介绍与环保有关的一些网站,网络资讯,让学生汲取更多相关知识,扩大学生的知识面。给学生介绍一些国内较好的环保组织,环保社团,鼓励学生积极参加,成为环境保护的直接参与者。

五、结语

对化工类专业学生开展环境法学教育,可以增强环境风险防范意识,预防伴随化工发展产生的环境问题,提供实践部门复合型人才储配;培养具备环境知识、环境法知识和环境法律意识的复合型、高素质人才,是一项根本性、具有长远意义的工作,也是加快构建生态文明体系,全面推动绿色发展,需要建立复合型的高素质人才培养的长效机制。因此,针对化工类专业开设环境法课程,对培养生态文明的践行者、可持续发展战略的推动者,满足环境实务部门人才需求具有必要性和紧迫性。

文献检索辅助比较环境法教学的思考

——以人民大学法学院为例

刘　明*

自2014学年开始，人民大学法学院比较环境法课程由专业课教师牵头、图书馆馆员辅助，开展文献检索与比较环境法合作教学。该课程每学年开设一次，至今已开设4年，在学生能力培养方面取得了一定的效果。以下通过对文献检索教学的定位、需求调研、内容设置、跟进和调整的分析，发掘教学实践中的亮点和问题。

一、主从关系：我从你主

在合作教学模式中，首先要考虑的是文献检索和比较环境法二者关系，其中比较环境法为主，文献检索为辅。二者关系的定位是有效开展教学的前提。

首先，从比较环境法课程培养目标来看，该

---

* 法学博士，副研究馆员，中国人民大学法学院图书馆副馆长。

课程主要使学生掌握比较研究的基本方法,扩展研究视野、开拓研究领域,为相关领域的研究与实务服务。相应地,课堂教学是能力训练而非(外国法)知识传授,是动手操作方法而非认知方法。在学生的这种比较研究学术能力养成过程中,利用检索文献或信息解决问题的训练是必不可少的一环。文献检索教学正是满足这一环节的要求而嵌入比较环境法课堂的。

其次,从文献检索和比较环境法本身的性质来看,文献检索属于工具性课程,比较环境法属于专业课程,从工具性课程依托并服务于专业课程的角度看,[①]文献检索应当服务于比较环境法教学。因此,文献检索教学的内容、模式、开设具体时间、课时分配等都应当围绕比较环境法教学来展开。

二、"问诊把脉":摸清需求

对于合作教学模式中的文献检索教学,它的价值在于其个性化服务,在于从科研用户的需求出发,将图书馆的学术资源真正深入地融入用户的学术环境中,真正运用信息资源和服务为其解决问题。[②] 这一过程就像中医问诊把脉一样,它应该在摸清服务对象需求的情况下给出特定的方案,才能有效解决具体问题。

摸清需求主要通过课前调研、课上互动指导和课后跟踪来完成。课前调研一般通过和比较环境法教师课前沟通了解,弄清课程的研究主题和教学目标;课上通过学生的提问、汇报分享和互动,了解学生的疑惑和困难;课后则通过面对面或微信群等实时关注学生随时可能遇到的文献问题。其中,最重要的是摸清比较环境法课程的内容设置。

---

① 参见谢礼姝:《与专业课结合教学的文献检索课内容之思考——与〈空间法模拟法庭〉的结合教学》,载《图书馆杂志》2015 年第 1 期。

② 参见初景利:《嵌入式图书馆服务的理论突破》,载《大学图书馆学报》2013 年第 6 期。

通常，比较环境法教学内容是由专业教师根据其专业知识和敏感度确定本学年的研究主题和大纲，[①]包括基础和专题两部分，并按照先基础部分，再专题部分的顺序展开教学。基础部分每学年内容大致相同，包括比较环境法课程介绍、导论、研究方法应用示范、示范性技能训练主题讲解、研究技能训练、研究技能应用、课程总结。专题部分为特定研究主题，每学年更换一个题目。除研究技能训练为图书馆馆员承担外，其余为专业课教师负责。详见表1。

表1　比较环境法教授内容

内容	时间分配（13周）	具体安排	教学方式	授课教师
基础部分	第1周	课程介绍、导论	讲授	专业课教师
	第2、3周	研究方法应用示范	阅读、讨论	专业课教师
专题部分	第4周	示范性技能训练主题讲解	讲授、阅读、讨论	专业课教师
	第5～8周	研究技能训练	演示、上机操作、指导	图书馆馆员
	第9～12周	研究技能应用	报告与分享、讨论、点评	专业课教师
	第13周	课程总结	讨论、点评	专业课教师

三、“对症下药”：需求驱动

在摸清需求的基础上，文献检索训练的重点应紧紧围绕这些

① 本课程研究主题和大纲由课程负责人中国人民大学法学院竺效教授确定。

需求来推进。针对比较环境法教学的基础部分，文献检索一般训练法学研究生应具备的基本检索技能，使其形成检索思维；针对比较环境法教学中的专题部分，文献检索则应训练学生如何对某一研究主题展开相关文献检索和利用。详见表2。

表2　比较环境法之文献检索部分教学内容

<table>
<tr><td>内容</td><td>学年</td><td colspan="2">文献检索教学内容</td></tr>
<tr><td>基础部分</td><td>2014～2018</td><td colspan="2">法律文献概述：法律文献类型、权威文献、综述性文献等
常用法学学术资源：专业性数据库和公开获取网络资源
基本检索技巧：抽取关键词、选择数据库、构建检索式、保证结果相关、主流文献筛选
学科前沿和热点追踪</td></tr>
<tr><td rowspan="3">专题部分</td><td></td><td>研究主题</td><td>文献检索教学内容</td></tr>
<tr><td>2014</td><td>风险预防原则</td><td>• 英文关键词的验证
• 相关结果非常少的情况下如何扩展检索
• 国内外相关论文、法律法规、司法案例、国际条约的检索</td></tr>
<tr><td>2015</td><td>示范性研究的国家和地区：美国、德国（含欧盟环境法）、澳大利亚、印度、南非</td><td>• 示范性国家和地区基本环境法律制度检索
• 示范性国家和地区环境法律的行政实施机制、环境法律责任制度、环境纠纷的司法解决机制相关文献检索
• 我国相关制度文献的检索
• 示范性国家和地区之间、示范性国家和我国相关制度的比较研究文献检索</td></tr>
</table>

续表

<table>
<tr><th>内容</th><th>学年</th><th colspan="2">文献检索教学内容</th></tr>
<tr><td rowspan="2">专题部分</td><td>2016</td><td>本年度文献检索以服务科研课题的形式开展，与教学形式不同，未列入此次统计</td><td></td></tr>
<tr><td>2017</td><td>公众参与环境保护的法治保障与实践：美国、欧盟、德国、澳大利亚</td><td>• 有关公众参与、公众参与环境保护、公众参与环境保护法治主要理论的相关文献检索（代表性理论观点、著作、论文的检索）
• 示范性国家和地区保障公众参与环境保护的主要立法检索
• 公众参与环境保护的主要方式和典型案例检索
• 环境法律责任制度对公众参与环境保护的影响相关文献检索
• 环境纠纷的司法解决机制对公众参与环境保护的影响相关文献检索
• 环境立法机制对公众参与环境保护的影响相关文献检索
• 我国相关制度的文献检索
• 示范性国家和地区与我国相关制度的比较研究文献检索</td></tr>
</table>

续表

内容	学年	文献检索教学内容	
专题部分	2018	环境法法典化：法国、德国、瑞典、菲律宾	●“法治实践为何提出环境法系统化的需求”之理论观点相关文献检索 ● 环境法系统化的理论基础相关文献检索 ● 环境法系统化的路径与方式相关文献检索 ● 环境法典化的一般理论相关文献检索 ● 示范性国家环境法典化(体系化)理论相关文献检索 ● 示范性国家环境法法典检索 ● 民法典、刑法典等理论和实践对环境法典化的启示相关文献检索 ● 各国环境法典化的经验与教训相关文献检索 ● 中国环境法典化的若干建议相关文献检索

在合作教学实践中，文献检索正是通过这种有针对性的设置相关内容，训练学生在不同环节需要的文献检索和利用的能力，即通过解决课堂问题的实训使学生真正掌握。文献检索从传统的与专业课的游离转向和专业课环环相扣，从而形成合力，才能有效提高学生的学术研究技能。

四、“适时换方子”：跟进和调整

中医看病，尤其是疑难杂症，必须适时换方子才能见好。文献检索也一样，它必须跟进和调整才能奏效。

首先，随时随地跟进学生研究进展，及时调整检索策略。比较环境法课程“能力训练而非知识传授”的定位决定了其授课模式更多地强调学生动手操练，因此，每一学年由专业课教师将学生（环境法方向的硕士和博士一般都来参加，大概十几个人）分为若干组，每组1～2人，每组负责1个国家或地区，课程后1/3时进行汇报和分享。可以说，每个学生都承担了一定的、不同的研究任务，所以碰到的具体问题五花八门。作为文献检索技能的训练要及时回应这些问题，能在课堂解决的通过当堂指导解决，课下的简单问题直接在微信群里答复，复杂问题要多次互动或当面探讨解答。对于一些有代表性的问题，汇总后在下一次上课时介绍。

其次，及时和专业课教师沟通、调整研究主题的侧重点。文献检索技能的训练主要根据示范性国家或地区的相关文献检索来展开，而示范性国家或地区主要由专业课教师确定。在训练过程中，如果发现穷尽了所有资源和办法都不能获取原始资料时，就会及时反馈给专业课教师，调整研究主题的侧重点。如在研究环境法法典化时，先选择了法国、德国、瑞典、意大利、俄罗斯5个国家，在文献检索过程中受语种限制，只好把意大利和俄罗斯换成了菲律宾。通过反馈、沟通和调整这一过程保证了研究主题相关能力训练的实操性和有效性。

五、效果评估：反思和改进

文献检索与比较环境法合作教学的模式已开展4年，从学生的学习和研究表现来看，教学效果得到明显提升，同时，教学实践中也发现一些不足，有待进一步改善。

第一，文献检索课教学必须始终以专业课师生文献需求为中心。“传统的图书馆用户培训多是从图书馆员角度出发的，往往按照资源的类型如：数据库、电子期刊、电子图书等进行讲解，很容易把同一学科或者专题的资源分割成多个部分，学生接受完培训后需要重新组装才能有一个完整的知识轮廓……”①当下信息技术迅猛发展,大数据呈几何式倍增,如果仍坚持传统的文献训练方式,仍以自我为中心,势必导致师生们在纷繁复杂的信息中迷失。因此,文献检索课教学的开展必须围绕其应用对象,也就是师生的实际需求来开展,脱离了专业课的需求,文献检索课就失去了存在的基础。同时,4 年的实践也证明,需求驱动的模式是科学的且值得继续坚持的。

第二,图书馆员与专业课教师始终保持良好的伙伴关系。文献检索与专业课合作教学能够得以实施,首先由专业课教师的观念决定的,专业课教师对这种合作授课的模式有所了解,且愿意改革传统的课堂教学模式,以开明的态度接纳文献检索进课堂。同时,图书馆馆员的主动服务意识也非常重要,他要时刻跟进网络通信新技术应用的发展、跟进新的学术资源变化,让专业课教师了解自己能做什么,并在专业课老师需要的时候积极配合提供相关服务。相互信任,建立伙伴关系之后,专业课教师确定研究主题,文献检索课教师听取课程设想,并从文献的角度讨论可行性,最终确定本学年的总体教学安排。然后,在不断的合作中磨合,逐步建立固定的优势互补的协作教学模式。

第三,教学方法上以学生为主,突出实训。比较环境法诊所课程的核心是培养学生的环境意识、全球视野、发现问题并能用环境法相关知识去解决问题的能力,因此,在教学方法上,课程鼓励学生动手实操为主,教师引导为辅。课程需要的所有重要文献,都由学生分组进行检索、研读、探讨、汇报和分享,以提升学生的参与热情。随着学生对某一问题持续不断的关注、文献调研程度的加深,他们往往会选一个角度作为论文选题继续研究,还有的将阶段性

---

① 刘素清、艾春艳、肖珑:《学科服务的多维拓展与深化——北京大学图书馆学科服务聚焦与思考》,载《大学图书馆学报》2012 年第 5 期。

研究成果予以发表。这一过程的经历对学生学术能力的提高有很大的帮助。意想不到的是,对于一些非常难找的环境法相关文献,学生的积极探讨经常可以另辟蹊径,发现新的学术资源和网络工具,促进了教学相长。

第四,文献检索全程支撑教学科研。文献检索要发挥作用,成为师生解决问题的一种途径,就要参与教学过程中的每一环节。比如,在比较环境法教学中,从课前确定研究主题、课堂互动,到课后跟踪,对每一个环节中的需求都要有所考虑并制定相应对策,让学生通过亲身体验掌握研究技能。这其中对研究主题的深挖,小到硕博士中期论文、毕业论文的选题和写作,大到发展成一个研究课题,涉及论文的选题、文献综述、文献管理、论文写作、引用规范、课题论证、课题追踪等。文献检索能不能在恰当的需求点和恰当的时候全方位融入师生的教学科研环境,将最合适的学术资源和服务匹配到需要的地方,决定了其能否最有效地辅助教学科研。

第五,文献检索辅助比较环境法教学实践仍存在一些难点。首先,比较环境法的知识面非常广,国际的、具体某一国家的、国内的,因此,每一学年选择研究主题是颇费头脑的,对专业课教师的要求也非常高,他要从宏观上整体把握,结合学生的背景知识积累,选择一个在有限的课时里能把比较环境法基本研究方法都涵盖的题目。其次,文献检索技能训练部分,受学校所购的学术资源、公开获取网络资源不稳定以及检索人掌握的语种所限,对一些非英语的外文文献不能全面开展研究。最后,文献检索与比较环境法合作教学的模式归根结底是一种研究技能训练课,为保证教学效果和充分的互动,它更适合小班授课,人数最多不超过二三十人。

“互联网+”背景下环境法学课程深度学习的教学设计探讨*

荆 珍**

当前,信息技术飞速发展,我们已进入了“互联网+”的时代。同时,“互联网+”教育模式的发展也如火如荼:1所学校、1位老师、1间教室,这是传统教育模式;而1个教育专用网、1部移动终端、几百万学生,学校任你挑、老师由你选,这就是“互联网+教育”。在此背景下,环境法学课程改革也要与时俱进,积极促进法学学生进行深度学习,即培养学生独立地发现问题、分析问题和解决问题的能力以及创造新的知识的能力。因此,信息技术与环境法学课程如何有效地进行融合以提高法学学生的培养质量就成为当前我们高校法学教师急迫解决的课题。在这个宏大的课题之下,我们首

---

* 基金项目:黑龙江省高等教育教学改革项目(SJGY20170131)。

** 吉林大学法学院法学博士,英国伦敦玛丽女王大学商法研究中心访问学者。现是东北林业大学文法学院法学系副教授,研究方向是国际环境法、国际经济法、法学教育。

先要解决的问题就是环境法学课程深度学习的教学设计框架及策略问题。

一、环境法学课程深度学习理论的提出

众所周知,法学学科是实践性很强的学科,在法治中国建设的过程中已发展成为一门显学,其必修课之一的环境法学是一门新兴的、环境科学和法学相交叉的学科,目前在"绿水青山就是金山银山"的"美丽中国"建设过程中也发展迅速。由于当前环境污染、生态破坏严重,环境问题及其法律应对日益受到国家的重视,明确提出要加强生态文明建设,由此,环境法学研究及教育面临着一个非常难得的发展机遇。尤其是环境法学教学不能仅让学生达到了解环境法学知识和某种程度的理解的水平,而缺少对法律的其他更高层次的了解。因此,其教学方法不能再局限于课堂讲授、案例教学,而应该充分利用互联网,发挥学生的主观能动性,通过对学生多样化、个性化学习的转变,全面提升学生发现问题、分析问题和解决问题的能力,要努力达到这一目标,我们就必须将深度学习理论应用于环境法学课程的教学设计中。

"深度学习"(Deep Learning)这一概念最早起源于美国。学者 Ference Marton 和 Roger Saljo 在 1976 年作了一项有关学生阅读学术文章的实验研究后,在联名发表的《学习的本质区别:结果和过程》一文中提出了"深度学习"(Deep Learning)这一概念,它也被称为深层学习,是与孤立记忆和非批判性接受知识的浅层学习(Surface Learning)相对应的一个概念,强调了学习者积极主动地学习,灵活、熟练地运用知识解决实际问题。接着,拉姆斯登(1988)、思特威斯尔(1997)、比格斯(1999)等发展了浅层学习和深度学习的相关理论。随着信息技术的发展,近年来,国外学者逐渐开始研究信息技术支持下的深度学习。2002 年以来,一批深入研究深度学习的论文先后发表,从技术支持高等教育的深度学习、

虚拟环境中的深度学习、形成性评估对深度学习的影响、学习环境对学生进行深度学习的影响等方面进行了论述。①

我国国内对深度学习的研究起步较晚。研究结果散见于期刊论文,研究主要集中在对深度学习的认识、特征概括等理论描述性层面。2005 年,我国学者黎加厚教授在《促进学生深度学习》一文中指出,深度学习,是指在理解学习的基础上,学习者能够批判性地学习新的思想和事实,并将它们融入原有的认知结构中,能够在众多思想间进行联系,并能够将已有的知识迁移到新的情境中,作出决策和解决问题的学习。② 此定义在国内学者中较受认可。而且,黎教授的教学态度"教学就是激发每一个人的潜力,让每一个学生与众不同。"对我们环境法学课程的教学也深有启发,我们培养的法学学生应该各有不同,不能千篇一律。现在,深度学习的理论被广泛应用于教育学、慕课(MOOC)、翻转课堂等教学模式中,但从笔者查阅的文献来看,目前还没有将深度学习的理论应用于环境法学课程教学设计中的文献报道,因此,笔者的这一研究具有一定的创新性。

二、环境法学课程深度学习的教学设计框架

深度学习是一种基于理解的学习,强调学习者批判性地学习新知识和新思想,并把它们纳入学习者原有的认知结构中,而且要在各种观点之间建立多元连接。这就要求学习者在理解事物的基础上善于质疑辨析,用怀疑的眼光去看待事物,以充分的理性和客观事实进行理论评估与客观评价,在深入评价的同时加深对知识的理解。如此,深度学习的理论将会对环境法学课程的教学提出

---

① 参见杜娟、李兆君、郭丽文:《促进深度学习的信息化教学设计的策略研究》,载《电化教育研究》2013 年第 10 期。

② 参见何玲、黎加厚:《促进学生深度学习》,载《计算机教与学·现代教学》2005 年第 5 期。

更高的要求，与此相适应，环境法学课程教学设计的目标、内容、策略、媒体及评价等要素都要有相应的变化。下面，笔者就先对环境法学课程深度学习的教学设计框架进行分析。

环境法学课程教学设计主要是为了促进法学学生的学习，运用系统方法，将环境法学学习理论与教学理论的原理转换成对环境法学课程教学目标、教学内容、教学方法和教学策略、教学评价等环节的具体计划，创设环境法学知识教与学的系统“过程”或“程序”。根据深度学习的内涵和理论基础，我们可以构建一个促进环境法学课程深度学习的教学设计框架，该设计框架促进深度学习时必须注意以下几方面的内容。

第一，环境法学课程深度学习的目标定位不能局限于环境法规、法条和理论知识的简单识记，而要促进法学学生发展高阶能力，特别是高阶思维能力，尤其要求学生还要对社会、经济和政治问题深入理解，将所学法学知识贯通融合起来，并通过适当的切入点运用到解决法律问题的过程中。

第二，环境法学课程教学内容的设计不再是简单的信息组合，而是基于环境问题的多维知识整合。这就对环境法学的任课教师的理论水平和学术视野提出了较高的要求，设计环境法学课程的教学内容时不能仅局限于几本教科书或案例书，而要基于环境问题，尤其是中国环境法治理论与实践中的真问题来设计教学内容，真正做到知识的融会贯通，并学以致用。

第三，环境法学课程教学策略要注重以学为主的策略，如主导、支架、建模、反思、元认知策略等。

第四，在环境法学教学评价方式上关注元认知的发展，注重对环境法学思维品质的测评。

第五，环境法学课程的任课教师和法学学生的角色必须超越传统的角色定位，法学教师是帮促者，法学学生的学习是建构性学习。

三、环境法学课程深度学习的教学设计策略

第一,环境法学课程深度学习的目标定位不能局限于环境法法规、法条和环境法学基础理论知识的简单识记。因为随着互联网与大数据信息技术的不断深化,许多环境法律案例、技术、知识和信息等一切都会越来越紧密地联系在一起,在通过互联网的海量信息、超链接、快速检索以及可视化的帮助下,资源的整合与有效利用成为可能,环境法学知识和信息也不例外,都可以从互联网上搜索到,所以不再需要对学生要求必须识记这些法规、法条和知识,而要促进法学学生发展高阶能力,特别是高阶思维能力,即如何在庞杂的环境法律体系中快速准确查找到与案件对应事实相关的法律依据,如何在浩如烟海的案例库中快速寻找到相关的判例信息等。例如,中国人民大学法学院的竺效教授首创的微信公众号辅助环境法教学就是非常有益的一个尝试。①

第二,环境法学课程深度学习的教学内容的设计不应再是简单的信息组合,而应是基于问题的多维知识整合。这就对法学教师的理论水平和学术视野有了较高的要求,设计教学内容不能仅局限于几本教科书或案例书,而要基于问题,尤其是中国环境法治理论与实践中的真问题来设计教学内容,真正做到知识的融会贯通。基于"深度学习"的深度教学更有利于学生法学核心素养的提升。②

第三,环境法学课程深度学习教学策略要注重以学为主的策略,如主导、支架、建模、反思、元认知策略等。主导策略应贯穿于整个环境法学课程的教学过程,包括教学任务的制定、问题的诊

---

① 参见竺效:《微信公众号辅助环境法教学初探》,环境法教学与人才培养研讨会会议论文,北京,2018 年 11 月。

② 参见吴秀娟、张浩、倪广涛:《基于反思的深度学习:内涵与过程》,载《电化教育研究》2014 年第 12 期。

断、教学小组的建立、给学生提供反馈,使学生不断改进自励以及做事的程序等。支架是起支撑作用的构架。教师为学生搭建向上发展的平台,引导教学的进行,使学生掌握内化所学的知识技能,并为下一阶段的进一步发展再建构平台。建模有显性的行为建模和隐性的认知过程建模两种不同的类型。行为建模用来表明学生在学习活动中应执行哪些活动以及如何执行这些活动;认知建模则说明学生在从事这些学习活动时应当使用的推理方法。在问题解决的过程中,通过对同类问题多个案例的研究,总结出解决某一类法律问题的固定程序和步骤,形成一个法律问题解决模型。深度学习还要和反思性学习紧密结合。[①] 反思即学习内省,是培养高级法律思维能力的探究过程。自我反思是一种学习品质,教师要引导和支持学生反思自己的学习,把问题的法律思维过程上升到一定的高度,构成一定的认知策略,最终实现法学课程的深度学习。元认知是认知活动的核心,在认知活动中起着重要作用。在环境法学课程的教学过程中,教师要在环境法学知识获得的同时,向学生渗透元认知策略,如计划策略、监控策略、调节策略,即不仅教给学生有关的认知策略的知识,告诉学生应用策略的步骤和解决问题的方法等,而且要在环境法学课程的教学过程中不断改进学生的认知过程。

第四,环境法学课程深度学习教学评价的设计策略要关注元认知的发展,注重对学生法学思维品质的测评。目的是发展法学学生的元认知能力,即要求法学学生不仅掌握法学基础知识,还要了解法学知识生产的过程,并运用批判性思维审视法学知识,能够评价新的想法,并将这些想法与结论结合起来,最后对其理解与学习过程进行反思。当前的法学教育不能单纯是职业教育,而应该

---

① 朱开群:《基于深度学习的"深度教学"》,载中国社会科学网:http://ex.cssn.cn/jyx/jyx_ptjyx/201712/t20171208_3774435.shtml,最后访问日期:2018年12月1日。

融入人文教育、素质教育，此外，还要非常重视法学思维能力的培养，因此，要注重对法学思维品质的测评。

总之，环境法的生命力在于其社会实践性，而“互联网＋”教育使环境法学知识普及迅速，其结果将会使未来的一切其他法学课程以及其他人文、社会科学专业的教与学活动都将围绕互联网及其他信息技术进行，老师在互联网上教，学生在互联网上学，信息在互联网上流动，知识在互联网上成型，线下的活动成为线上活动的补充与拓展。本文只是对深度学习的理论在环境法学课程教学设计中应用的初步探讨，在法学教学实践中还必然还会存在许多问题，需要我们继续运用深度学习理论不断地解决新问题、创造新知识，并不断地促进环境法学课程的教学和研究。

图书在版编目(CIP)数据

环境法教学与人才培养论文集 / 竺效主编. -- 北京：法律出版社，2019

ISBN 978-7-5197-3364-3

Ⅰ. ①环… Ⅱ. ①竺… Ⅲ. ①环境法学-人才培养-教学研究-中国-文集 Ⅳ. ①D922.6-53

中国版本图书馆CIP数据核字(2019)第063929号

环境法教学与人才培养论文集
HUANJINGFA JIAOXUE YU RENCAI PEIYANG LUNWENJI

竺 效 主编

策划编辑 沈小英
责任编辑 沈小英 单 洁
装帧设计 李 瞻

出版 法律出版社
总发行 中国法律图书有限公司
经销 新华书店
印刷 北京虎彩文化传播有限公司
责任校对 郭艳萍
责任印制 吕亚莉

编辑统筹 法治与经济出版分社
开本 A5
印张 9.375
字数 261千
版本 2019年4月第1版
印次 2019年4月第1次印刷

法律出版社/北京市丰台区莲花池西里7号(100073)
网址/www.lawpress.com.cn
投稿邮箱/info@lawpress.com.cn
举报维权邮箱/jbwq@lawpress.com.cn
销售热线/010-83938336
咨询电话/010-63939796

中国法律图书有限公司/北京市丰台区莲花池西里7号(100073)
全国各地中法图分、子公司销售电话：
统一销售客服/400-660-6393
第一法律书店/010-83938334/8335 西安分公司/029-85330678 重庆分公司/023-67453036
上海分公司/021-62071639/1636 深圳分公司/0755-83072995

书号:ISBN 978-7-5197-3364-3 **定价**:56.00元
(如有缺页或倒装,中国法律图书有限公司负责退换)